철학 연습

철학 연습

서동욱의 현대철학 에세이

서동욱 지음

반비

어느 날 세상에 대해 의혹에 빠질 윤하에게

그러므로 삶을 여행하는 모든 이들에게

일러두기

1. 인용문 안의 굵은 글씨는 인용자가 강조하는 부분이고 ' ' 표시로 묶은 구문은 원저자가 강조하는 부분이다.
2. 인용된 번역서의 문장은 글의 맥락을 고려하여 원뜻이 왜곡되지 않는 한에서 수정한 경우도 있다.
3. 이 책에 등장하는 주요 저서에는 출간연도를, 논문에는 발표연도를 표시했다. 단 부록에서 더 상세히 다뤄지는 글들의 경우에는 출간연도와 발표연도를 생략했다.
4. 이 책에 등장하는 주요 저서의 원서명은 따로 밝히지 않았다. 단 아직 국내에 번역, 소개되지 않은 책이나, 다른 제목으로 소개된 책의 경우에만 원서명을 표시했다.

책을 펴내며

현대철학의 불을 찾아서

    삶은 거칠고 의혹투성이다. 인간은 온 힘으로 이 바위를 밀고 나간다. 힘겨운 전진을 하는 이에겐 두 가지 힘밖에 없는데, 바로 생각하는 힘과 그것을 실천하는 힘이다. 갈대에 걸린 바람이 울 듯 인간은 세상의 기운과 대기가 이동하는 길목에 서서 생각을 하고 소리를 낸다. 기술과 노동과 언어로, 그러니까 망치와 근육과 말하기로 생각한 것이 울려퍼지게 만든다.

    이렇게 생각과 생각의 실현이 바로 우리의 삶이라면, 철학은 이미 인생 안에 깊이 들어와 있는 것이다. 철학은 별세계의 사유가 아니다. 다만 운동을 쉬는 근육이 쉽게 잠들 듯 생각 역시 잠에 빠지는데, 철학은 이 생각의 잠을 깨우려고 한다. 생각이 잠들 때 관습, 소문, 편견이 머릿속을 지배한다. 우리는 혹시 이런 머릿속의 악마들과 더불어 한평생을 어둠 속에서 보내는 것은 아닐까? 무엇이든 해보라고 주어진 단 한 번뿐인 삶인데!

지혜에 대한 애정, 지혜를 배신하지 않는 친구. 그것이 철학(필로소피)이란 명칭이 간직하고 있는 뜻이다. 더할 나위 없이 건전해 보이는 이름을 지닌 이 학문은 사실 얼마나 우리를 괴롭히는가? 누구도 철학 앞에 와서 '나는 잘 살고 있구나.'라는 삶의 면죄부를 얻어가지 못한다. 오히려 철학은 우리 삶이 믿고 있는 안전하게 보이는 진리와 가치의 지반을 무너뜨린다. 철학은 대면하기 싫은 친구이고 환란을 주는 자이다. 철학은 인간을 못 견디게 하는 반갑지 않은 손님이고, 환대 대신 독배가 주어진 저 소크라테스의 운명이 보여주듯, 삶의 작위적인 형태들과 자주 충돌한다.

그러나 철학은 한 번도 삶을 배신한 적이 없다. 그것은 생명을 죽음으로 이끌지 않으며 죄의식 같은 마음의 감옥을 짓지도 않는다. 우리를 비루한 존재로 비추어주는 무서운 단죄의 거울도 아니다. 한마디로 철학은 천진한 학문으로서, 그저 삶을 온전히 살도록 만든다. 그러나 삶을 지배하는 모든 세력, 편견과 돈과 인기 모리배와 법의 권위로부터 배척당한다. 도대체 인간은 삶을 어디로 끌고 가는 것인가?

이 책은 저러한 철학의 최근 노력, 바로 우리 시대의 삶과 사회와 역사와 함께하는 현대철학의 고심에 관한 이야기다. 우리는 현대철학의 모든 조류를 따라가는 것은 아닌데, 중립적인 철학사를 기술하는 것이 목적이 아니기 때문이다. 이 책은 20세기의 정치, 사회, 문화, 그러니까 인간의 삶 전반에 최대한 밀착하려고 시도했던 두 개의 조류, 즉 '현상학(또는 실존주의)'과 '구조주의(또는 탈구조주의)'라는 철학사의 매듭을 중심으로 현대적 사유를 추적한다.

현대라는 것은 누군가 말하듯 역사적 연대기 상의 고정된 한 시기이기보다 '늘 새롭게 되려는 노력의 표현'이다. 그렇다면 우리가 이 책에서 다루고 있는 철학은 진정으로 현대적이리라. 왜냐하면 우리 시대의 각종 정치적·사회적 질병에 대해 올바른 사유가 가질 수 있는 힘을 실험해본 것이 바로 이 철학이기 때문이다.

이 책의 1부 '오늘의 철학 이론'은 현대적 사유를 준비한 스피노자, 키르케고르, 니체, 프로이트로부터 시작한다. 그러고 나서 현상학과 실존주의라는 명칭 아래 널리 활동한 20세기 초중반의 철학자들, 하이데거, 사르트르, 레비나스, 메를로퐁티에 대해 이야기한다. 아울러 구조주의와 탈구조주의라는 명칭 아래 사회와 학문의 격변기를 지나온 레비스트로스, 라캉, 푸코, 들뢰즈, 데리다를 다룬다. 독자들은 현대적 사유의 준비자들에서 본격적인 현대철학자들의 사유로 진행하면서 언덕을 천천히 오르는 산책과도 같은 난이도의 상승을 느낄 것이다. 멀리서부터 약속의 땅으로 다가가듯, 점점 중력이 강해지는 현대철학의 핵심들로 진입하는 것이 1부의 구조이기 때문이다.

그렇다. 이 책은 약속의 땅에 다가가는 일군의 나그네를 위한, 평원과 능선을 주파하는 운동화 같은 것이다. 철학자들은 연필과 책만큼 운동화를 필요로 하는 여행자가 아닌가? 철학을 진정한 것을 향한 여행으로 이해한 소크라테스부터, 고정된 거주지도 재산도 없는 영원한 하숙생 스피노자에 이르기까지 철학자들은 그들을 사냥개처럼 뒤쫓는 아집과 편견을 피하고 또 현실에 개입하기 위해 진정으로 걷기를, 경험을 필요로 하였다.

그러니 이 책의 2부는 필연적이다. 철학을 현실 안에서 연습하거나 실행하지 않는다면 무슨 소용인가? 철학의 실행이란 우리 시대의 삶이 생각하기를 요구하는 문제들에 철학의 개념이 밀착하는 방식으로 이루어질 것이다. 그래서 이 책의 2부 '오늘의 철학 연습'은 철학적 개념들이 삶 안에서 전진하는 경로들을 추적한다. 그것은 씨앗이 대지에 떨어져 푸르게 되는 것을 바라보는 봄여름의 체험과도 같은 것이다. 존재, 진리, 차이, 시뮬라크르, 노마드, 돈, 사랑, 신체, 관상술, 터치스크린과 같은 삶의 국면에 철학적 개념들이 어떻게 다가가는지 살펴볼 것이다.

철학은 프로메테우스의 가르침에 따라 늘 불이다. 그것은 백열전구처럼 우리 정신을 성가시게 하며 잠들지 못하게 한다. 불을 손에 넣은 거인은 잠 대신에, 생각하고 글을 써야 하는 철학자들의 한낮을 가져다주었다. 그래서 철학과 더불어 삶으로 들어섰을 때 우리의 정신은 빛을 가둔 유리병처럼 밝아지며 그 밝음만큼 눈부신 괴로움 속에서 세상을 바라본다. 이것이 고통이라면, 삶은 외면할 수 없는 고통 속에서 가치 있는 것이 된다.

이 책의 몇 가지 형식적 면모에 대해서도 말해두고 싶다. 현대철학의 다양한 사유를 가능한 한 쉽게 드러내면서도, 독자들이 최대한 철학자들의 문장을 직접 체험해볼 수 있도록 하자는 것이 책을 쓰면서 가지고 있던 생각이다. 주(註)의 내용은 대체로, 본문에서 인용한 철학자들의 글의 출전에 대한 명시인데, 출전은 가능한 한 이용하기 쉬운 한글판의 쪽수를 따랐다. 한 구절 한 구절 타오르고 있는 철학자의 문장이 독자들의 마음에도 불을 만들면, 후에 해당 구절을 철학자의 저작에서 전후 맥락과 함께 확인하면서 보다 심도 깊은 공부를 할 수 있도록 하기 위해서이다. 그렇다고 필자가 글의 맥락을 고려하며 원전에서 직접 번역했던 문장들을 모두 번역본에 맞추어 수정하지는 않았다. 두 가지 이유에서인데, 철학자의 원전을 번역하여 인용할 때 흘러가는 논의의 문맥상 가장 자연스러운 방향을 고려했기 때문이다. 둘째는 제시된 번역서의 쪽수가 있으므로, 필자가 번역해서 인용한 구절을 번역서의 문장들 가운데서 대조하며 찾는 일이 결코 어렵지 않을 것이기 때문이다.

가끔 후주에는 이러한 문헌 출전 표기 외에 얼마간 긴 글이 나온다. 이는 약간 전문적인 내용으로서 본문 중에 제시된 특정한 문제 가운데, 오늘날 널리 쟁점이 되는 중요한 문제를 보다 확대해서 다룬 것이다. 지나치게 전문적인 내용이 오히려 지적 호기심을 떨어뜨린다고 생각될 경우 과감히 건너뛰어도 좋을 것이다.

이 책 1부의 글들은 다루고 있는 철학자와 관련된 저작에 관한 별도의 설명 글로 끝을 맺는다. 이는 추가적인 공부를 위한 최소한의 실용적인 안내 표지판이다. 2차 문헌보다는 대체로 철학자들이 직접 쓴 대표적인 저작을 소개하는 데 초점을 맞추었다. 쉽다는 이유로 2차 문헌을 지나치게 방황하는 것보다는 철학자들의 글에 직접 접근해서 빨리 마법의 양탄자를 타고 높이 올라가 현기증 나는 철학의 조망권을 독자들이 획득하기를 바랐기 때문이다.

많은 분들의 관심과 도움이 이 책에 스며들어 있다.

이 책의 원고는 대부분, 네이버가 마련한 지식의 장 네이버캐스트의 '철학의 숲' 코너를 위해 쓰인 글을 바탕으로 한다. 누구보다도 감사하고 싶고 출간의 기쁨을 함께하고 싶은 분들은 네티즌들이다. 글을 올릴 때마다 네티즌들의 수많은 댓글과 메일을 통해 다양하고 창조적인 사유를 접할 수 있었다. 댓글 가운데 중요한 문제제기는 책을 엮기 위해 글을 수정하는 과정에서 가능한 한 답변하려고 애썼다.

강영안 선생님께 감사드리고 싶다. 키르케고르 편을 읽으시고 키르케고르의 최근 연구 동향에 대한 중요한 조언을 주셨다. 프로이트 편과 라캉 편에 대한 유익한 조언을 주신 맹정현 선생님, 책의 전체적인 체제와 관련해 유용한 조언을 주신 안광복 선생님께도 감사드린다.

아울러 '철학의 숲'이란 공간을 열고 운영하는 네이버캐스트 콘텐츠기획팀에도 감사드린다. 하나의 웹페이지를 연다는 것은 햇빛이 들도록 공터를 열어 인간이라는 해시계가 똑딱거리며 사유를 시작할 수 있도록 해주는 귀중한 작업이다. 원고 교정 작업에 많은 도움을 준 루뱅대 박사과정의 홍우람, 네이버에 올리기 전에 글을 읽고 수시로 좋은 의견을 준 서강대 대학원의 김동규, 김웅열, 김광철, 조현경에게도 고마운 마음을 전한다. 김웅열과 김광철은 서지 사항도 일일이 검토해주었다.

이 책을 내면서 인문학 전반에 대한 깊은 이해를 가지고 늘 책을 연구하는 반비의 김희진 편집장을 만난 것은 행운이다. 독자의 마음에 가닿기 위해 애쓰는 편집자의 조언이 한 권의 책을 쓰는 데 얼마나 중요한지 깨달았다. 아울러 글에 걸맞은 사진들을 선별하고 매끄럽게 책을 교정해주신 편집부의 김선아 씨께도 감사드린다. 사진이야말로 개념적 세계에서의 길 찾기를 돕는 약도이다.

철학도 책도 타자와의 마주침이다. 다른 이의 삶과 생각과 마주치면서, 철학은 술잔이 넘치듯 한 사람의 머릿속을 넘쳐 놀랍도록 다양한 사고 실험으로 펼쳐진다. 그래서 오늘 당신에게 이 작은 술잔을 건네는 일은 떨림과 흥분 없이는 도저히 이루어질 수 없다.

2011년 봄
루뱅에서
서 동 욱

차 례

책을 펴내며 현대철학의 불을 찾아서   7

프롤로그 철학의 탄생: 고대 그리스인들도 웹서핑을 했네   17

1부 | 오늘의 철학 이론

1. 현대적 사유를 위한 준비

바루흐 스피노자 어떻게 예속에 맞서 자유를 찾을 것인가   29
쇠안 키르케고르 보편적 이성 상위에는 무엇이 있는가   39
프리드리히 니체 허무주의 너머에 어떤 새로운 대지가 펼쳐지는가   53
지그문트 프로이트 사후적으로 작용한다는 것은 무엇인가   63

2. 현상학과 그 너머

마르틴 하이데거: 어떻게 번잡한 근대적 일상에서 빠져나올 것인가   77
장 폴 사르트르 개인의 선택은 보편적 가치를 만들 수 있는가   92
모리스 메를로퐁티 몸은 어떻게 의식 활동에 개입하는가   106
에마뉘엘 레비나스 인간은 인간에게 늑대인가 신의 흔적인가   121

3. 구조주의와 그 너머

클로드 레비스트로스 역사는 이성의 발전 과정인가, 우연의 전개 과정인가 139
자크 라캉 우리의 삶을 이끄는 욕망의 비밀은 무엇인가 153
미셸 푸코 지식은 시대와 권력에 따라 구성되는가 166
질 들뢰즈 어떻게 삶을 긍정할 것인가 179
자크 데리다 순결한 기원이라는 신화는 왜 기만적인가 195

2부 | 오늘의 철학 연습

존재와 무 왜 무가 아니고 어떤 것이 존재하는가 217
진리에 대하여 우리는 스스로 진리를 찾는가, 강제로 진리와 만나는가 229
차별, 차이, 환대 차이는 환대를 불러올 수 있는가 239
시뮬라크르 우리는 진짜 인생과 가짜 인생을 구분할 수 있는가 249
노마디즘 철학의 세계에도 유목민이 있는가 261
돈의 존재론 돈은 타자를 환대하는가, 지배하는가 273
사랑과 정치 사랑은 어떤 의미에서 개인적인 감정을 넘어서는가 283
신체에 대한 실천 몸을 어떻게 자유롭게 할 것인가 291
관상과 행위 철학자는 관상도 보나 301
터치스크린 시대의 읽기와 쓰기
책의 종언 뒤에는 어떤 읽기와 쓰기가 도래하는가 311

인물 찾아보기 323
상세 차례 326

프롤로그

고대 그리스인들도 웹서핑을 했네

참 많고 많은 철학이 있다. 옆집 아저씨의 인생 철학이 있으며, 사장님의 경영 철학이 있고, 철학관을 운영하는 점쟁이의 신묘한 철학도 있다. 또 우리는 흔히 "저 사람 철학적인데."라고 말하며 심오한 표정을 짓는 어떤 이를 곁눈질하기도 하며, "오! 이건 철학적인 시잖아!"라며 알 수 없는 언어의 폭죽 앞에서 감탄하기도 한다. 사정이 이 정도라면 철학이란 그 안에 모든 종류의 물고기가 들어가서 노는 거대한 수족관과도 같은 지경이다. "저요! 저요!" 물고기들이 서로 자신이 철학임을 자처하지만 이 와중에 철학이란 말의 의미는 수족관에 빠뜨린 결혼반지처럼 물속 어디론가 안타깝게 사라져버리고 만다. 대체 철학이 뭐기에?

그리스인의 손끝에서 빚어진 철학

사람들은 일상적인 차원에서 심오한 사유, 진지한 사유 등을 가리키기 위해 대체로 별 주의 없이 철학이라는 말을 사용한다. 모든 용어가 그렇게 거칠고 두루뭉술하게 사용되면서 세공되는 법이다. 프랑스 철학자 피에르 아도에 따르면 소크라테스가 대화를 나누던 시기만 해도 철학이란 그저 '일반적 교양'을 가리키는 말이었다.[1] 그러나 인류가 철학이란 말의 껍질 안에 수천 년 동안 어떤 환약(丸藥)을 고심해서 농축시켰는지 그 근본을 알기 위해선 이 말의 크기를 한껏 좁혀볼 필요가 있다. 철학은 그리스인들의 품 안에서 시작되었는데 이 기적이 일어나기 위해 필요했던 여러 가지 요건 가운데 하나가 그리스의 지리적 특성이다.

에게 해 같은 바다에서 섬들은 항해자의 시계에서 사라지는 법이 없기 때문에 그리스인들은 안전한 욕조에 작은 배들을 띄워놓듯이 느긋하게 항해할 수 있었다. 주로 첨단 문명으로 풍요로운 삶을 누렸던 아시아와 이집트로 말이다. '헤라클레스의 기둥'이라 불리는 지브롤터 해협 건너편으로 무섭도록 광대하게 펼쳐진 대서양과 달리, 그리스의 바다는 항해자들을 위협하지 않았다. 그래서 그리스인들은 따스한 욕조에 발을 담그고 종이배를 무릎 사이로 띄워놓고 노는 어린이처럼 자유롭게 이집트로부터 종교를 배우고(역사학의 아버지 헤로도토스의 주장), 기하학을 배에 실어왔으며 바빌로니아로부터 천문학을 수입할 수 있었던 것이다.

그런데 중요한 사실은 철학적 사유의 바탕이 되는 이 모든 지적 자원(종교, 기하학, 천문학 등등)이 동방의 제국과는 다른 구도 위에 놓였다는 것, 즉 전제군주의 지배 아래 놓이지 않았다는 것이다.

고대의 인터넷, 그리스

왜 유독 그리스만 전제군주의 손아귀에서 벗어나는 행운을 누렸는가? "그리스는 반도의 각 지점이 바다와 인접해 있고 해안들의 길이가 상당해서, 일종의 분열 가능한 구조를 지니고 있는 듯하다."라고 철학자 들뢰즈는 그리스의 지형을 설명한다.[2] 이 문장에서 핵심적인 표현은 물론 '분열 가능한 구조'다.

그리스 반도에 대한 이 묘사는 기원전 800년경부터 도시들이 건설되었으며, 기원전 600년경에는 소위 최초의 철학자라는 탈레스가 등장한 소아시아의 이오니아에 대해서도 타당하다. 이오니아는 150킬로미터나 되는 긴 띠 모양의 지역인데 역시 집중화가 아니라 분열이 용이한 구조인 것이다.

이 분열되기 쉬운 구조는 그리스인들이 전제군주의 제국 속으로 빨려 들어가는 불행을 원천적으로 봉쇄했다. 그리스인들은 동방의 제국으로부터 충분히 가깝고도 멀었다. 가까이서 동방의 학문들을 흡수했으나 제국에 복속되는 대신 바다와 섬으로 분열되어 나갔다. 그리스는 제국의 높은 성벽 옆에 상인들이 오가며 천막을 치고 자유롭게 거래하는 장터 같은 곳이었다.[3] 그렇다면 그리스란 고대의 인터넷이라 해도 좋지 않겠는가? 어디서든 지식을 흡수하고 어디서든 거래가 이루어지지만, 중심도 없고, 전제군주의 일방적인 법령을 따르지도 않는다. 그저 에게 해를 무대로 한 웹서퍼들만이 있을 뿐이다.

복종이 아닌 이성을 통해 서로 자유롭게 만나는 일

그리스라는 이 장터의 법칙은 거래를 위한 대화 또는 대화를 통한 상호간 관심사의 조절이지 결코 전제군주적인 '지배와 예속'이 아니다. 거래와 대화는 무엇을 바탕으로 이루어지는가? 제사장은 자신만이 독점적으로 받은 신탁에 의존하며, 전제군주는 독점적으로 이어받은 혈통에 의존한다. 그러므로 제사장이나 전제군주와 대면하는 방식은 독점적 권위에 대한 '복종' 외에는 없는 것이다.

그러나 어떤 독점적 권위도 지니지 않은 평범한 사람들이 장터에서 만나 거래와 대화를 시작할 때, 그들은 공통의 바탕 위에서만 그렇게 할 수 있을 것이다. 나도 가지고 있고 너도 가지고 있으며, 그러므로 서로 말을 통할 수 있도록 해주는 것, 바로 '로고스'가 그것이다. 이 심오한 용어를 우리는 오늘날 '이성'이라 번역하기도 한다. 그리스라는, 평범한 사람들이 오가는 국제 시장은 사람들이 권위를 통해 복종하는 방식 말고 이성을 통해 서로 만날 수 있는 방식을 탄생시켰다.

이 이성이 가진 역할인 분별력을 후에 데카르트는 "세상에서 가장 공평하게 분배된 것"이라 불렀다.[4] 잠깐 지나가면서 이야기하자면 이런 공평한 바탕만을 인정하고 이루어지는 사람들의 교류란 그리스인들의 위대한 정치 형태인 민주주의의 핵심에 자리잡고 있는 것이 기도 하다. 그러니까 이성이라는, 모든 사람에게 공평한 바탕에서 자라나는 것이라는 점에서 숙명적으로 철학은 민주주의와 한배에서 나온 형제다.

요컨대 그리스인들의 발명품이란 '공통된 바탕'인 '이성' 위에 서서 '자유롭게' '소통'하는 것이다. 그리고 이것이 바로 '철학함'의 근본적 형태를 결정한다. 그리스인들 이래로 철학하는 사람은 자기 안에 있는 이성과 대화하든 다른 이의 마음속에 깃들어 있는 이성과 대화하든 어떤 경우에도 만인에게 공통된 이성이 인도하는 것 이상을 좇으려 하지 않았다.

그들은 이성을 늘 가장 '자유롭게' 놓아두려고 하였다. 바로 이 지점에서 우리는 왜 그리스 정신 최고의 유산인 플라톤의 철학이 '대화록'이라는 형태로 표현되었는지 역시 이해할 수 있다. 나와 상대방에게 보편적으로 깃들어 있는 '로고스'를 바탕으로 서로 평등하게 소통하는 그리스의 정신. 이런 정신에 가장 잘 맞는 옷은 대화 자체를 통해 정신이 전개되어 나가는 방식을 생생하게 중계하는 글쓰기의 형식밖에 없었던 것이다.

이성은 가졌으나 지혜는 가지지 못한 자

이렇게 공통적 이성에 기반을 둔 소통을 통해 그리스인들은 지혜에 도달하고자 했다. 그런데 이것이 숨기고 있는 바는 철학자란 '지혜'를 아직 가지지 못한 자라는 사실이다. 보통 가장 지혜롭다고 알려진 철학자가 실은 지혜를 가지지 못한 자라니! 가령 소크라테스는 늘 자신을 가리켜 "지혜에 관한 한 자신이 아무것도 아님을 아는 자"라고 일컫기 좋아했다. 철학하는 자들이란 다만 "지혜(소피아)를 좋아하는 일(필로스)"을 하는 자이고 이 일을 후에 사람들은 '필로소페인(철학하다)'이란 명칭으로 고착시켰다.

지혜를 가지고 있지 않기 때문에 자기가 가지고 있지 않는 것을 욕망하는 일, 즉 지혜를 사랑하는 일을 할 수 있는 것이다. 전제군주와 제사장과 현자들은 신처럼 특별한 원천으로부터 부여받은 지혜를 애초부터 가지고 있다. 그래서 그들과는 대화하거나 토론할 수 없으며, 오직 그들의 가르침과 명령에 복종할 수 있을 뿐이다. 그러나 철학자는 지혜는 없고 지혜를 사랑할 뿐이며, 가지고 있는 것이라고는 남들도 다 가지고 있는 이성밖에 없는 가난한 자들이다. 따라서 철학자들은 복종해야 할 권위를 가지는 대신에 보편적인 이성을 공유하는 '친구들'을 가진다.

그리스인들에게 지혜는 어느 날 하늘에서 뚝 떨어지는 것이 아니며, 지혜에 접근하기 위해선 자신이 가진 유일한 생각함의 도구인 이성이 '일하도록' 해야 한다. 그리고 이성은 모든 사람이 나누어 가진 '보편적인 것'이기 때문에, 이성은 자신이 생각한 것이 정말 '보편성'에 위배되지 않는지 끊임없이 자기 자신에게, 그리고 다른 사람에게 깃든 이성에게 묻고 교정받아야 한다. 이것이 바로 이성이 노동하는 방식으로서의 '대화'이다. 그러니 당연스럽게도 철학은 '의견'을 내놓고, 그 의견을 교정하기 위해 논쟁을 하고, 교정되어 보다 나은 의견을 다시 내놓는 그런 생각함의 과정을 가지는 것이다.

이렇게 철학은 '의견'을 지닌 자들의 전쟁터다. 옆집 아저씨의 인생 철학도, 사장님의 경영 철학도, 철학관을 운영하는 점쟁이의 신묘한 철학도 혼자 방 안에 있을 땐 철학이 아니다. 그것은 개인적인 몽상이며, 나아가 "이거 맞지? 이거 맞는 얘기잖아!"라고 다짜고짜 옆사람에게 강요될 때는 사람을 피곤케 하는 독선과 폭력이 된다. 그러나 개인들이 지닌 그런 다양한 생각들이 모든 사람이 공유하는 이성의 전쟁터에서 생존을 시험받게 될 때 그것들은 이미 철학의 반지를 손에 넣기 위한 모험을 시작한 것이다.

철학의 피로와 현대철학의 깨달음

용기를 가지고 철학이라는 붉은 알약을 목구멍으로 넘긴 이는 독선과 망상이라는 정신이 앓는 병으로부터 치유되기 시작한다. 설령 자신의 생각이 얼마나 논리적이며 가치 있는 생각인지 시험받다가 파멸하는 대가를 치르더라도, 저 산뜻한 치유 효과를 만들어내는 철학이라는 절대반지에 대한 유혹을 인류는 떨쳐버리지 못하리라.

그런데 대화 속에서 교정 중인 또는 치료 중인 '의견들'은 언제 '지혜'가 될 수 있을 것인가? 가르치는 자와 가르침을 받는 자의 공동체라기보다는 지혜에 대해 공통의 흥미를 지닌 친구들의 공동체는 저 무한한 대화를 끝낼 날을 맞을 수 있을 것인가? 더구나 대화의 장이 공정하지 못하고 힘의 논리에 의해 불균형하게 편성될 수도 있다면?

대화의 장이 힘의 논리에 따라 매우 쉽게 불균형해질 수 있다는 것은 다양한 사례를 통해 쉽게 알 수 있다. 가령 대화의 꽃 중의 꽃인 의회민주주의가 합법적으로 관철시킨 바들이 진리나 정의와 거리가 멀었던 경우들을 생각해보라. 그래서 이성적 대화라는 이 철학함의 형태에 염증을 느낀 인류는 시(詩)로, 종교로, 정치적 실천으로, 욕망의 구현으로 종종 빠져나가 지혜에 접근하는 새로운 길을 모색해보기도 한다. 그리고 역설적이게도, 이러한 곁길들이 인류의 정신을 철학의 피로함으로부터 구출해 보다 싱싱하게 만들기도 하는 것이다. 이런 곁길들의 체험과 더불어, 현대철학은 이성적 대화뿐 아니라, 로고스의 지평에서 표상되지 않는 것들에 관한 경험 역시 소중히 끌어안는다.

1 피에르 아도, 이세진 옮김, 『고대철학이란 무엇인가』, 이레, 2008, 58쪽.
2 질 들뢰즈·펠릭스 가타리, 이정임·윤정임 옮김, 『철학이란 무엇인가』, 현대미학사, 1995, 127쪽.
3 같은 책, 128쪽.
4 르네 데카르트, 이현복 옮김, 『방법서설/정신지도를 위한 규칙들』, 문예출판사, 1997, 146쪽.

1부

오늘의 철학 이론

1
현대적 사유를 위한 준비

여기서 우리는 현대적 사유를 준비한 네 명의 사상가를 살핀다. 이들 모두는 당대의 주도적인 사상 바깥에 있었으며 자기 시대와 투쟁하는 방식으로 미래의 철학을 예고했다. 초월적 원리를 필요로 하지 않는 스피노자의 자연 개념, 키르케고르의 독특한 심리적 경험(불안)과 실존 개념, 니체의 모든 가치의 전도라는 프로그램, 프로이트가 발견한 무의식의 세계 등은 현대 유럽 철학의 높은 마천루들이 세워지기 위한 드넓은 평원을 준비했다.

   스피노자는 공상적인 것에 불과한 초월적 원리들이 철학과 종교를 통해 우리 삶을 얼마나 예속적으로 만드는지 폭로한 철학자다. 그에게 철학은 탈신비화의 도구로서, 자연으로부터 주어진 삶 자체를 긍정하는 법을 가르친다. 이러한 스피노자의 정신은 최근의 급진적인 정치 철학에 이르기까지 많은 영감을 주고 있다. 키르케고르는, 가령 헤겔에게서 볼 수 있는 것과 같은 전체 체계의 한 요소로 생각될 수 없는 개별적 실존을 부각시킴으로써 실존주의 철학의 선구자가 되었다. 서구 철학은 키르케고르를 통해 인간의 근본적 상황을 이성뿐 아니라 불안 등의 정서를 통해 접근하는 법을 배우게 되었다. 그러나 그의 철학이 단지 실존주의의 테두리 안에만 머무는 것은 아니다. 키르케고르는 지속적으로 새롭게 독해되고 있는데, 실존주의 이후 가장 최근의 유럽 종교철학과 윤리학, 가령 레비나스와 데리다의 성찰에도 큰 영감을 불어넣고 있다.

니체는 스피노자와 마찬가지로 서구의 오래된 초월적 원리를, 플라톤주의의 전복이란 과제 아래 비판한 사람이다. 피안의 세계에 마음을 빼앗겨 차안의 가치를 잃어버린 인류에게 그는 차안의 삶을 긍정하는 법을 가르친다. 초월적 세계에 대한 비판, 모든 가치의 전도라는 그의 프로그램은 들뢰즈, 푸코 등 수많은 현대 철학이 탄생할 수 있는 바탕이 되었다.

프로이트는 말할 것도 없이 무의식이라는 새로운 대륙을 발견함으로써 현대적 사유에 새로운 방향을 열어준 사람이다. 이 책에서는 특히 들뢰즈, 데리다 등의 현대철학자가 공유하는 사후성(事後性) 개념에 영향을 미친 트라우마 이론을 중심으로 프로이트의 세계를 들여다본다.

바루흐 스피노자

어떻게 예속에 맞서 자유를 찾을 것인가

사람은 어느 날 영문 모르고 태어나 먹고 자고 마시고, 때로 기뻐하거나 슬퍼하다 소멸을 맞는다. 이런 한평생이 너무 허망하다고 느껴 자연히 이렇게 묻게 된다. 인생에 어떤 숨겨진 최상의 목적이 있는 것은 아닐까? 그리고 그 목적은 우리를 창조한 어떤 이로부터 부여받은 것이 아닐까? 창조를 통해 자신의 목적을 우리에게 심어놓은 이는 그 목적이 실현될 수 있도록 세상 만물을 우리를 위해 제공하는 것이 아닐까? 이런 의문들과 더불어 삶의 배후에 보이지 않는 목적과 그 목적을 창조한 이에 대한 학문이 생겨난다. 그 학문은 때로는 신학으로, 때로는 형이상학으로 불리며 인류의 역사에 개입했다.

그런데 이때 우리의 진정한 삶은 오히려 소멸하는 것은 아닐까? 바로 지금의 삶은 최상의 목적보다 '열등한 형태', '극복되어야 할 어떤 것'으로 여겨지면서 '부정'되는 것은 아닐까? 스피노자는 바로 이러한 편견을 교정해서 삶 자체를 긍정하는 법을 알려준 사람이다. 스피노자 연구가 빅토르 델보스가 말하듯, 삶은 살기 위해 만들어진 것이며 이 삶을 긍정하는 이성의 방식이 바로 스피노자의 철학이다.[1]

네덜란드의 별종
자유와 예속의 체험을 통해 길러진 사유

스피노자는 1632년 스페인으로부터 독립을 이루어가고 있는 중인 신생 국가 네덜란드의 황금기에 유대인 사회의 일원으로 태어났다. 그는 네덜란드의 수도 암스테르담을 『신학정치론』에서 이렇게 묘사하고 있다. "암스테르담은 상당한 번영을 이루고 전세계가 감탄할 정도의 자유의 성과를 누리고 있다. 이 번창하는 도시에 모든 인종과 종파의 사람들이 완전한 조화를 이루며 살아가고 있다."[2] 스피노자의 철학은 분명 사상과 종교에서 자유를 추구하는 네덜란드적 분위기의 산물이다. 그러나 어떤 의미에서 네덜란드는 "국가의 목적은 자유이다."[3]라는 스피노자의 말을 배반하는 국가이기도 했다. 대표적인 예가 '드 비트 형제의 학살'일 것이다. 군주제와 군국주의를 선호하는 칼뱅파에 맞서 평화주의를 내세우며 네덜란드 공화정의 절정을 가져온 재상 요한 드 비트가 프랑스와의 전쟁에서 패하자 칼뱅파는 대중들을 부추겨 요한과 그의 형제 코르넬리스를 학살했다. "극악무도한 야만(Ultimi barbarorum)!"[4] 어떤 의미에서 그것은 국민들 스스로 공화정을 저버리고 예속을 위해 싸운 것이나 다름없다. 예속이란 주어진 본성을 억압하는 것이라는 점에서 타고난 삶을 부정하는 것, 바로 자기 자신에게 죽음을 선고하는 일이다.

이렇게 네덜란드는 자유와 예속의 체험 모두를 통해 스피노자의 사유를 자극했다. 스피노자가 유대인 공동체로부터 당한 파문을 감수한 것, 하이델베르크 대학의 교수 초빙을 거절한 것 등은 모두 그의 삶 전체가 예속에 맞서 자유를 획득하고자 하는 노력으로 이루어낸 하나의 작품임을 알려준다.

미신에 의한 통치
약한 지성과 강한 상상력의 합작품

대중들이 쉽게 빠져드는 예속이 스피노자를 사로잡았던 주요한 문제 가운데 하나였다. "사람들은 마치 자신들의 구원을 위한 것인 양 자신들의 예속을 위해 싸우고 한 사람의 허영을 위해 피와 목숨을 바치는 것을 수치가 아니라 최고의 영예라 믿는다." 도대체 왜 이런 일이 일어나는가? 아마도 사람들이 넓은 의미에서 미신에 빠져 있기 때문일 것이다.

스피노자가 말하듯 대중을 통치하는 수단으로 미신보다 더 효과적인 것은 없다. 미신이란 근본적으로 우리가 약한 지성과 강한 상상력을 가지고 있기 때문에 생겨난다. 지성은 앎을 획득하는 능력인데, 앎이라는 것은 늘 원인에 대한 앎이다. 결과의 인식 자체는 늘 원인에 대한 인식에 의존한다. 가령 살해된 시체를 앞에 두고 살인 사건에 대해 인식한다고 해보자. 단지 시체(결과)가 있다는 사실을 확인하는 것이 아니라 누가 그를 왜, 어떻게 죽였는지(원인)를 알아야 우리는 참다운 인식에 도달했다고 할 수 있다. 그런데 인과관계를 이해하는 지성이 약할 경우 상상력이 잘못된 원인을 고안해낸다. 가령 어떤 사람이 벼락을 맞아 죽었다고 하자. 벼락의 원인인 기상현상을 지성이 파악하지 못할 때 우리는 상상력을 동원해 이렇게 미신적 원인을 고안한다. '그는 나쁜 사람이었고, 신이 그에게 벌을 내린 것이다.' 자연법칙이 상상력을 통해 징벌을 내리며 복종을 강요하는 공포스러운 신의 도덕법으로 변질되는 순간이다. 어떤 타인이 이 신의 명령에 위배될 때 그는 '증오'의 대상이 되며, 내가 신의 명령을 위배할 경우 나는 '죄의식'의 대상이 된다. 예속적 법의 탄생과 더불어 삶에 대한 긍정이 있어야 할 자리를, 주어진 삶을 부정하는 두 방식인 증오와 죄의식이 차지하는 것이다.

인류 역사를 통해 이런 식으로 상상된 원인을 신에게 귀속시키는 일이 여러 종교에서 일어났다. 사람들은 공포 속에서 신을 통치자, 입법자, 왕, 자비롭고 정의로운 자로 상상하고 거기에 복종하고자 했다. 한마디로 인간은 자기 모습대로 신을 상상하고 복종한다. 그리고 이러한 복종은 정치적 지배력과 떼어서 생각할 수 없는 것이다. "군주가 자신에게 계시된 신의 명령에 따라서만 명령을 내린다고 믿으면 사람들은 더욱 더 군주의 지배 아래 있게 될 것이다."[5]

신에 대한 사랑
'합리적 질서'를 파악하는 것

따라서 예속의 상태로부터 벗어나는 길은 상상적 원인을 근절하고 지성을 통해 적합한 원인을 인식하는 것, 즉 합리적 질서를 파악하는 것이다. 만물이 그 안에 담겨 있는 자연(이를 스피노자는 신으로 이해했다.)에서 우리는 어떤 합리적인 질서를 발견할 수 있는가?

자연 안에는 우리 신체 및 다른 사물들에서 확인할 수 있듯이 공간을 차지하는 사물들의 질서가 있다. 또 자연 안에는 우리가 하는 생각에서 확인할 수 있듯이, 그 사물들의 질서에 대응하는 관념들의 질서가 있다. 다르게 말하면, 자연에는 사물들의 질서가 담겨 있는 '연장(延長)'이라는 형식이 있고, 관념들의 질서가 담겨 있는 '사유'라는 형식이 있다. 그러므로 자연(곧 신)과 그로부터 생산되어 나온 개별자들은 '공통적으로' 연장과 사유라는 형식을 통해서 존재하며, 이를 '초월한' 모습으로 존재하는 신은 한낱 우리의 상상력의 소산에 불과하다.(지혜롭고, 덕이 있으며, 권세를 지녔고······.) 아울러 연장과 사유라는 이 두 형식 속에 자연과 인간이 들어 있을 뿐, 두 형식 가운데 어떤 것이 우월하다고 말할 수 없으므로, 육체(연장)를 단죄하는 고대 이래의 모든 사고방식은 근거를 잃는다. (육체는 영혼의 감옥이다, 영혼이 육체의 정념들을 지배할 수 있어야 한다······.)

자연(신)이 지닌 질서를 바르게 이해하는 자에게 필연적으로 따르는 정서를 스피노자는 '신에 대한 사랑'이라 불렀다. 신이 지닌 질서의 필연성을 이해하는 자는 신을 사랑할 수 있을 뿐 결코 복종할 수는 없다. 복종은 명령하는 이의 의지를 고려하는 일인데, '의지'를 지닌 신이란 상상의 소산이지 인식의 소산이 아니기 때문이다. "사랑은 태양에서 빛이 나오는 것과 같은 필연성을 통해 참된 인식에서 나온다." 기쁨의 정서라고 부를 수도 있는 이 사랑의 정서에 힘입어 우리는 능동적으로, 또는 '자유롭게' 될 수 있을 것이다. 자연 안의 질서(인과관계)를 인식한 자는 그 인식의 필연성 때문에 자연의 일부인 자신의 삶을 긍정할 수 있을 뿐 그 질서를 거슬러서 예속 상태에 빠질 수 없기 때문이다.

한 가지 덧붙이면, 이 신에 대한 사랑은 어떤 외적 대상에 대한 사랑이 아니다. 신에 대한 사랑은 결국 '신의 자기 자신에 대한 사랑'이다. 왜냐하면 우리가 신의 일부이기 때문이다. 그리고 신은 정의상 자기와 독립해 있는 다른 대상을 가지지 않기 때문이기도 하다. 또 거꾸로 우리가 신에게 속하므로, 우리에 대한 신의 사랑 역시 신의 자기 자신에 대한 사랑과 다르지 않다.[6] 요컨대 신의 질서 안에 있을 때 더 이상 '주체'와 '그에 외부적으로 맞서 있는 대상'의 구별(가령 데카르트, 칸트, 후설로 이어지는 철학에서 볼 수 있는)은 인식의 차원에서도 정서의 차원에서도 근본적인 것이 아니다.

철학자들의 그리스도
긍정과 자유의 철학

공포의 정서와 예속의 상태에 익숙한 시대에 스피노자는 이러한 긍정과 자유의 철학을 생각하고 있었다. 그것은 위험한 일이었다. 때로 그 위험은 스피노자에 대한 살해 기도로 찾아오기도 했고, 이루 헤아릴 수 없는 비난과 증오로 밀려오기도 했다. 익명으로 펴낸 『신학정치론』은 그에게 큰 위협을 안고 돌아왔으며 주저 『에티카』는 생전에 출판할 수조차 없었다. 그러나 오늘날 스피노자는 "철학자들의 그리스도"(들뢰즈의 표현)라고 불린다. 우리가 사회적 제도를 통해서뿐만 아니라, 자기 내면에서 스스로 억압과 공포와 부정의 메커니즘을 작동시키면서 예속의 나락으로 굴러떨어질 때마다 철학자들은 스피노자의 책들을 다시 펼쳐든다.

1 빅토르 델보스 · 모리스 블롱델, 이근세 옮김, 『스피노자와 도덕의 문제』, 선학사, 2003, 34쪽 참조.
2 베네딕투스 데 스피노자, 황태연 옮김, 『신학정치론』, 신아출판사, 2010, 334쪽.
3 같은 책, 328쪽.
4 이 유명한 표현은 스피노자가 직접 종이에 써서 드 비트 형제가 살해당한 장소로 가지고 나가려던 것이다. 스피노자가 머물던 하숙집 주인이 그렇게 하지 못하도록 스피노자를 가두고 방문을 밖에서 걸어 잠갔다. 그렇게 하지 않았으면 스피노자 역시 학살되었을 것이다.
5 베네딕투스 데 스피노자, 앞의 책, 282쪽.
6 "신은 자기 자신을 사랑하는 한에서 인간을 사랑하며, 따라서 인간에 대한 신의 사랑과 신에 대한 정신의 지적 사랑은 똑같다."(B. 스피노자, 강영계 옮김, 『에티카』, 서광사, 314쪽, 5부 정리 36의 보충)

Baruch Spinoza

바루흐 스피노자

1632. 11. 24~1677. 2. 21

keyword

예속, 미신, 상상력, 자유, 긍정, 자연(신), 연장, 사유

　스피노자의 중요한 저작들은, 비록 중역이 많지만(그리고 이로 인한 문제도 적지 않지만), 대부분 우리말로 소개되어 있다. 『에티카』(1677)는 스피노자 철학을 대표하는 저작으로, 마음과 신체의 병행적 관계, 인간이 예속에서 벗어날 수 있는 길 등에 관한 독창적인 철학을 수립하고 있다. 유럽 대륙에서 전개된 서양 근대철학은 두 개의 출발점을 가지고 있다고 해도 과언이 아닐 텐데, '개별자의 자기의식'에서 출발하는 데카르트의 철학과 모든 개별자를 담고 있는 '유일한 존재'의 관념에서 출발하는 스피노자의 철학이 그것이다. 『에티카』에서 개진된 유일한 존재의 관념은 독일에서 발전한 칸트 식의 자기의식 철학과 마주치면서 헤겔을 통해 완성되는 독일 관념론 운동을 낳기도 했다. 독일 관념론 운동이란 어떤 관점에서 보면 근대철학의 저 두 기원, 즉 데카르트적 자기의식과 스피노자적 유일 존재가 어떻게 통일될 수 있는가의 문제에 대한 몰입이었다.

　이에 못지않게 중요한 『신학정치론』(1670)은 왜 인간이 미신적인 것에 예속되며 국가는 이를 어떻게 이용하는가, 왜 국가의 목적은 자유이며 왜 학문(생각)의 자유는 보장되어야 하는가 하는 정치철학의 근본 문제를 다루고 있다. 후에 현대철학자 들뢰즈의 『앙티오이디푸스』(1972) 역시 이 영향을 받아 출현했다. 말년의 작품인 『정치론』(1675~1677)에서는 군주정, 귀족정, 민주정 등의 정치체제를 검토하는 작업을 수행했는데, 민주정을 다루는 부분에서 미완성으로 끝났다. 초기작인 『데카르트 철학의 원리』(1663)는 데카르트를 비판적으로 검토하며 자신의 철학을 준비하고 있는 작품이다. 이외에 초기 사유를 엿볼 수 있는 작품으로 『소론』(1660)과 『지성개선론』(1662)이 있다.

스피노자는 독일 관념론을 촉발할 때와는 전혀 다른 맥락에서, 1960년대부터 현대 프랑스 철학자들에 의해 급진적인 사상가로 독해되면서 오늘날 널리 각광받게 되었다. 따라서 스피노자에 관한 독창적인 연구서들 역시 우리 시대에 큰 가치를 지닌다. 우리말로 접할 수 있는 작품으로는, 유물론의 역사에서 스피노자의 의의를 알려준 알튀세르의 「스피노자에 대하여」(1974)(국내에서 편집된 『마키아벨리의 고독』에 수록), 「스피노자」(1993)(『미래는 오래 지속된다』에 수록)가 있다. 또한 들뢰즈의 『스피노자와 표현의 문제』(1968)와 『스피노자의 철학(원제: 스피노자 – 실천철학)』(1970), 알렉상드르 마트롱의 『스피노자 철학에서 개인과 공동체』(1969), 에티엔 발리바르의 『스피노자와 정치』(1985), 「대중들의 공포」(1985), 피에르 마슈레의 『헤겔 또는 스피노자』(1977), 이탈리아 철학자 네그리의 『야만적 별종』(1991) 등이 있다. 현대철학자들의 스피노자 수용을 일목요연하게 소개한 글로는 진태원의 「스피노자의 현재성 – 하나의 소개」(『모색』, 2호, 2001)가 있다.

쇠얀 키르케고르

보편적 이성 상위에는 무엇이 있는가

　42세의 나이로 세상을 떠난 덴마크 철학자 키르케고르의 장례식이 치러지던 날, 군중들은 살아생전 그토록 강력하게 덴마크국교회를 비판한 자의 시신을 교회가 거두어들이는 처사에 불만을 품고 거의 폭도가 되다시피 했다. 원만하지 않은 과정 뒤에 그의 시신은 가족 묘지에 안장되었다. 그러나 정확히 어디에 묻혔는지는 아무도 모른다. 그의 맏형이자 나중에 교회의 감독이 되는 페터가 질투와 증오심 때문에 동생의 시신이 어디 묻혔는지 아무런 표시도 하지 않은 까닭이다. 키르케고르의 논쟁적 책들은, 그날 저자의 죽음과 함께 사라지는 것 같았다.
　그러나 20세기 초 야스퍼스와 하이데거 같은 독일 사상가에 의해, 그리고 장 발과 가브리엘 마르셀 같은 프랑스 사상가에 의해 발견된 후, 키르케고르는 현대 실존주의 철학의 선구자로 높이 추켜올려졌다. 아울러 보다 최근에 레비나스와 데리다 같은 철학자들은 그를 보편적 이성 상위에 있는 것을 사색한 철학자로 새롭게 읽어내고 있다. 철학의 영역 밖에서는, 칼 바르트 같은 신학자가 키르케고르를 새롭게 발견했다. 그는 키르케고르로부터 얻은 영감 아래, 1차대전을 찬성했던 당대의 신학에 맞서서 『로마서 강해』(1919) 같은 문제작을 써 냈다.

루터처럼 교회에 논쟁을 거는 사람
안데르센의 미운 오리 새끼와 키르케고르의 기러기

임종을 앞두고 있는 키르케고르를 그의 오랜 벗이었던 목사 한 사람이 찾아와 교회의 형식대로 교의 문답을 했다. 그 자리에서 키르케고르는 교회에 의한 종교 예식을 거부하며 이렇게 말한다.

> 하느님께서 주권자시라는 것은 확실해. 그러나 후에 인간들이 나타나서 그리스도교 안에 있는 것들을 자기에게 편리한 대로 정비하려고 했어. [……] 그렇게 해서 목사들이 주권자가 되는 거야.[1]

기존의 교회가 하느님의 뜻을 거스르기 때문에 그것은 마땅히 개혁되어야 한다는 것이 키르케고르의 생각이었다. 「나는 미래를 어떻게 이해하는가?」라는 글에서 그는 이렇게 말한다. "확실히 모든 일이 개혁되어야만 한다. 그리고 그것은 무서운 개혁이 될 것이다. 그것에 비하면 루터의 종교 개혁 따위는 거의 농담에 지나지 않을 것이

다."²

저 구절들이 알려주듯 키르케고르는 덴마크의 종교적 분위기 안에서 골치 아픈 논쟁가이자 고립된 존재였다. 이러한 키르케고르의 입장을 잘 알려주는 것이, 안데르센의 자전적 동화 「미운 오리 새끼」(1844)를 거꾸로 뒤집어놓은 것 같은, 「기러기」(1842~1843)라는 우화적인 글이다.(안데르센과 키르케고르는 동시대인이자 비판을 주고받는 사이였는데, 재미있게도 키르케고르의 첫번째 책은 안데르센에 대한 혹독한 문학비평서인 『아직도 살아 있는 자의 수기』[1838]이다.) 안데르센의 미운 오리 새끼가 오리들 틈에서 돋보이는 백조가 되는 반면, 키르케고르의 「기러기」에선 날 수 있는 기러기가 날지 못하는 거위들을 날게 해주려고 돕다가 결국은 공상적 바보라는 비난을 듣는다. 이런 비난 앞에 기러기는 의기소침해져 날지 못하는 거위처럼 돼버린다.

당대의 국교회는 거위이고 키르케고르는 기러기라고 해야 할까? "거위는 절대 기러기가 될 수 없으나 기러기는 곧잘 거위가 돼버린다. 경계하라!"³ 당대의 교회와 맞선 키르케고르의 책들은 바로 거위가 되지 않으려는 저 경계의 표현이었다.

이렇게 무엇보다도 키르케고르는 교회 비판을 수행하는 종교사상가였다. 그러나 그가 신에 대한 자신의 고유한 입장을 수립하면서 남긴 사상은 종교적인 영역에 국한되지 않고 현대 실존철학의 한 독창적인 입장으로서 가치를 지닌다. 키르케고르의 여러 중요한 개념들 가운데 두 가지를 꼽자면 바로 '실존'과 '불안'을 들 수 있을 것이다. 먼저 실존이란 자유로운 개인을 기술하는 개념이다. 실존한다는 것은 '이것이냐, 저것이냐'의 자유로운 선택을 통해서 자신을 실현하는 것이기 때문이다.('이것이냐, 저것이냐'는 키르케고르의 저작 제목이기도 하다.) 헤겔에서와 달리 이것과 저것의 변증법적 종합 같은 것은 없으며, 하나는 선택하고 하나는 거절해야 하는 것이다.

반복
헤겔의 변증법에 맞서는 새로운 범주

헤겔에 대한 반대는 키르케고르 사상의 기본 노선에 속하는 것이라 해도 과언이 아니다. '실존적 선택'을 다루기에 앞서, 매우 독창적인 것인 만큼 키르케고르의 반헤겔주의 내지 반변증법주의를 잠깐 살펴보지 않을 수 없겠다.

헤겔의 변증법에 맞서서 키르케고르가 내세우는 것은 바로 '반복'의 사상이다. 이 반복은 니체의 '영원회귀'에 비견될 만한 것으로 현대철학에 와서는 들뢰즈 같은 사상가가 자신의 반복 개념을 정립하는 데 큰 영향을 주기도 했다. 키르케고르는 『반복』에서 이렇게 말한다. "반복은 새로운 범주로서, 새로 발견되어야만 하는 범주이다."[4] "반복은 현대적인 인생관이다."[5] 헤겔의 변증법은 두 항의 대립으로부터 출발한다. 예를 들어보자. '의식은 하나이다.'라는 명제가 있고, 이에 반대되는 항으로 '경험은 다양하다.'가 있다고 해보자. 양자의 대립은 최종적인 종합으로서 '의식은 다양한 경험을 하나로 통일한다.'라는 명제를 낳는다. 두 항 사이의 '대립 자체'가 '매개자' 역할을 하면서 상반되는 두 명제는 하나의 명제로 종합되는 것이다. 이러한 헤겔 사상에 맞서서 키르케고르가 내세우는 것은 모든 것은 대립을 매개로 종합되는 것이 아니라, 반복될 뿐이라는 것이다.

반복을 과거에 있었던 일의 회상(상기)이나 앞으로 올 일의 기대와 혼동해서는 안 된다. '반복에는 기대의 불안도, 회상이 갖는 비애도 없다.' 도대체 이런 반복이란 무엇인가? 키르케고르는 성서에 나오는, 모든 고통 뒤에 다시 예전 것을 반복적으로 보상받은 욥을 예로 든다.

"욥은 축복을 받았고 모든 것을 '갑절'로 되받았습니다. 사람들은 이것을 '반복'이라고 부릅니다."[6] 또한 반복의 예는 키르케고르 자신이기도 한데, 연인 레기네 올센과의 사랑과 파혼의 고통 뒤에 그는 원래의 자기 자신으로 되돌아왔다면서 이렇게 말한다. "나는 다시 나 자신입니다. 이제 나는 반복을 획득하였습니다."[7]

욥의 경우건 키르케고르 자신의 경우건, 반복에는 '있었던 것이 충만한 모습으로 다시 되돌아와 긍정되는 사건'만이 있다. 이것은 두 항 사이의 대립(부정)을 매개로 삼은 운동이라는 헤겔의 변증법적 모델과는 전혀 다른 것이다. 키르케고르 사유의 의의는 "반복 자체를 새로운 사태로 만드는 것"[8]이며, 그 결과물은 충만한 실존이다. 이런 충만한 실존이 궁극적으로 발현되는 형태가 바로 그 유명한 '신 앞에 선 단독자'라는 개념이다.(이에 대해서는 바로 아래에서 다룰 것이다.) 그리고 반복이 충만한 실존으로 귀결되는가의 여부는 그것을 원하는 자가 매번 행하는 '실존적 선택'에 달려 있다고 해야 할 것이다.

불안, 그리고 실존적 인간의 3단계
돈 후안, 소크라테스, 아브라함

다시 '이것이냐, 저것이냐'라는 실존적 선택의 문제로 돌아오자. 실존적 선택을 해야 하는 인간의 근본적 기분이 '불안'이다. 실존주의하면 불안이 떠오를 정도로 이 기분은 유명하다. 실존함의 진리는 논리적 진리나 일상적인 경험적 사실과는 다른 것이다. 이런 실존적 진리에는, 널리 일반화된 인식의 두 원천인 생각함(노에시스)과 감각적 경험(아이스테시스)을 통해서는 도저히 도달할 수 없으며 제3의 길이 필요하다. 이 제3의 길이 기분, 그 가운데서도 특히 불안이다. 불안은 실존주의자들이 실존적 진리에 접근하기 위한 통로로서 자의적으로 고안한 발명품이 결코 아니다. 하이데거는 『존재와 시간』(1927) 40절에서 아우구스티누스나 루터의 저작에서 이미 불안이라는 정서가 존재론으로, 그리고 그리스도교 신학으로 들어왔음을 이야기하고 있다. 그러면서 그는 이렇게 덧붙인다. "키르케고르는 불안 현상의 분석에 가장 깊이 파고들어간 사람이다."[9]

키르케고르가 말하는 불안이란 어떤 것인가? "불안은 자유의 가능성에 대한 기대이다."[10]라고 그는 말한다. 아담을 예로 들어보자. 아담은 금단의 과일을 먹으면 선악을 분별하게 되며 동시에 죽는다는 금지의 법과 경고를 신에게서 받는다. 이 금지의 법 속에서 아담은 자유의 가능성을 발견한다. 금지의 법을 어기면 죽게 되지만, 어쨌든 나는 어길 수 있는 자유가 있다는 가능성의 발견 말이다. 이것이 바로 '나는 자유롭게 선택할 수 있다.'라는 불안한 가능성이다. 후에 사르트르는 『실존주의는 휴머니즘이다』(1946)에서, "선택이란 어떤 법적, 도덕적 심금도 아니라 오로지 자유로운 의식에 달려 있으며, 이 사실에 관한 정서가 불안이다."라고 말함으로써 키르케고르를 계승한다.(이 책 「사르트르」 참조)[11]

이렇듯 실존적 인간이 선택을 통해 자신을 실현하는 길을 그린 것이 바로 '3단계설'이다. 첫째는 감성적 단계이다. 이 단계에 있는 인간은 감성을 통해 직접 주어지는 것들, 즉 감각이나 충동이나 감성에 지배된다. 이것은 그야말로 우리가 충동을 따를 때 알 수 있듯이 반성 없는 즉각적인 삶이며, 따라서 어떤 선택도 없다. 선택 대신 감각적인 것들의 지배가 있을 뿐이다. 선택이 없으므로 선택이 불러올 삶의 질적 도약 역시 없다. 이 단계를 상징하는 인물은 감각적 충동의 화신이라 할 만한 '돈 후안'이다.

다음 단계가 윤리적 단계이다. 도덕적 의무 등을 받아들이고 '보편적 이성의 법칙'에 따르는 삶이 이 두번째 단계의 삶이다. 이 단계의 상징은 이성의 목소리에 귀 기울이려 했던 '소크라테스'가 될 것이다. 이성에 입각한 보편적 법에 따라 사는 것으로 이 단계는 요약된다. 그러나 이 두번째 단계는 신과 관계하는 삶, 즉 신앙의 세계에는 전혀 미치지 못하는 것이다.

세번째 단계가 바로 '신앙의 기사'라 표현되기도 하는 신앙적 삶이다. 신과 관계하는 것은 어떤 삶이며, 이는 이성의 보편적 법칙에 따르는 두번째 단계와는 어떻게 다른 것인가? 아들 이삭을 제물로 바친 '아브라함'이 이 세번째 단계의 상징이다. 이성에 입각한 보편적 법칙, 즉 세속적이고 합리적인 법의 차원(두번째 단계)에서 보자면, 아브라함은 그저 아들을 살해하려는, 윤리적으로 지탄받아야 하는 자일 뿐이다. 그러나 키르케고르는 아브라함의 이야기를 다룬 책 『공포와 전율』에서 말한다. "윤리는 최고의 것이 아니다."[12] 신과 단독으로 대면하는 절대적 관계에 비하면 말이다. '신과 마주하는 단독자'가 이 세번째 단계의 삶이다.(후에 이 개념은 신에 대한 현대의 철학적 사유를 대표하는 사람 가운데 하나인 레비나스에 와서, 모든 원리에 선행하는, 무한자와 마주한 '단독성'이란 사상으로 계승된다.[13])

이 세번째 단계는 두번째 단계, 즉 우리의 현실적 삶을 보호하는 보편적 이성에 입각한 법의 세계를 부정하는 것인가? 그렇지는 않을 것이다. 두번째 단계와 세번째 단계, 소크라테스와 아브라함, '아테네의 철학'과 '예루살렘의 신앙' 사이의 관계에서 우리는 두 가지 사안을 읽어내야 할 것이다. 신앙은 이성의 법칙과 타협하지 않고 절대적이라는 것, 이성이 세운 법칙은 그 자체만으로 충족적인 것이 아니라, 보다 심층적으로 절대자와의 관계 속에서 반성되고 평가되어야 한다는 것.

이성보다 상위에 있는 것
키르케고르가 현대철학에 남긴 질문

키르케고르의 이 3단계설은 어떤 철학적 의미를 가질까? 키르케고르의 사상을 단지 신앙인의 열광으로만 취급할 필요는 없다. 어떤 의미에서 키르케고르는 우리가 합리적이라고 믿고 또 보편적 이성의 산물이라 여기고 복종하는 '법의 기원'에 대해 묻고 있는 것이다. 토머스 홉스가 보듯 인간은 본성상 이기적이고, 이기심을 만족시키자니 '만인 대 만인'의 투쟁 관계 속에 들어가고, 그렇게 서로 어쩔 수 없이 타협해서 법이 세워지는 것인가? 그러나 이러한 타협의 상황은 잠재적으로 전쟁을 숨기고 있는 것이 아닌가? 오히려 합리적이고 보편적인 법의 상위에는 합리적 계산을 초월하는 어떤 것이 있는 것이 아닌가?

가령 데리다 같은 현대철학자는 『죽음을 주다(Donner la mort)』(1999)라는 저작에서 키르케고르를 바로 합리적이고 보편적인 법 상위의 어떤 것을 찾는 데 몰두한 철학자로서 이해한다. 『공포와 전율』에 관한 다음 문장에서 데리다는 '비밀'이 아들 이삭을 죽이라는, 세속적 윤리를 초월한 신의 명령을 뜻한다고 해석한다.

> 우리는 아브라함과 공유할 수 없는 것을, 그러니까 그나 우리와 관련해서 우리가 전혀 알지 못하는 비밀을 공유한다. 비밀을 공유한다는 것, 그것은 비밀을 인식하거나 파괴해버리는 것이 아니다. 그것은 무엇인지 우리가 모르는 것을 공유하는 것이다.[14]

그렇다면 이성의 합리적이고 보편적인 계산 상위에 있는 저 비밀은 도대체 무엇인가? 절대적 선에 대한 복종 같은 것이 가장 우선적이고, 이 선의 구현을 위한 부가적 도구가 합리성 아닌가? 이것이 레비나스가 「살아 있는 키르케고르에 대하여」(1966)라는 글에서 키르케고르를 비판적으로 독해하며 이야기하는 바다.

아브라함의 이야기를 하면서 키르케고르는 주체가 종교적 차원으로, 즉 윤리적 차원 상위로 상승하는 지점인, 신과의 대면에 대해 묘사한다. 그러나 우리는 반대로 생각할 수 있다. 즉 이 드라마의 하이라이트는 아브라함이 아들을 희생시키려는 것을 가로막음으로써, 그를 다시 윤리적인 명령을 듣도록 되돌리는 목소리에 대한 아브라함의 태도라고 말이다.[15]

그렇다면 결국 키르케고르에게 합리적 법의 상위에서 그 법을 인도해줄 수 있는 절대적인 것은 '선'인가? 데리다의 다음 글에서 보듯 우리는 그렇다고 생각할 수 있을 것이다. 데리다는 키르케고르와 레비나스의 생각을 화해시키면서 이렇게 말한다.

> 키르케고르는 레비나스가 요구하듯, 윤리는 세번째 단계의 절대적 단독성의 명령이자 그에 대한 존경일 뿐 아니라 두번째 단계의 일반성의 명령이자 그에 대한 존경임을 인정할 것이다. 따라서 더 이상 그렇게 쉽게 윤리와 종교를 구분할 수 없다.[16]

이성의 계산적 능력만으로 수립될 수 있는 법은 없다. 서구 합리주의에 대한 주요 반발자 가운데 한 사람인 키르케고르는 현대철학으로 하여금 바로 저 법을 초월한 상위의 절대적 영역, 이성이 이해하지 못하는 '비밀'의 영역을 탐구하도록 이끌며, 그의 사색과 함께 어항 속의 물고기처럼 늘 법 속에서 살고 있는 우리 역시 비로소 법을 불편해한다.

1   월터 라우리, 임춘갑 옮김, 『키르케고르 평전』, 다산글방, 2007, 432쪽.

2   같은 책, 414쪽.

3   같은 책, 440쪽.

4   쇠얀 키르케고르, 임춘갑 옮김, 『공포와 전율/반복』, 다산글방, 2007, 264쪽.

5   같은 책, 265쪽.

6   같은 책, 370쪽.

7   같은 책, 389쪽.

8   질 들뢰즈, 김상환 옮김, 『차이와 반복』, 민음사, 2004, 35쪽.

9   마르틴 하이데거, 이기상 옮김, 『존재와 시간』, 까치, 1998, 260쪽.

10 쇠얀 키르케고르, 강성위 옮김, 『불안의 개념/죽음에 이르는 병』, 2007, 동서문화판, 166쪽.

11 장 폴 사르트르, 박정태 옮김, 『실존주의는 휴머니즘이다』, 이학사, 2008, 40쪽 참조.

12 쇠얀 키르케고르, 앞의 책, 208쪽. 전후 문맥을 소개하면 다음과 같다. "개별자가 개별자로서 절대적인 것에 대하여 절대적인 관계에 서고, 거기에서는 **윤리적인 것이 최고의 것이 되지 않게 되거나**, 아니면 아브라함이 없어지거나, 둘 중의 하나가 된다."

13 물론 레비나스는, 절대자 앞에서 불안을 가지고 이것이냐 저것이냐를 선택할 수 있는 자유를 지닌 주체의 상황보다는, 절대자의 명령에 자유 없이 복종할 수밖에 없는 주체의 수동성을 강조한다. 그런데 이 절대자는 타인을 흔적 삼아 출현하기에, 절대자에 대한 이 수동적 복종은 타인을 위하는 일의 필연성을 확보해준다. "수동성-능동성이라는 양자택일을 넘어선 수동성, 모든 무기력한 것보다 더 수동적인 수동성은 윤리적 용어들, 기소, 박해, 타자를 위하는 책임에 의해 기술된다."(에마뉘엘 레비나스, 김연숙·박한표 옮김, 『존재와 다르게—본질의 저편』, 인간사랑, 2010, 230쪽) 이렇게 보자면, 윤리적인 것은 키르케고르에게선 두번째 단계, 즉 보편적 법의 층위에서 성립하지만, 레비나스에게선 보편적 법을 초월한 절대자와의 마주침의 차원에서 출현한다.(이 책 「레비나스」 참조)

14 J. Derrida, *Donner la mort*(Galilée, 1999), 112쪽.

15 E. Levinas, *Noms Propre*(Fata Morgana, 1976), 113쪽.

16 J. Derrida, 앞의 책, 117쪽.

Søren Kierkegaard

쇠얀 키르케고르
1813. 5. 5~1855. 11. 11

keyword

실존, 불안, 반복, 신앙의 기사, 신과 마주하는 단독자

『이것이냐 저것이냐』(1843)는 키르케고르의 초기 성공작으로, 앞서 본문에서 설명한 실존의 3단계 가운데, 첫번째 감성적 단계(1권)와 두번째 윤리적 단계(2권)를 집중적으로 다루고 있다. 제물로 아들 이삭을 바치려는 아브라함의 이야기를 실존의 세번째 단계인 신앙적 삶의 차원에서 성찰하고 있는 책은 『공포와 전율』(1843)이다. 이 책은 본문에서 보았던 것처럼 레비나스, 데리다 등의 현대철학자들의 성찰에 영감을 주었다.

본문에서 다룬 『반복』(1843)은 늘 자신의 진정한 자리로 되돌아올 수 있는 가능성의 원리로서 반복을 내세운다. 이것은 니체의 '영원회귀', 프로이트의 「쾌락원칙을 넘어서」(1920)에서 피력된 '반복' 사상과 함께 현대의 대표적인 비변증법적 원리이다.

『불안의 개념』(1844)은 인간의 역사 전반을 훑으며 불안 현상에 대해 사색한다. 원죄로부터 기인하는 불안, 신앙으로 나아가는 디딤돌로서의 불안 등에 대한 탐색을 내용으로 한다.

『사랑의 역사(役事)』(1847)는 인간이 가진 세속적인 차이들을 넘어서 베풀어지는 사랑을 다룬다. 보통 우리가 에로스나 우정을 통해 일컫는 사랑은 기호, 감정,

선호도 등등에서 유래하는 사랑이다. 이것을 '차별적 사랑'이라 부른다. 반면 종교적 차원의 '명령적 사랑'은 차별 없이, 심지어 이웃과 적을 모두 포함해서 베풀어지는 사랑이다. 이런 절대적 사랑의 의미가 탐구된다.

『죽음에 이르는 병』(1849)에서는 실존적 인간을 바로 서지 못하게 하는 절망이라는 병을 다룬다. 절망이란 인간이 자기 자신이나 타자와 잘못 관계하는 상황을 표현한다. 이 책은 절망을 극복하고 인간이 올바른 관계 속에서 자기 실존을 수립하는 길을 모색한다. 그것은 신 앞에 단독자로 서는 순간 가능해진다.

프리드리히 니체

허무주의 너머에
어떤 새로운 대지가 펼쳐지는가

오늘날 니체는 현대철학자들의 인터넷과도 같다. 누구든 니체라는 웹사이트를 들여다보며 영감을 얻고, 누구든 한마디라도 댓글을 남기며, 또 모든 댓글은 제각기이다. 마치 수많은 파리 떼를 거느린 거대한 들소가 지나가듯 니체는 철학자들의 시선을 거느린 채 철학사를 천천히 이동하고 있는 것이다. 토리노에서 정신병이 니체의 사유를 산산이 깨트렸을 때, 그 깨어진 껍질로부터 흘러나온 것이 바로 현대철학이라고 해도 과언이 아니리라. 하이데거, 들뢰즈, 푸코 등 수많은 현대철학이 니체의 조언을 얻으며 전진하였다. 왜 니체여야 하나? 답은 명확하다. 현대적 사유가 새로운 길을 열기 위해선 망치를 들고 탑을 무너뜨리는 자, 바로 플라톤 이래의 서양 철학의 가치를 전도시키는 자가 필요했던 것이다.

망치로 철학하기
허무주의 극복의 과제

니체는 유럽의 근대를 형이상학적·도덕적 가치들이 탈가치화하는 허무주의의 시대로 진단한다. 이러 허무주의의 징후는 여러 가지로 표현되는데, 그 가운데 대표적인 것이 그리스도교적 세계의 몰락이다. 니체가 '대중적 플라톤주의'라고 부르기도 한 기독교는 가치의 자리를 피안으로 가져감으로써 인간의 현세적 삶을 부정했는데, 근대에 와서는 피안에 있는 가치의 세계가 여러 차원에서 의심받기에 이른다. 따라서 피안의 가치에 중심을 두고 짜인 삶의 가치 체계는 허무에 빠지게 된 것이다. 이러한 허무주의를 어떻게 극복할 것인가?

그것은 위험의 자리이며 또한 기회의 자리이기도 하다. 니체는 허무주의를 극단화함으로써, 그간 피안의 가치에 종속되어 있던 차안의 삶을 그 자체로 긍정하고자 한다. 이러한 작업을 위한 철학적 프로그램이 바로 '비판'이다. 니체는 『선악의 저편』에서 철학의 작업에 대해 이렇게 말한다.

> 철학자들은 창조적인 손으로 미래를 붙잡는다. 이때 존재하는 것, 존재했던 것, 이 모든 것은 그들에게는 수단이 되고 도구가 되며 **해머**가 된다. 그들의 '인식'은 창조이며, 그들의 창조는 하나의 입법이다.[1]

이것이 바로 '망치로 철학하기'에 대한 언명이다. 철학이 비판이라는 과제를 수행한다고 언명한 것은 새로운 일이 아니다. 대표적인 비판철학이 바로 칸트의 철학이다. 그러나 니체의 관점에서 보자면, 지금까지의 비판철학은 현행하는 가치들을 정당화하는 작업에 불과했다. 칸트의 작업은 '모든 경우 물은 100도에서 끓는다.' 같은 이론적 명제, '거짓말은 해선 안 된다.' 같은 도덕적 준칙을 '정당화'하기 위해 이성의 능력이 무엇인지 그 범위와 한계를 탐구하기 위한, 이성의 능력들에 대한 비판이었다. 반대로 니체의 비판은 현행의 가치들 자체를 문제에 부친다. 즉 허무주의를 가속화해 모든 가치 자체를 전도시켜보려는 것이다. 그것은 가치의 새로운 '창조'이다.

힘의 의지
진리는 관점의 문제이다

이런 비판 프로그램을 통해 니체는 고정적 진리란 없다는 결론에 도달한다. 진리의 나타남이란 '관점 수립의 문제'가 되는 것이다. 그렇다면 동시에 두 가지 의문이 든다. 도대체 비판 프로그램이 작동할 수 있게끔 하는 최종심급에는 무엇이 있는가? 비판의 결과 모든 가치들에 물음표가 던져지고, 그래서 가치란 관점의 문제가 된다면 관점을 수립하는 것은 무엇인가? "비판의 심급은 힘의 의지이고 비판적 관점은 힘의 의지의 관점이다."[2] 이는 또한 진리에 대한 관점 수립 역시 힘의 의지로부터 이루어진다는 것을 알려준다. 기존의 가치와 진리에 대한 비판이 힘의 의지로부터 이루어진다면, 새로운 진리를 바라보는 관점 역시 힘의 의지로부터 수립될 수밖에 없는 것이다.

그렇다면 도대체 니체의 주요 개념 가운데 하나인 힘의 의지란 뭘까? 흔히 '권력에의 의지'라고도 번역되는 이 개념은, 기존의 사회에서 통용되는 돈, 명예, 명성 같은 권력의 표상을 탐내는 의지가 아니다. 기존의 가치를 비판에 부치는 것이 힘의 의지인데, 어떻게 그것이 기존에 통용되는 가치를 목적으로 삼겠는가? 들뢰즈 같은 철학자는 니체의 힘의 의지를 이렇게 설명한다. "힘의 의지는 힘의 생성적 요소, 다시 말하자면 힘들 간의 관계 속에서 각각의 힘에 귀결되는 성질을 생산해내는 요소이다."[3] 즉 힘의 의지는 힘들이 관계 속에서 발생할 수 있게 해주는 요소이다. 그러니까 이것은 다른 힘을 부정하는 의지가 아니라, 하나의 힘이 다른 힘과의 차이 속에서 성립할 수 있도록 해주는 내적 요소인 것이다. 그리고 존재자들이란 바로 힘의 '외관'이므로, 힘의 의지는 존재자들이 서로 부정하지 않고 차이를 지닌 상태로 나타나게 해주는 요소라고 할 수 있다.

주인도덕과 노예도덕
적극적 힘과 반응적 힘

앞의 기술은 전적으로 긍정하는 힘의 의지에 대한 묘사이다. 힘의 의지가 항상 긍정적인 것은 아니다. 즉 어떤 힘 안에 들어 있는 힘의 의지는 긍정적이거나 부정적이며, 힘의 의지가 긍정적일 때 그 힘은 '적극적'이고, 부정적일 때 그 힘은 '반응적'이다. 적극성과 반응성은 힘의 성질이며 긍정과 부정은 힘의 의지의 활동이다. '반응적'은 어떤 힘이 할 수 있는 바로부터 그 힘이 분리되었을 때의 힘의 상태를 가리키며, '적극적'은 그 힘이 할 수 있는 바가 온전히 유지되었을 때의 힘의 상태를 가리킨다. 의지의 긍정은 힘의 본래적인 모습이 계속 유지되게끔 하며 부정은 힘의 본모습을 왜곡시킨다.

그러면 왜 의지가 힘의 본모습을 부정하는 일이 생기는가? 힘에 대해서 외부의 초월적 원리가 개입하기 때문이다. 그 원리란 플라톤 시대에는 현세적인 모든 것을 하나의 그림자로 만들어버리는 피안의 이데아였고, 이후에는 기독교의 교리들이었다. 가령 니체가『도덕의 계보』에서 비판적으로 접근하는 그리스도의 '대속' 개념을 보자.

> 우리는 고통받는 인간이 일시적으로 위안을 찾은 역설적이고 무시무시한 방책인 저 그리스도교의 천재적 장난 앞에 갑자기 서게 된 것이다. 즉 신 스스로 인간의 죄 때문에 자기를 희생한다. 신 스스로 자신을 자기 자신에게 지불한다. 신이란 인간이 상환할 수 없게 된 것을 인간에게서 벗어나 상환할 수 있는 유일한 존재이다. [······] 채권자가 자신의 채무자를 위해 자신을 희생한다![4]

대속은 바로 죄지은 인간의 채권자인 신이 인간의 빚을 대신 갚아준 사건이다. 그래서 무슨 일이 일어났는가?

> 이제 바로 부채를 종국적으로 상환하려는 전망은 영원히 비관적으로 닫아버릴 수밖에 없게 된다. [······] 이제 양심의 가책은 그런 식으로 채무자에게 뿌리를 내려 침투하고 확장해나가고 무좀처럼 넓고 깊게 성장한다.[5]

채권자가 채무자의 빚을 대신 갚아줌으로써 채무자는 빚을 스스로 상환할 기회를 영원히 박탈당한다. 그리고 채무자에게 씻을 수 없는 가책이 스며든다. 이것이 바로 힘이 반응적이 되는 방식, 즉 힘이 자기 자신의 본성을 부정적으로 매개하는 방식이다. 그리고 그 부정의 구체적 표현이 '양심의 가책', 죄의식인 것이다. 이렇게 자신의 타고난 힘을 긍정하지 않고, 죄의식이라는 형태 속에 부정해서 반응적으로 만드는 것을 니체는 바로 '노예도덕'이라 불렀다. 반면 힘을 부정하지 않고 그 힘이 할 수 있는 일을 긍정하는 것이 이른바 '주인도덕'의 핵심이다.

영원회귀
부정의 운동에 맞서는 반복

그렇다면 힘을 긍정하는 일은 구체적으로 어떤 것일까? 힘을 긍정하는 일은 물론 힘들이 서로 차이를 지니면서 지속적으로 발생할 수 있도록 해주는 일이다. 그렇다면 이 긍정의 작업은 힘의 외관인 존재자들의 차이가 지속적으로 생산되는 형태가 아닐까? 존재자들이 자기를 부정(이것이 '가책'이다.)하지 않고, 다른 존재자를 부정(이것이 '증오'이다.)하지도 않고, 다른 존재자와 차이를 지닌 채 자신의 본성 가운데 머무는 것이 바로 저 긍정의 작업인 것이다. 이러한 존재자들의 차이 나는 상태가 계속해서 반복되는 것이 영원회귀의 의미다. 요컨대 힘의 의지가 수행하는 긍정이 존재자들의 차이를 지속적으로 생산하며 이러한 차이의 지속적 생산이 영원회귀, 즉 반복을 형성한다고 말할 수 있다. 이렇게 영원회귀란 존재자에 일어날 수 있는 두 가지 부정의 운동(가책과 증오)을 극복한다. 그렇다면 영원회귀란 매우 도덕적인 함축을 지니는 것이 아닌가? 니체는 말한다. "네가 하기를 원하는 모든 것에 있어서 '내가 무수히 계속 그것을 하길 원하는가?'라고 자문하면서 시작한다면, 이는 네게 가장 굳건한 무게중심이 될 것이다."[6] 힘의 의지(욕망)는 무엇인가를 욕망할 때마다 그 욕망하는 일이 무한히 계속 반복(영원회귀)되어도 좋은지, 혹시 나쁜 결과를 초래하지는 않는지 매 순간 물어나간다. 따라서 우주의 질서로서 영원회귀 자체가 힘의 의지가 만들어낸 '윤리적 선택'의 귀결이나 다름없다. 결국 영원회귀는 존재자들이 계속 긍정되는 길인 동시에, 부정의 힘이 침투하지 못하도록 하는 선별의 원리이기도 한 것이다.

이렇게 니체의 철학은 존재자의 자연적 힘을 긍정하고 피안의 초월적 원리에 의해 현세적 삶이 폄하되는 길을 차단한다는 점에서 스피노자의 뒤를 잇고 있으며, 들뢰즈의 출현을 준비하고 있다.

---

1 프리드리히 니체, 김정현 옮김, 『선악의 저편/도덕의 계보』, 책세상, 2002, 189쪽.
2 질 들뢰즈, 이경신 옮김, 『니체와 철학』, 민음사, 1998, 173쪽.
3 같은 책, 107쪽.
4 프리드리히 니체, 앞의 책, 441쪽.
5 같은 책, 440~441쪽.
6 F. Nietzsche, *Nietzsche's Werke*(K. G. Naumann, 1901), Bd. XII, 64~65쪽, §117.

Friedrich
Wilhelm Nietzsche

프리드리히 니체
1844. 10. 15~1900. 8. 25

keyword

허무주의, 가치의 전도, 힘의 의지, 주인도덕/노예도덕, 적극적 힘/반응적 힘, 영원회귀

많은 경우 니체의 책들은 짧은 단편 글 모음의 형태를 하고 있고, 여러 가지 주제 전반을 다루기 때문에 한두 마디로 책들의 주제를 분류하는 것이 무의미한 경우가 많다. 니체가 남긴 가장 의미있는 주제들을 담고 있는 핵심적인 저작 몇 가지만 먼저 골라보자.

대표적인 작품은 영원회귀 사상을 완성하고 있는 『차라투스트라는 이렇게 말했다』(1883~1885)이다. 이 작품은 10년간 산중에서 명상을 한 차라투스트라가 인간 세계에 내려와 여러 인물과 이야기를 주고받는 형식으로 되어 있다. 『비극의 탄생』(1872)은 서구 문명의 본질을 디오니소스적인 것과 아폴론적인 것의 투쟁의 관점에서 파악한 작품이다. 『도덕의 계보』(1887)는 기억술, 체벌 등과 같은 도덕 이전적인 요소로부터 서구의 도덕적 가치들이 어떻게 발생했는가를 추적한다.

이외에 여러 주제들을 다양하게 취급하는 『반시대적 고찰』(1873~1876), 『인간적인 너무나 인간적인』(1878), 『아침놀』(1881), 『선악의 저편』(1886), 『이 사람을 보라』(1908) 등이 있다.

니체의 저작만큼이나 독창적인 철학적 가치를 가지는 니체 연구서들도 간과되어선 안 된다. 그 가운데 대표적인 것이 하이데거의 『니체』(1961)와 들뢰즈의 『니

체와 철학』(1962)이다. 하이데거는 시적인 형태를 지닌 니체의 글쓰기에서 엄밀한 철학적 개념의 전개를 발견하고 니체를 서구 형이상학의 완성자로 파악한다. 들뢰즈의 작품은 니체를 부정성과 초월적 원리에 맞서는 긍정의 존재론을 전개한 철학자로 부각시킨다. 소책자 『들뢰즈의 니체』(1965)는 『니체와 철학』의 주제를 쉽게 정리하고 있으며, 니체의 생애 및 니체 저작의 핵심 발췌문 등을 담고 있다. 아울러 푸코의 논문 「니체, 계보학, 역사」(1971)는 매우 불분명한 형태였던 니체의 계보학 개념을 푸코가 독자적인 관점에서 쇄신해 자신의 방법론으로 수립한 글이다. '기원의 부정' 등 현대철학의 핵심적 주제를 니체의 계보학에서 읽어낸다.

니체의 생애부터 철학 전반까지 충실히 해설하고 있는 안내서로는 백승영의 『니체, 디오니소스적 긍정의 철학』(2005)이 있다. 『니체가 뒤흔든 철학 100년』(2000)은 여러 현대철학자들이 니체와 맺고 있는 관계를 집대성한 책이다.

지그문트 프로이트
사후적으로 작용한다는 것은 무엇인가

우아한 전기 작가 슈테판 츠바이크는 프로이트의 외모에 대해 이렇게 말하고 있다.

> 사람들은 프로이트의 다혈질적이고 꿋꿋한 성격을 처음으로 느끼고 이렇게 생각한다. 아니야, 이 사람은 나이가 들면서 성격도 부드러워지고 사교적으로 되어가는 백발노인이 아니라 그 어느 것에도 속아 넘어가지 않는 준엄한 시험관이야. 행여 그 앞에서 거짓말을 하게 될까봐 두려워지는 그런 인물……. [1]

프로이트 앞에서 마음의 괴로움 때문에 어린 시절의 이야기를 쏟아내며 분석을 받던 이들은 저 날카로운 시험 앞에서 아무것도 숨길 수 없었을 것이다. 그렇게 인류 전체의 마음 안에 숨겨져 있던 미지의 대륙, 바로 '무의식'이 세상에 모습을 드러냈다.

트라우마
정신분석의 가장 중요한 발견

오스트리아-헝가리 제국 모라비아의 작은 도시 프라이베르크에서 태어나, 거의 평생을 빈에서 활동한 프로이트는 쉰 살이 넘고서야 비로소 명성을 얻었다. 그리고 일흔 살이 되어서야 당대의 가장 유명한 인물 가운데 한 사람이 되었다.[2] 오늘날 정신분석학이 가지게 된 확고부동한 위치와 가치와 영향력을 염두에 둔다면, 프로이트의 이러한 뒤늦은 성공이 신기하게 느껴지기도 한다. 그러나 오히려 이 사실은 당시 정신분석학이 얼마나 새로운 학문이었는가를, 그리고 그 창시자가 이 학문이 장래에 누릴 영광을 위한 기틀을 마련하기 위해서 얼마나 어려운 싸움을 치렀는가를 잘 알려준다.

정신분석학에 어떻게 접근할 수 있을까? 혹자는 프로이트의 저서와 이후 정신분석 계승자들의 저서를 탈무드와 그 주석서의 관계에 비유한다. 탈무드 주석이 끝이 없는 작업인 것처럼 다양한 계승자들의 프로이트 해석 역시 끝이 없다. 즉 매우 다채로운 깃털을 지닌 매력적인 새 한 마리 같은 이 학문의 모든 색깔을 한자리에 다 펼쳐놓는 것은 거의 불가능한 일인 것이다.

이 책에서는 그보다는 프로이트 정신분석학의 가장 근본적인 사고 유형을 보여준다고 할 수 있는 '트라우마(외상, 外傷)'에 대해 이야기해보는 것이 좋을 것 같다. 데리다 같은 철학자는 사후성(事後性, nachträglichkeit) 개념과 연기(延期, Verspätung) 개념은 프로이트 전체 사유의 우두머리를 차지한다고 평가하기도 했는데,[3] 바로 트라우마론은 이 개념들의 작동 방식을 모범적으로 보여준다. 프로이트가 분석하는 흥미로운 사례들로 징검다리를 놓으며, 이 이론을 추적해보자.

엠마의 사례
두 개의 인자가 모여 하나의 병이 생긴다

프로이트의 초기작 『과학적 심리학 초고』에는 마음의 괴로움 때문에 프로이트를 찾아가 상담을 한 엠마라는 여자 이야기가 나온다.[4] 그녀는 상점, 특히 옷가게 같은 곳에 들어가는 것을 겁내는 광장공포증에 시달리고 있었다. 그 까닭을 그녀는 열두 살 때 어떤 상점에서 점원들이 자신의 옷을 보고 웃었기 때문이라고 생각한다. 점원들이 웃자 그녀는 까닭도 없이 도망을 쳤다.(이를 사건 1이라 하자.) 그런데 왜 도망갔는지, 그리고 지금 왜 열두 살 때의 사건 때문에 상점에 들어가지 못하는지 도무지 설명이 되지 않는 것이다. 이와 별도로 프로이트는 엠마가 기억하지 못하는 또 다른 사건 하나를 찾아냈는데, 바로 여덟 살 때 그녀가 어떤 상점에 들어갔다가 상점 주인에게 추행을 당한 사건이다. 상점 주인이 웃으면서 옷 위로 그녀의 성기를 만졌던 것이다.(이를 사건 2라 하자.) 여덟 살은 성적 분별력이 아직 완전히 발달하지 않은 시기이다. 따라서 그 사건은 전혀 의미가 파악되지 않은 채 잠재되어버릴 수밖에 없었다. 이렇게 잠재된 사건을 '은폐 기억'이라 부른다.

이런 잠재된 기억은 유사한 사건이 주어지면 비로소 뒤늦게, 사후적으로 환기된다는 것이 프로이트의 사후성 논리의 가장 중요한 특성 가운데 하나이다. "결정적으로 중요한 것은, 유사한 사건이 최근에 반향됨으로써 잊혀 있던 기억 흔적이 환기된다는 것이다."[5] 열두 살 때의 사건은 여덟 살 때의 사건과 외형상 많은 유사점을 지닌다. 둘 다 공통적으로 상점에서 일어난 일이며, 둘 다 상점 주인이 웃었고, 둘 다 옷과 관계되어 있기 때문이다. 유사한 상황이 주어지자 잠재되어 있던 기억인 여덟 살 때의 사건이 환기되었던 것이다.

그런데 열두 살은 이미 성적 분별력이 성숙한 시기이므로 사건 1의 '외관을 쓰고' 환기된 사건 2는 '연기되었다가 뒤늦게' 비로소 추행이라는 의미를 획득하게 되어 엠마에게 공포를 일으켰던 것이다. 그것이 점원들이 웃자 그녀가 까닭도 없이 도망친 이유이자, 훗날 상점에 혼자 들어가지 못하게 된 이유이다. 이처럼 트라우마는, 하나의 사건—그것이 여덟 살 때의 것이건 열두 살 때의 것이건—만으로는 결코 성립하지 않으며 반드시 두 개의 사건이 갖추어져야만 가능하게 된다. "두 개의 인자가 모여 한 병인(病因)을 완성시킨다."[6] 개개의 사건들은 그 자체로는 아무것도 아니며, 서로 결합되어야만 비로소 트라우마로서 나타난다는 말이다.

토템 신앙에 대한 연구
살해한 아버지에 대한 사후적 복종

프로이트 이론의 심오한 면 가운데 하나는, 개별적인 환자들의 정신세계를 통찰하는 데 그치고만 것이 아니라, 태곳적부터 문화를 형성해온 인류의 보편적 정신세계의 비밀에 가닿고 있다는 점이다. 어떻게 개인의 기억에 제한되지 않는 집단의 기억을 이야기할 수 있는가? 프로이트는 말한다. "집단의 경우에도 과거의 인상은 무의식적 기억 흔적 안에 보존된다."[7] 이러한 주장은 다음과 같은 근거에서 나온다.

> 태곳적 조상과 맺은 근원적 관계의 흔적이 남아 있는 풍습·의식·제도를, 다음 세대는 무의식적으로 이해하는 방법을 통해 그 감정 유산을 고스란히 받아들이는 데 성공하고 있는지도 모르는 것이다.[8]

즉 풍습과 제도 같은 것을 통해 개인 무의식과 집단 무의식은 서로 동일한 구조로 만들어질 수밖에 없다는 것이다. 토템 숭배의 발생을 정신분석학적으로 추적하는 인류학적 연구서인 『토템과 터부』, 그리고 유대교와 기독교의 발생에 대해 정신분석학적으로 접근한 말년의 『인간 모세와 일신교』가 바로 인류 보편의 정신세계의 비밀을 열어보려는 노력의 산물이다.

이런 작업에서도 트라우마론에서 보았던 '사후성의 논리', '연기됨의 논리'는 결정적인 중요성을 가진다. 토템, 유대교, 기독교의 발생을 기술하는 프로이트의 작업을 한마디로 요약하면, 그것은 '사후적 복종'[9]의 가능성에 대한 탐구이다. 증오의 대상인 원초적 아버지는 자식들에게 살해되는데, 이 사건은 잠복기를 거친 후, 아버지 숭배라는 형태로 나타난다는 것이 '사후적 복종' 이론의 골자를 이룬다.

아들들은 아버지에 대해 '양면 감정'을 가지고 있는데, 씨족의 모든 여자들을 독점한 아버지에 대한 증오의 감정과 그런 아버지를 모범으로 삼는 찬미의 감정이 그것이다. 살해된 아버지는 잠재되어 있다가 어느 시점에 아버지를 죽인 아들들의 죄의식과 더불어 부활하는데, 이 되살아난 아버지는 이제 숭배의 대상이 된다. "오랜 세월이 흐르면, 형제들로 하여금 아버지를 살해하지 않을 수 없게 했던 아버지에 대한 분노는 누그러지고 오히려 아버지에 대한 동경이 증폭된다."[10] 숭배의 대상인 이런 아버지를 구체적이고 가시적인 대상, 즉 동물에 옮겨놓은 것이 바로 토템 신앙인 것이다.

기독교 발생에 대한 연구
그리스도는 죽은 모세의 환생이다

토테미즘의 발생에 관한 이런 식의 정신분석학적 설명은 그대로 기독교에도 적용된다. 프로이트는 당대의 고고학적 연구를 토대로, 이집트에서 탈출한 모세가 가나안에 들어가기 전에 자신의 백성들에 의해 살해되었을 것이라는 가설을 세운다. 모세가 강요한 고도로 정신적이고 추상적인 일신교가 이집트의 최하층민에 불과한 모세의 유대인들에겐 견디기 어려웠으리라는 것이다. 모세를 살해함으로써, 일신교에 대한 까다로운 모세의 교리는 유대인들의 현실적 의식 속에서는 사라져 무의식 속에 보존된다.

그런데 훗날 유대인들 사이에서 아버지 모세 살해와 매우 유사한 사건이 다시 생겼는데, 바로 예수 살해가 그것이다. 예수와 모세 사이의 유사성은 몇 가지 사항만을 비교해보아도 쉽게 드러난다. 둘 다 구원자라는 점(이집트에서 유대인들을 구원해낸 모세와 스스로 메시아임을 주장한 예수), 둘 다 유아 살해로부터 살아남은 자라는 점(파라오의 유아 살해와 헤로데의 유아 살해) 등. 이런 까닭에 "그리스도는 모세의 대리인 겸 후계자가 된다."[11] 그리스도 살해라는 사건 속에서 비로소 유대인들이 저지른 아버지 살해는 사후적으로 의미를 지니게 된다. 모세에 대한 죄의식은 그리스도에게 투영되어 '사후적 복종'이란 징후를 만들어낸 것이다.

요컨대 기독교는 아버지 살해 또는 모세 살해라는 사건과 예수 살해라는 사건이 서로 합쳐져서 만들어낸 결과물, 이렇게 표현해도 좋다면 '종교적 트라우마'이다. 마치 엠마의 경우 사건 1과 사건 2가 합쳐져 광장공포증을 만들어냈던 것처럼 말이다. 이처럼 프로이트의 이론은 환자의 병리적인 징후에서부터 인류학과 종교학 등 광범위한 범위에 이르기까지 인간 정신의 숨겨진 비밀을 드러내고 있다.

프로이트의 이러한 트라우마론은 현대철학에 수많은 영감을 불어넣었다. 가령 데리다의 독특한 사상인 문자론의 핵심은 연기됨과 사후성의 논리인데, 이는 앞서 말했듯 트라우마 개념의 핵심이기도 한 것이다. 무엇보다 프로이트를 창조적으로 계승한 라캉의 정신분석 역시 트라우마론으로부터 영감을 얻고 있다. 라캉은 트라우마의 사후적 효과를 통해 상징계의 논리를 해명한다.

비판자들
무의식은 원시종교의 주문에 불과한가

우리 삶의 배후에서 작동하는 무의식의 발견은 삶에 대한 우리의 관점을 근본적으로 수정한 역사적인 사건이라 할 만하다. 이후 인문학 일반, 각종 예술적 작업이 프로이트의 발자취를 따라 무의식의 풍부한 비밀을 확인해나갔다.

하지만 정신분석학이 지닌 큰 영향력만큼 그에 대한 반발도 세차게 몰아쳤다. 가령 사르트르의 『존재와 무』(1943)의 입장은 무의식을 부정하는 것인데, 이 책은 우리 의식의 배후에서 우리 삶을 조종하는 무의식이란, 주문(呪文)이 걸린 원시 종교의 인형 같은 것이라고 조소한다. 알 수 없는 신비한 끈으로 그 인형에 해당하는 사람과 연결된 채 인형을 바늘로 찌르면 사람에게 고통이 전달되는 것 같은 황당무계한 것이 무의식과 징후 사이의 인과관계라는 것이다.[12] 또 들뢰즈와 가타리는 『앙티오이디푸스』에서 정신분석학이 말하는 아버지에 대한 죄의식과 복종으로부터 모든 억압적인 제도의 원천을 읽어낸다. 이런 도전들 속에서 정신분석의 모험은 계속 수정되고 또 새로운 착상을 얻는다.

1   마르트 로베르, 이재형 옮김, 『프로이트, 그의 생애와 사상』, 문예출판사, 2007, 311쪽.
2   같은 곳.
3   자크 데리다, 남수인 옮김, 「프로이트와 글쓰기의 무대」, 『글쓰기와 차이』, 동문선, 2001, 324쪽.
4   지그문트 프로이트, 이재원 옮김, 『과학적 심리학 초고』, 사랑의학교, 1999, 114쪽 이하.
5   지그문트 프로이트, 이윤기 옮김, 『종교의 기원』, 열린책들, 2003, 383쪽.
6   같은 책, 347쪽.
7   같은 책, 374쪽.
8   같은 책, 237쪽.
9   같은 책, 217쪽.
10 같은 책, 224쪽.
11 같은 책, 368쪽.
12 장 폴 사르트르, 정소성 옮김, 『존재와 무』, 동서문화사, 2009, 123쪽.

Sigmund Freud

지그문트 프로이트
1856. 5. 6~1939. 9. 23

keyword

무의식, 트라우마, 사후성, 연기, 은폐 기억, 사후적 복종

우리는 위에서 프로이트 트라우마론의 가장 기본적인 형태를 간직하고 있는 엠마 사례(『과학적 심리학 초고』[1896]에 수록)와 정신분석학적 인류학 및 종교학적 저술이라고 할 수 있는 『토템과 터부』(1913) 및 『인간 모세와 유일신교』(1939)를 중심으로 트라우마의 문제를 살펴보았다. 프로이트의 저작을 선별적으로 제시하는 일은, 어떤 관점을 가지느냐에 따라 매우 큰 차이를 보일 수 있다. '이론적 차원'에서 정신분석을 정초한 「나르시시즘에 관한 서론」(1914), 「충동(Triebe)과 충동의 운명」(1915)(번역본의 『본능과 본능의 변화』에 해당. '본능'이 아니라 '충동'이 맞는 표현이다.), 「쾌락 원칙을 넘어서」(1920) 등과 같은 중요한 작품을 편집한 책으로는 『정신분석학의 근본 개념』이 있다. 인간 존재를 구성하는 근본적 층위에서 성욕을 찾아낸 것은 프로이트의 가장 중요한 발견인데, 이 성욕을 이론화한 가장 중요한 작품으로는 『성욕에 관한 세 편의 에세이』(1905)가 있다. 이외에 오늘날 여러 현대철학자들에 의해 계속 새롭게 읽히고 있는 분석 사례들 가운데서는 특히 『늑대인간』(1918)과 『편집증 환자 슈레버』(1911)가 중요하다. 프로이트의 삶과 학문 전반을 조망할 수 있는 추천할 만한 전기로는 마르트 로베르의 『프로이트, 그의 생애와 사상』(1964)이 번역되어 있다.

2

현상학과 그 너머

여기서 우리는 현대철학의 중요한 줄기인 현상학적 맥락에서 사색해온 네 명의 철학자들을 다룬다. 후설이 창시한 현상학은 독일에서 하이데거의 사유로 이어졌다. 이후 프랑스로 옮겨온 현상학적 전통은 사르트르, 레비나스, 메를로퐁티 등의 독창적인 사유를 자극했다. '독창적'이라고 표현한 까닭은, 후설의 사상이 완전히 정리되기도 전에 이미 현상학은 현상학이라는 테두리 안에 가두어두기 어려운 형태의 새로운 사상들로 발전했기 때문이다.

후설은 이런 생각을 가지고 있었다. 대상(현상)은 늘 의식에 주어진 대상이며, 의식 바깥에서 다른 존립 방식을 가지지 않는다. 반면 하이데거는 의식 활동에 선행하는 '존재'의 의미를 밝히고자 했다. 먼저 어떤 것이 '존재'해야만 그다음으로 그것이 의식에 주어질 수 있다. 따라서 현상학도 궁극적인 차원에서는 존재에 대한 연구가 될 수밖에 없다는 것이다.

사르트르는 후설의 의식철학을 급진화하여 '익명적 의식'에 도달했다. 자아를 미리 제한하는 사회적·문화적 내용이 모두 제거된 이 순수한 의식은 '자유' 외에 다른 것이 아니다. 사르트르는 이 자유로운 의식의 삶을 그려나간다.

레비나스는 주체의 자발적 의식이나 하이데거의 '존재함(존재사건)'보다, 타자가 출현하는 사건을 근본적 차원에 놓는다. 그는 타자를 무한의 흔적으로 기술하며, 타자와 마주침으로써 초월하는 길을 윤리적인 맥락에서 열어보이고자 한다. 메를로퐁티는 플라톤에서 데카르트에 이르기까지 간과되어온 '몸'의 문제에 관심을 기울인다. 그는 우리의 모든 지각은, 거대한 다이아몬드의 흠집 같은 몸의 굴절을 통해서 이루어진다고 주장한다. 즉 몸은 의식의 모든 활동과 경험의 배후에 전제되어 있는 가장 근본적인 바탕인 것이다.

한마디로 이 모든 현상학적 철학의 정신은 경험을 가능하게 해주는 가장 근본적인 층위가 무엇인지에 대해 해답을 내놓는 것이다. 그것은 하이데거에서 존재, 사르트르에서 익명적 의식, 레비나스에서 타자와의 만남, 메를로퐁티에서 몸이다.

마르틴 하이데거

어떻게 번잡한 근대적 일상에서 빠져나올 것인가

　우리는 무엇을 좇아서 사는가? 대개 세인(그들)의 말을 뒤좇아서 산다. 무엇을 전공으로 선택해야 하며 무슨 직업을 갖는 것이 좋은지, 남들의 시선과 의견에 귀를 열어놓는다. 남들의 의견에 파묻힌 이런 삶은, 무엇이 우리 존재함의 참다운 방식인지 묻는 일을 망각하고 있는 한에서, 한마디로 '잡담'에 따라 사는 것이다. 또 우리는 '호기심'에 끌려다닌다. 맹목적으로 유행을 찾고 첨단의 것에 몰입한다. "언제나 새것과 만나는 일을 계속 바꿈으로써 생기는 동요와 흥분을 찾는다."[1] 그리고 동요와 흥분 속에서 역시 참된 존재 방식은 잊힌다. 참된 삶은 가난해지고, "가장 요란한 잡담과 가장 솜씨 좋은 호기심이 '사업(Betrib)'을 관장하고 있는 곳에, 일상적으로는 모든 것이 일어나고 있지만 근본에서는 아무것도 일어나고 있지 않은 곳인 거기에 존재한다."[2] 여기서 '사업'이란 근대적 이성이 낳은 테크놀로지에 입각한 바쁜 현대인의 삶을 뜻한다. 현대적 일상의 화려한 잡담과 호기심 속에서는 겉치레뿐인 것이 실상 추락임에도 상승으로 착각된다. 이렇게 존재함의 진정한 방식이 흐려져 있는 것이 '애매성'이다.

이러한 잡담, 호기심, 애매성은 진정한 존재 방식을 망각한 '뿌리 뽑힌 존재 양식', '비본래적(uneigentlich)' 존재 양식을 표현한다. 하이데거 철학 안에는 뚜렷한 방향성이 있다. 바로 우리 존재의 이런 비본래성으로부터 '본래성'으로의 이행이 어떻게 이루어지는지 찾는 것이다.

'존재'는 '존재자'가 아니다
'현존재'가 존재에 대한 물음을 던진다

이 글에서는 『존재와 시간』에 주로 집중하고 싶다. 하이데거는 수많은 저작과 논문, 방대한 강의록을 남겼으나, 이 책이야말로 그의 철학을 체계적으로 표현한 거의 유일한 작품이기 때문이다. 본래적 존재에 가닿으려는 철학의 노력이 처음부터 끝까지 이 저작을 꿰뚫는다. 다시 말해 '존재'의 참된 의미가 무엇인지 탐구하는 것이 이 책의 처음이며 끝이다.

'존재(Sein)'란 무엇일까? 여기서 물음의 대상이 '존재'이지 '존재자'가 아니라는 것에 유념하기 바란다. 우리는 사물들을 감각적으로 지각하기도 하고, 가령 인과율 같은 것을 통해 이치에 맞게 이해하기도 한다. 이렇게 우리가 존재자를 인식할 때 마음의 두 가지 능력, '감성(아이스테시스)'과 '지성(노에시스)'이 작동한다. 그런데 이 두 가지를 통해서 알 수 있는 것은 '존재하는 것(존재자)'의 내용을 차지하는 정보들뿐이다.(저것은 붉은 색이다, 나는 인간으로 분류된다 등등) 즉 존재자의 '존재함' 자체는 마치 손가락 사이로 빠져나가는 샘물처럼 우리 인식 능력이 포착할 수 있는 범위 바깥으로 사라져버린다. 어떤 것이 먼저 '존재'하고 난 후에야, 감성과 지성이라는 인간의 인식 능력 앞에 '존재자'로서 출두할 수 있는 것이다. 그런데 철학사는 감성과 지성을 가지고 존재자의 생김새만 훑고 있었지, 그것의 존재함이라는 사건은 '망각'하고 있었다.

그러면 어떻게 '존재'에 접근할 수 있을까? 주변의 존재자들에서부터 차근차근 생각해보자. 책상이나 의자 같은 물건의 존재 의미는 무엇인가? 그들의 존재 의미는 바로 용도에서 찾아진다. 즉 서류나 책을 펼쳐놓기 위해 존재하는 것이 책상이고, 앉기 위해 존재하는 것이 의자다. 이들을 사용하는 자는 대체 누구인가? 바로 존재에 대해서 물음을 던지는 자이다. 책상의 존재 의미는 무엇인가? 바로 내가 사용한다는 데 그것의 존재 의미가 있다. 그렇다면 책상을 사용하며 살아가는 나 자신의 존재 의미는 무엇인가? 이런 식으로 존재의 의미에 대해 물음을 던지는 행위가 그의 존재 방식 자체인 자를 가리켜 '현존재(Dasein)'라 한다. 바로 우리 자신 말이다.[3] 모든 사물의 존재 의미는 바로 그것을 이해하려는 현존재에 종속된다. 왜냐하면 사물들의 의미는 현존재의 존재 의미에 좌우될 것이기 때문이다. 따라서 모든 존재자의 존재에 대한 물음은 바로 우리 현존재 자신의 존재 의미에 대한 물음으로 환원되는 것이다.

기분, 존재의 의미에 접근하는 길
불안은 무에 대해서 느끼는 기분이다

현존재의 존재 방식에 존재에 대해 묻는 일이 속한다는 것을 우리는 삶에서 쉽게 목격할 수 있다. 우리는 끊임없이 묻는다. 나는 왜 사는가? 왜 태어났나? 무엇을 하는 게 의미있는 일인가? 이 모든 물음은 바로 자신의 존재 의미에 관한 물음이다. 또 자신의 존재의 의미에 대해 묻는다는 것은 현존재가 그의 존재의 '내용'을 채우는 특정한 본질을 가지고 있지 않음을 뜻한다. 가령 선하다, 악하다 같은 특정한 내용이 우리 존재의 본질이라면, 우리는 미리 주어진 그 본질에 따라서 살면 되지 존재의 의미에 관한 물음을 던질 필요가 없을 것이다. 따라서 굳이 현존재의 본질을 따진다면, 그것은 어떤 내용적인 규정(가령 인간이다, 이성을 가졌다 등등)이라기보다 그저 존재한다는 사실, 곧 '실존'이다. "현존재의 '본질'은 그의 실존에 있다."[4] 현존재는 자신이 누구이며, 어떻게 살아가야 하는지 알려주는 본질 없이 그저 존재 안에 내던져져 있다(게보르펜하이트).

만일 우리가 존재의 본래적인 의미를 찾는다면, 우리는 존재의 참된 자리, '진리'의 자리에 있게 되리라. 과연 존재의 의미에 어떻게 도달할 수 있을까? 이미 말했듯 인식을 위한 마음의 두 원천인 감성과 지성은 존재자에 관여하지, 존재에는 관여하지 못한다. 즉 감성은 존재자를 경험하고, 지성은 판단 속에서 존재자를 규정할 뿐이다(가령 '사과는 붉다.' 같은 성질에 대한 규정). 따라서 존재의 의미에 대해 접근하기 위해선 감성도 지성도 아닌 제3의 길이 필요한데, 그것이 바로 '기분'

이다. "우리는 실제로 '존재론적으로' 원칙적으로 세계의 일차적인 발견을 '순전한 기분'에 내맡겨야 한다."[5]

이 기분 가운데서 현존재를 본래적 존재의 자리로 인도해주는 기분이 바로 '불안'이다. 공포가 특정한 대상으로부터, 즉 무서운 성격을 지닌 대상으로부터 오는 기분인 반면, 불안은 그 대상이 없는 것이 특징이다. 세계 안에서 사람들은 공포스러운 대상은 찾을 수 있어도 불안의 대상은 찾을 수 없다. 그것은 막연한 기분인 것이다. 이 사실이 알려주는 것은 무엇일까? 불안은 그 대상이 없다는 데서, 즉 '무(無)'에 대해서 느끼는 기분이라는 것이다.

죽음 앞에서의 불안
불안은 우리의 본래적인 존재를 찾아준다

그렇다면 무에 대한 불안을 야기하는 것은 궁극적으로 무엇일까? 하이데거는 '죽음'이라고 답한다. "죽음 앞에서의 불안은 가장 고유한, 무연관적, 건너뛸 수 없는 존재가능(Seinkönnen) '앞에서'의 불안이다."[6] '존재가능'은 세계 안에서 '현존재에게 가능한 것'을 통칭한다. 그리고 세계 안에서 가능한 것 가운데 하나가 바로 죽음이다. 이 죽음을 통해 현존재는 무에 직면하는데, 바로 죽음 앞의 불안은 이 무의 가능성을 드러낸다.

이렇게 존재의 근본적인 가능성에 무가 속한다.(현대철학 전반을 배경으로 이에 대한 자세한 논의는 이 책 2부의 「존재와 무」 참조) 존재의 근본에 무가 속한다는 것을 편의상 인간학적으로 바꾸어 말하자면, 우리는 언젠가 필멸한다는 것이다. 우리는 존재의 본질에 무가 속해 있다는 사실이 주는 섬뜩함으로부터 달아나서 '세인들' 사이에 숨으려고 한다. 세인들 사이에서 잡담, 호기심, 애매성을 즐기며, 대중들의 따뜻한 해석을 척도 삼아 자기 삶을 평가해보려고 한다. 그러나 늘 엄습하는 죽음에의 불안은 궁극적으로 이런 도피를 불가능하게 만들어버린다.

오히려 불안은 이제껏 공공의 잡담 속에서 망각되었던 자신의 고유한 존재함의 방식을 드러내준다. "불안은 현존재 안에서 가장 고유한 존재가능으로 향한 존재를 드러내준다. 다시 말해서 자기 자신을 선택하고 장악하는 자유에 대해서 자유로운 존재를 드러내준다."[7] 어떻게 죽음이라는 소멸의 사건 앞에서 자신을 선택하고 장악하는 자유가 가능해진단 말인가? 우리가 보통 생각하듯이 죽음은 파멸의 사건이 아닌가?

사정은 이와 전혀 다르다. 오히려 죽음이 있기에 우리는 비로소 한 사람의 '유한자(有限者)'로 설 수 있게 된다. 죽음 앞에서 "현존재는 그가 거기에서 끝나버리는 그런 종말을 가지고 있는 것이 아니라 **유한하게 실존**한다."[8] 왜 꼭 유한한 실존이어야 하는가? 무한한 존재란 마치 아무런 제한도 규정도 없는 태초의 카오스 같은 것이다. 고대인들은 이런 무제한성을 악으로 여겼다. 따라서 고대의 조각상이 본래적인 실존을 얻으려면, 아무런 규정이 없던 대리석이 조각가의 노력을 통해 형식(형태) 속으로 들어가 한정되어야만 한다. 또 문명의 빛이 들려면, 삶의 장소를 한정해서 폴리스라는 형식을 얻어야만 한다. 그리고 신이 임재하려면 제한 없던 어두운 대지 위에 신전의 경내를 설정(제한)해야 한다. 온통 '유한하게 제한하는 일'이 관건인 것이다.

하이데거의 실존도 마찬가지다. 죽음에 의해서 유한하게 되는 방식으로만 비로소 실존하는 자에게 자신을 선택하고 장악하는 자유가 찾아온다. 우리가 죽음에 의해 제한되지 않고 무한하게 사는 존재자라고 생각해보라. 이런 삶에는 인생의 어떤 계획도 들어설 수 없고, 성취를 위한 척도도 있을 수 없다. 무한한 시간을 뭐하러 계획하며, 또 어떻게 계획할 수 있겠는가? 그것은 아무런 지표도 기준도 가질 수 없는, 앞뒤로 뻗어 있는 망망대해와 같다. 오로지 우리가 유한한 존재일 때만, 우리는 인생에서 앞날을 '염려'하며 시간을 쪼개 이런저런 계획을 세우고 가치 있는 일을 선택하는 자유를 누릴 수 있는 것이다. 요컨대 죽음은 우리에게 이런 모든 자유와 선택의 가능성을 열어주는 '끝'이다. 그러므로 하이데거에게 이 "'끝'이라는 것은 완성이라는 의미에서의 끝마침을 의미하는 것이다."[9]

결단성
공동체의 운명을 만들다

그런데 과연 불안이 우리가 죽을 존재라는 사실을 드러내준 것으로서 충분한가? 조금 까다롭긴 하지만 잠깐 하이데거의 주요 용어 설명부터 해보자. 불안을 통해 우리는 우리의 '실존론적(existenzial)' 구조, 존재함의 근본 양식을 알게 되었다. 이와 달리 존재자들 그 자체를 즉 물적으로 취급하며 살아나가는 현존재의 방식은 '실존적(existentielle)'이라 불린다. 존재자의 존재에 관여하는 전자를 '존재론적(ontologisch)', 존재 물음을 도외시한 채 존재자들에 관여하는 후자를 '존재적(ontisch)'이라 칭하기도 한다. 물론 존재자가 아닌, '존재'를 문제 삼는 "존재론적 물음은 분명히 실증과학이 던지는 존재적 물음과 대비해 볼 때 더 근원적이다."[10] 그러나 우리는 늘 실존론적 차원에서 존재에 대해 관심을 갖고 살아가는 것이 아니며, 다양한 존재자들에 대해 그저 실존적으로 몰입한 채 살아간다.

따라서 이런 식의 문제를 던지는 것이 가능하다. **"실존론적으로 '가능한' 죽음을 향한 존재는 실존적으로 일종의 환상적인 추측으로 남을 뿐이다."**[11] 쉽게 말하면, 존재론적 구조의 차원에서 죽음 때문에 유한하게 실존하는 것이 현존재라도, 그것이 나날 속에 실현되지 못한다면 무슨 소용이겠는가? 바로 이 실현은 '결단성(Entschlossenheit)'을 통해 가능해진다. 요컨대 결단을 내리는 일이란 본래적 존재를 나날의 실존적 삶에서 구현하는 일인 것이다.[12] 즉 결단성을 통해 현존재는 나날의 삶 속에서 본래적으로 존재할 수 있게 된다. 다르게 말하면 자신의 유한한 실존의 시간을 장악할 수 있는 선택과 자유를 획득하는 것이다. 반면 결단을 내리지 못하는 자는 아예 시간을 잃는다. 호기심을 좇아 살며 세인들의 잡담에 불과한 평가에 맞춰 사는 사람이 늘 바쁘면서 시간이 없듯, "자기를 잃어버리며 결단 내리지 않는 자는 거기에서 '자기의 시간을 잃는다.' 그러므로 그에게 맞는 전형적인 말은 '시간이 없다'이다."[13]

중요하면서도 흥미로운 것은, 나날의 삶에서 이루어지는 이 결단이란, 단지 개인의 존재함을 본래적인 것으로 이끄는 데 그치지 않는다는 점이다. 오히려 결단은 타인의 운명에도 관여해서, 나의 존재함뿐 아니라 타인의 존재함도 본래적인 것으로 이끈다.

> 결단한 현존재는 타인의 '양심'이 될 수 있다. 결단성의 본래적인 자기 존재에서부터 비로소 처음으로 본래적인 '서로 함께'가 발원되는 것이지, '그들(세인)' 속에서의 애매하고 질투심 섞인 약속들과 수다스러운 친교 그리고 사람들이 도모하려고 드는 일에서부터 생기는 것이 아니다.[14]

즉 결단성이라는 것은 자신의 본래적 존재를 잊고 사는 지리멸렬한 세인들을 본래적 존재의 자리에 데려와서 진정으로 '서로 함께' 있을 수 있도록 해준다. 이런 본래적으로 존재하는 집단을 '세인들'과 구분 지어 뭐라 부를까? 하이데거는 바로 '민족'이라고 부른다.[15] 하이데거가 말하는 본래적 존재란 궁극적으로 개인의 실존에 제한되는 것이 아니며, 공동체의 존재 방식인 것이다.

하이데거 철학의 그림자
근대적 피곤함으로부터 벗어나기

한마디로 하이데거 철학은 본래적 존재를 망각한 일상적 나날로부터 우리가 참답게 존재할 수 있는 길을 찾는 과정이다. 여기서 잡담과 호기심과 애매성으로 가득 찬 일상이란 보다 정확하게 말하면, 근대 과학기술의 힘을 등에 진 근대화된 세계이다. 이 세계는 생산성을 높이는 데만 관심을 가질 뿐 존재자들이 어떻게 참답게 존재할 것인가 하는 문제에는 관심이 없다. 가령 두 개의 서로 상이한 기술(art)을 비교해보자. 라인 강에 설치된 수력발전소와 횔덜린의 시작(詩作)—이것도 기술이다—의 산물인 「라인 강」(1801).[16] 후자는 라인 강의 진정한 모습이 어떤 것인지, 그것이 본래적으로 존재하는 방식이 무엇인지에 관해 노래한다. 즉 이 기술은 존재자가 참답게 존재할 수 있는 길을 찾아준다. 반면 전자는 전력 생산의 효율을 높이고자 라인 강의 강안을 깎고 변형시킨다. 생산성의 향상이라는 근대 산업의 탐욕이 라인 강의 본래적 존재함을 파괴해버리는 것이다. 따라서 이런 근대성 비판과 맞물린 '테크네(기술)'의 근본적 의미의 회복은 하이데거의 가장 중요한 화두 가운데 하나가 된다. 이해를 돕기 위해 더 이야기하자면, 미야자키 하야오의 「모노노케히메」(1997)의 주제 역시 바로 이런 하이데거적 성찰에 속한다. 광범위한 철광 개발이 자연을 훼손하고(즉 존재자에게서 본래적인 존재함을 박탈하고) 그것에 분노한 숲의 신이 재앙신이 되는 이야기는, 바로 근대성에 대한 하이데거의 비판을 무로마치 시대를 배경으로 펼쳐놓은 것이나 다름없다.

그렇다면 누가 본래적 존재의 목소리를 듣고 결단을 통해 세인들을 이끌어 민족을 모으는가? 하이데거는 사색가(철학자), 시인, 그리고 위대한 정치가라고 말한다.[17] 그는 그런 시인의 전형으로는 횔덜린을 들고 있다. 그러면 위대한 정치가는 누구인가? 이 물음은 바로 나치 협력 혐의가 있는 하이데거 철학의 어두운 국면으로 향해갈 수밖에 없다. 저 정치가에는 독일의 국가사회주의를 이끌었던 광인도 포함

되는가? 하이데거는 독일 민족에 대해 이렇게 쓰고 있다.

> 우리는 집게 가운데 놓여 있다. 많은 이웃 민족들과 인접해 있고, 그렇기 때문에 늘 위험 속에 처해 있는, 그리고 또 다른 그 무엇에 앞서 형이상학적 민족인 우리 민족은, 그 중심부에 놓여 있다는 사실로 말미암아 가장 뼈저린 집게질을 경험하고 있는 것이다. [……] 역사적인 이 민족이 그 자신을, 그래서 동시에 서양의 역사를 [……] 존재의 본래적이고도 고유한 힘의 영역으로 옮겨 내세워야 한다.[18]

이러한 구절은 공동체적 차원에서 존재의 본래적인 의미를 찾아주려는 하이데거의 기획이 역사상으로 파시즘적 독일 민족주의와 관련된다는 의혹을 떨쳐버리지 못하게 한다. 바로 이 의혹에서, 하이데거에 대한 철학적 반발로서, 공동체의 전체성(집단주의)에 맞서 '무한'의 흔적으로서 타자를 환대하는 레비나스의 철학 등이 후에 출현하게 된다.

1 마르틴 하이데거, 이기상 옮김, 『존재와 시간』, 까치, 1998, 236쪽.
2 같은 책, 239쪽.
3 "물음이라는 존재가능성을 가지고 있는 그런 존재자를 우리는 '현존재'라는 용어로 파악하기로 하자."(같은 책, 22쪽)
4 같은 책, 67쪽.
5 같은 책, 192쪽.
6 같은 책, 336쪽.
7 같은 책, 256쪽.
8 같은 책, 437쪽.
9 마르틴 하이데거, 박휘근 옮김, 『형이상학 입문』, 문예출판사, 1994, 104쪽.
10 마르틴 하이데거, 『존재와 시간』, 26쪽.
11 같은 책, 356쪽.
12 "우리는 결단성으로써―이것이 현존재의 '본래적인' 진리이기에―가장 근원적인 진리를 획득한 셈이다."(같은 책, 396쪽)
13 같은 책, 534쪽.
14 같은 책, 397쪽.
15 같은 책, 503쪽 참조.
16 마르틴 하이데거, 이기상, 신상희 박찬국 옮김, 「기술에 대한 물음」, 『강연과 논문』, 이학사, 2008, 22~23쪽 참조.
17 마르틴 하이데거, 『형이상학 입문』, 108쪽 참조.
18 같은 책, 74~75쪽.

Martin Heidegger

마르틴 하이데거
1889. 9. 26~1976. 5. 26

keyword

**존재, 존재자, 현존재, 세인, 불안, 내던져짐, 존재가능, 결단성, 실존적/실존론적,
존재적/존재론적, 본래적/비본래적**

    하이데거는 최악의 정치적 문제를 끌어안고 있음에도 불구하고, 그 영향력 측면에서 가장 중요한 현대철학자이다. 가령 메를로퐁티의 '살' 개념은 하이데거의 '존재' 개념에, 들뢰즈의 '차이' 개념은 하이데거의 '존재론적 차이' 개념에 빚지고 있다. 데리다 역시 누구보다 큰 영향을 받았는데, 그는 서양 형이상학이 존재의 의미에 대해 망각하고 있다는 하이데거의 통찰을 이어받아, 서양 형이상학이 문자(흔적)의 작용을 망각하고 있다는 사상을 전개한다.

    이런 만큼 하이데거의 저작에 대한 지식은 하이데거에 대한 이해를 넘어 현대 사상 전반을 이해하기 위해 필수적이다. 수많은 저작 가운데 최소한의 필수적인 작품 몇 가지만 번역서 중심으로 꼽아보자. 가장 앞에 오는 것은 『존재와 시간』(1927)이다. 원래 계획의 반만 먼저 인쇄된 후 뒷부분은 쓰이지 않은 미완성 작품이지만, 하이데거의 사상을 가장 체계적으로 보여준다.

    논문집 『이정표』(1919~1958)와 『숲길』(1950)은 하이데거의 가장 중요한 논문들을 포함하고 있다. 이 가운데 『이정표』에 실린 「형이상학이란 무엇인가」, 「진리의 본질에 관하여」, 「휴머니즘 서간」, 그리고 『숲길』에 실린 「예술 작품의 기원」, 「세계상의 시대」, 휠덜린 론인 「무엇을 위한 시인인가」는 특히 중요하다. 이 가운데

「세계상의 시대」는 근대성에 관한 연구로서, 하이데거 사상 연구를 넘어 근대를 대상으로 하는 여러 학문 분야에서 꼭 필요한 논문이다.

이외에 「기술에 대한 물음」 등 주요 논문을 실은 또 다른 논문집 『강연과 논문』(2000), 그리고 칸트를 존재의 시간성이라는 자신의 철학의 입장에서 해석해 역사적인 논쟁을 불러일으킨 『칸트와 형이상학의 문제』(1929) 역시 중요한 작품이다.

장 폴 사르트르

개인의 선택은 보편적 가치를
만들 수 있는가

20세기의 중반기는 사르트르의 시대였다고 해도 지나친 말이 아니다. 사르트르의 소설 『자유의 길』에는 어떤 작가가 출판한 책이라면 문고본까지 속속들이 수집하는 사람의 이야기가 나온다. 물론 열광적인 팬을 지닌 이 작가의 모델은 사르트르 자신이다. 실제로 그의 『존재와 무』가 처음 출간되었을 때 무게가 1킬로그램이나 나가는 이 방대한 작품은 날개 돋친 듯이 팔려나갔다.

이런 유래 없는 성공의 비밀은 무엇인가? 아마도 강단에 갇혀 있던 철학을 현재 상황과 맞세움으로써, 철학이 현실 안에서 역할을 하도록 만들었다는 데 있으리라. 소련 문제, 알제리 식민지 문제, 베트남 문제, 참여문학 문제 등등 사르트르는 당대의 가장 중요한 현안들에 철학을 개입시켜왔다. 현실적 상황 안에서 철학을 살아 있게 만들려는 그의 노력은 프랑스를 넘어 전세계의 지식인들에게 영감을 불어넣었다. 가령 우리나라 1950년대 문인들이 척박한 상황에 접근하기 위해 필요로 했던 '실존' 개념은 상당 부분 사르트르와 하이데거에게 빚지고 있었다.

의식의 지향성과 익명성, 선택과 투쟁
소설, 희곡, 자서전, 철학서를 통해 연마된 사상의 핵심

그토록 사람들을 열광시켰고 오늘날 문학과 정치가 노인의 관절처럼 부실해질 때마다 추억처럼 떠올리게 되는 이 철학의 핵심은 무엇인가? 사르트르의 책들은 소설이 되었건 희곡이 되었건 자서전이 되었건 철학서가 되었건 모두 몇 가지 핵심적인 개념들을 옹호하고 있다. 의식은 '~에 대한 의식', 즉 지향적 의식이므로, 모든 내용적인 것은 의식 외부의 대상이고 의식 자체는 아무런 내용 없는(즉 자아라는 내용물도 가지지 않는) '익명적인 것'이라는 점, 이 의식은 늘 '선택의 자유'를 행사한다는 점, 모든 선택은 의식의 자유로부터 이루어지지만 이 의식은 어떤 특정한 선택을 할 수밖에 없었다고 변명하는 '자기기만'의 소질도 가진다는 점, 타인의 시선은 저 익명적 의식의 자유를 제약하기 때문에, 타자와의 관계란 기본적으로 투쟁이라는 점 등등.

이러한 모든 사상이 『존재와 무』 같은 철학서 안에 이론으로 정리되기도 전에, 자서전 『말』이 알려주듯 사르트르의 삶 자체를 지배하고 있었다. "나는 글쓰기를 통해서 다시 태어났다. 글을 쓰기 전에는 거울 놀이밖에 없었다."[1] 자서전에 나오는 이 말은 사르트르 개인의 성장에 관한 고백인 동시에 사르트르 철학의 핵심으로 우리를 이끈다. 도대체 그가 어린 시절 즐긴 '거울 놀이'란 무엇일까? 그리고 그 뒤에 찾아온 '글쓰기'란 거울 놀이와는 어떻게 다른가?

거울 놀이에서 글쓰기로
시선들 사이의 투쟁에 뛰어들다

어린 사르트르는 실수 때문에 동네 부인들에게 핀잔을 들었을 때 다음과 같은 행동을 취했다.

> 나는 그 자리에서 달아나, 거울 앞으로 가서 상을 찌푸렸다. 지금 그 찌푸린 얼굴을 회상해보건대 그것은 자기 방위의 구실을 했다. 벼락 같은 수치심이 공격해오자 나는 근육을 방패삼아 자신을 지킨 것이다. 그뿐 아니라 찌푸린 얼굴은 내 불운을 극단으로까지 몰고감으로써 도리어 나를 해방시켜주었다.[2]

이것이 거울을 통해 타인의 시선으로부터 해방되는 과정이다. 타인의 시선은 나를 타인이 부과한 의미대로 존재하도록 만들며, 이런 의미에서 타인의 시선에 사로잡히는 것은 제한받음이고 구속이다. 가령 이렇게 말이다. "나의 진실, 나의 성격 그리고 나의 이름도 어른들의 손아귀에 쥐어 있었다. **나는 그들의 눈을 통해서 나 자신을 보는 법을 배웠다.**"[3] 그야말로 타인의 시선 앞에 나는 먹잇감처럼 주어져 있다. 이와 달리 거울에 몰두하는 행위는, 타인의 시선을 통해 내가 규정되는 것을 피해 자신의 시선을 통해 스스로를 규정하는 행위였던 것이다. 이런 점에서 거울 놀이는 나를 마음대로 규정하려 드는 타인의 시선으로부터 자신을 방어하는 역할을 했다.

우리 의식은 본성상 자유롭고 의식에 포착된 대상을 '~이다'라고 규정하려 든다. 따라서 자유로운 의식과 의식이 서로 만나면 의식은 상대 의식의 자유를 자신의 장애물로 여겨, 그 관계는 상대방을 규정하려는 투쟁이 되는 것이다. 타자의 의식과 내 의식 사이의 이런 관계를 사르트르는 희곡 『닫힌 문(Huis clos)』(1944)에서 다음과 같은 유명한 말로 요약하기도 했다. "타인은 지옥이다." 그리고 상대를 규정하려는 이 의식이 시선을 통해 서로 투쟁하는 모습을 소설 『구토』에서 다음과 같이 극적으로 그려낸다. "그의 시선은 경이로웠다. 그것은 추상적인 것 같으면서도 순수한 권리로 빛나고 있었다."[4] 미술관에 걸린 어느 부르주아의 초상화에 대한 묘사다. 여기서 초상화란 시선이 지닌 권력을 강화하는 장치로서 작동한다. 주인공은 초상화 속의 시선에 대해 이렇게 맞선다.

> 내가 경탄과 함께 바라보고 있는 그의 눈이 나에게 떠나라는 암시를 했다. 나는 떠나지 않았다. 나는 마음껏 불손해졌다. [……] 권리로 빛나는 얼굴에다 정면으로 시선을 던지고 있으면 얼마 후 그 광채는 사라지고 창백한 찌꺼기만 남는다는 사실을 나는 알게 되었다.[5]

어린 시절의 사르트르는 그보다 강한 어른들과 이 시선의 투쟁 놀이를 할 수 없었으므로, 고작 거울 앞에서 타인의 시선의 제약을 피할 수 있을 뿐이었다. 그러나 성인들 사이에선 상대방의 시선을 직접 제압하려는 투쟁이 일어난다. 위에서 사르트르가 말한 '글쓰기' 또한 시선을 통해 타인을 지배하는 한 방식인 것이다.

 사르트르는 『문학이란 무엇인가』에서 글쓰기에 대해서 이렇게 말한다. "말이란 '탄약을 장전한 권총'인 것을 알고 있다. 말을 한다는 것은 권총을 쏘는 것이다."[6] 또 이렇게 말한다. "말한다는 것은 행동한다는 것이다. 모든 사물은 이름이 붙여지자마자 이미 그 이전의 것과는 완전히 똑같은 것이 아니며, 그 순결성을 상실하게 된다."[7] 말은 의미를 전달한다. 이 의미가 사물에 씌어지자마자 사물은 순결성을 상실하며, 의미의 포로가 된다. 그런데 의미를 통해 대상을 규정하는 활동을 하는 것이 바로 앞서 말한 '지향적 의식'인 것이다. 의식은 말을 통해 대상에 의미 부여를 하고 의미를 통해 대상을 규정하는 일을 한다. 바로 이런 맥락에서 우리는 사르트르가 자신의 성장에 관해 했던 말을 이해할 수 있다. "나는 글쓰기를 통해서 다시 태어났다. 글을 쓰기 전에는 거울 놀이밖에는 없었다." 거울 놀이 속에서 자기 시선을 통해 자기 자신을 규정하는 소극적인 방어를 했던 어린이는, 이제 글쓰기를 통해 자신의 의식 바깥의 모든 것에 의미를 부여하고 그것을 규정하려고 한다.

의식의 자유와 선택
자유에 맡겨진 선택은 가능성이자 무거운 짐이다

이러한 의식은 사르트르가 초기 논문 「자아의 초월성」(1936)에서부터 일관되게 강조하듯 내재적으로 아무런 내용도 가지지 않는 '익명적인 의식'이다. 『구토』에서도 의식의 익명성이 이렇게 인상 깊게 묘사되고 있다.

> 아무도 더 이상 의식 속에 거주하지 않는다. 조금 전까지만 해도 누군가가 '나'라고 말했고, '나의' 의식이라고 말했다. 도대체 누가? 지금은 익명적인 의식만이 남아 있다. 여기 있는 것은 비인격적인 투명뿐이다.[8]

의식이 내용 없이 텅 빈 것일 뿐이라는 것은 곧 의식의 본질은 자유라는 뜻이다. 따라야 할 규범, 본성, 모델 등등 어떤 내용도 가지고 있지 않으므로 의식은 자유롭다. 이것이 의미하는 바는, 의식은 자유로운 선택이라는 행위를 통해 자신을 만들어나가야 한다는 것이다. 즉 '선택이라는 실천'이 의식이 살아나가는 방식이다.

그런데 미리 내재된 어떤 규범도, 이상적인 모델도 가지지 않는 의식은 저 선택을 무엇에 의거해서 해야 할까? 규범도 모델도 없으므로 무엇에도 의거하지 못하며, 그 결정권은 오로지 자신에게 달려 있을 뿐이다.(문화적 배경을 비롯하여, 자신의 실천이 준거할 어떤 것도 없다는 것을 자각했을 때의 반응이 바로 저 유명한 '구토'이다.) 이런 까닭에 전적인 자유에 맡겨진 선택이란 하나의 무거운 짐인 셈이다. 이러한 상황을 사르트르는 『실존주의는 휴머니즘이다』에서 실존주의의 선구자 키르케고르가 제시했던 '아브라함의 불안'을 예로 들어 설명한다.(이 책「키르케고르」참조)

> 한 천사가 아브라함에게 그의 아들을 제물로 바치라고 명령했습니다. 이때 그에게 와서 너는 아브라함이니 너의 아들을 제물로 바치라고 말한 것이 정말 천사라면 아무런 문제가 없습니다. 하지만 각자는 이렇게 자문해볼 수 있습니다. 우선 그것이 정말 천사일까? 내가 정말 아브라함일까? 무엇이 내게 이것을 증명할 것인가? [……] 만약 어떤 음성이 나에게 전해진다면, 이때 그 음성이 천사의 목소리라고 결정할 사람은 언제나 나 자신입니다. 내가 이런저런 행위를 옳다고 고려할 경우, 이 행위가 나쁘지 않고 옳다고 말할 것을 선택하는 것 또한 나 자신입니다. 그 어떤 것도 내가 아브라함이 되도록 지명하지 않습니다.[9]

선택의 자유는 오로지 나의 의식에 맡겨져 있는 것이다. 잠깐 지나가며 얘기하자면 이러한 사상은 사르트르 철학에 거의 절대적인 영향을 주었다 해도 좋을 헤겔의 철학에 이미 표현되어 있다. 『정신현상학』(1807)에서 헤겔은 말한다.

> 양심은 그 가운데 뭔가를 선택하고 결단해야만 한다는 것을 알고 있다. 실로 그중의 어떤 것도 절대적인 성질이나 내용을 갖는 것은 없고 순수한 의무만이 절대적인 것이기 때문이다. [……] 행동은 취해져야 하므로, 개인이 결정을 내리지 않으면 안 된다.[10]

여기서도 결정은 오로지 개인에게 달려 있다. 헤겔은 보통 키르케고르 같은 실존철학의 선구자와 대립하는 사상가로 알려져 있지만, 이렇게 개인의 '실존적 결단'이란 주제가 이미 헤겔의 사유 안에 들어와 있는 것이다.

개인과 공동체 사이의 긴장
개인의 선택은 보편적 가치를 창조하는가

선택은 오로지 의식의 자발성에 달려 있다. 이 의식 배후에 또 다른 선택의 심급은 없으며 의식이 최종적이라는 점에서 "의식은 저 자신의 근거이다." 이렇게 '자기원인'이라는 신(神)이 지녔던 성격은 이제 이 무신론적 실존주의자를 통해 '의식'이 인수한다. 모든 것은 이 의식의 자발적 선택으로부터 유래한다. 심지어 시인들이 흔히 말하는 운명적 액운과 저주 역시 자신의 자발적 선택의 결과라고 사르트르는 말한다. "시인은 늘 그런 액운을 외부의 간섭의 탓으로 돌리지만, 사실은 그의 가장 심오한 선택에서 유래하는 것이다."[11]

그런데 객관적으로 가치 있는 것, 선한 것을 최종적 준거로 삼아 선택하는 것이 아니라, 개인의 의식 자체만을 최종 근거로 삼아 선택한다면, 우리는 가치와 선의 문제에 있어서 유아론에 빠져버리는 것이 아닌가? 사실 사르트르는 『실존주의는 휴머니즘이다』에서 "가치를 선택하는 자가 한낱 개인들인 당신들이기 때문에 가치 자체가 근본적으로 믿음직하지 못하다."는 비판에 대해, "나는 가치가 그럴 수밖에 없다는 사실을 심히 유감스럽게 생각한다."고 말한다.[12] 『존재와 무』에서는 보다 분명하게 이렇게 말한다. "나의 자유는 모든 가치의 유일한 근거이다. '아무것도', 절대적으로 아무것도, 내가 이러이러한 가치, 이러이러한 가치의 기준을 채택할 때 그 정당성을 보장해주지는 않는다."[13] '불안'이란 바로 이렇게 나의 자유만이 모든 가치의 근거라는 데서 생겨나는 정서이다.(요컨대 불안은 늘 "자유 앞의 불안"[14]이다.) 사르트르는 지금 보편적 가치와 선을 포기하고 있는 중인가?

결코 그렇지 않다. 이 문제는 '선택'에 대한 사르트르의 다음과 같은 설명으로부터 접근해볼 수 있을 것이다.

> 우리가 인간은 스스로 자신을 선택한다고 말할 때, 이 말은 우선 우리 각자가 자신을 선택한다는 것을 뜻합니다. 하지만 이 말은 또한 우리 각자가 이처럼 스스로 자신을 선택함으로써 모든 인간을 선택한다는 것을 뜻하기도 합니다.[15]

나의 의식은 늘 사회적 의식이다. 주인은 자신의 행위와 정체성을 선택할 때 동시에 상대방을 노예로서 선택한다. 내가 지금 글을 쓰는 행위를 통해 나 자신의 정체성을 선택할 때 나는 동시에 독자로서 여러분의 행위와 정체성을 선택하는 것이다. 이것은 나의 선택이란 타자의 의식의 '인정' 내지 승인 없이는 존립할 수 없다는 것을 뜻하지 않는가?

헤겔은 『정신현상학』에서 이런 '공동체적 의식'에 대해 이렇게 설명한 바 있다. "양심이 함께하는 현실은 자기가 몸담고 있는 현실로서, **자기를 의식하고 타인에게도 인정되는** 정신적인 존재의 장을 다룬다."[16] '인간 공동체를 창조할 수 있는 가능성'에 대한 사르트르의 다음과 같은 말도 이와 같은 맥락에서 이해할 수 있는 것이다.

> 삶에 의미를 부여하는 일은 여러분의 몫이며, 이때 가치는 여러분이 선택하는 바로 그 의미와 다른 것이 아닙니다. 그리고 바로 이 점에서 여러분은 **그 어떤 인간 공동체를 창조할 수 있는 가능성**이 있다는 것을 알게 됩니다.[17]

사르트르에게 '공동체'란 나의 의식만큼 자유로운 다른 의식에 대한 투쟁과 인정을 통해 도달할 수 있는 것이다. 투쟁과 인정 사이에서 인간들은 수많은 그림들을 그려나간다. 그것은 문학에서는 독자의 '협력'을 호소하는 작가의 글쓰기로, 정념의 차원에서는 사랑과 증오로, 병리적으로는 사디즘과 마조히즘으로, 그리고 무엇보다도 언어활동으로 나타나는 것이다.

1   장 폴 사르트르, 정명환 옮김, 『말』, 민음사, 2008, 166쪽.

2   같은 책, 119쪽.

3   같은 책, 92쪽.

4   장 폴 사르트르, 김희영 옮김, 『구토』, 학원사, 1983, 126쪽.

5   같은 책, 126~127쪽.

6   장 폴 사르트르, 정명환 옮김, 『문학이란 무엇인가』, 민음사, 1998, 33쪽.

7   같은 책, 30쪽.

8   장 폴 사르트르, 『구토』, 226쪽.

9   장 폴 사르트르, 박정태 옮김, 『실존주의는 휴머니즘이다』, 이학사, 2008, 39~40쪽.

10 G. W. F. 헤겔, 임석진 옮김, 『정신현상학』, 한길사, 2005, 2권, 208쪽.

11 장 폴 사르트르, 『문학이란 무엇인가』, 54쪽.

12 장 폴 사르트르, 『실존주의는 휴머니즘이다』, 83쪽.

13 장 폴 사르트르, 정소성 옮김, 『존재와 무』, 동서문화사, 2009, 97쪽.

14 같은 책, 84쪽.

15 장 폴 사르트르, 『실존주의는 휴머니즘이다』, 35쪽.

16 G. W. F. 헤겔, 앞의 책, 205쪽.

17 장 폴 사르트르, 앞의 책, 83쪽.

Jean-Paul Sartre

장 폴 사르트르
1905. 6. 21~1980. 4. 15

keyword
의식의 지향성, 의식의 익명성, 구토, 불안, 선택, 시선, 투쟁

사르트르는 다방면에 수많은 저작을 남겼다. 몇 가지 핵심적인 것만 꼽아보도록 한다. 사르트르는 1927년 고등사범학교의 학위 논문을 '상상력'이라는 주제로 쓰는데, 그 책은 앞부분과 뒷부분이 다른 책으로 나뉘어 출판되었다.『상상력(L'imagination)』(1936)과『상상계(L'imaginaire)』(1940)가 그것인데, 후자가 사르트르의 독창적인 이론을 담고 있다. 후설 현상학의 영향 아래 상상력을 연구한 이 책은 현상학적 상상력 연구로서 오늘날도 가치를 지닌다.

그의 실존주의 철학을 대표하는 저작은『존재와 무』(1943)이다. 사르트르는 베를린에 유학해 후설 현상학을 연구하기도 했고, 또 하이데거의 많은 개념들에 자기 나름대로 새로운 용법을 부여하고 있지만, 이 책의 논리 전개 방식은 많은 부분 헤겔의 영향을 받고 있다. 들뢰즈는 사르트르에 관한 글「그는 나의 스승이었다」(1964)에서 이 책의 독창적인 주제를 네 가지로 꼽았는데, 이런 선별은 여러 가지 면에서 타당하다. 그 네 가지 주제란 바로 자기기만에 관한 이론, 타자 이론, 자유에 관한 이론, 실존적 정신분석학이다.

『실존주의는 휴머니즘이다』(1946)는 사르트르가 실존주의를 대중에게 제대로 알리려고 했던 강연을 기록한 짧은 강연록으로서, 사르트르의 실존주의에 입문하기에 가장 좋은 책이다.

『변증법적 이성비판』은 사르트르의 후기 철학을 대표하는 대작으로 1960년에 1권이 간행되고, 2권은 유작으로 1985년에 나왔다. 최근 국내 사르트르 연구자들의 노력으로 전체 2,000쪽 이상 되는 번역본이 햇빛을 보게 되었다. 실존주의와 마르크스주의를 결합하려는 기획인 이 책에는 2차대전 이후부터 20여 년간 마르크스주의 주변에서 정치적 현실에 참여했던 사르트르의 경험이 녹아 있다.

『문학이란 무엇인가』(1947)는 1940년대 당시 초현실주의에 대항하고 공산주의와 거리를 두면서, 실존주의적 견지에서 참여문학을 펼친 사르트르의 대표적 문학론이다.

『말』(1963)은 사르트르의 자서전인데, 그 자신의 철학에서 피력된 실존주의 사상을 자신의 어린 시절 작가로서의 형성 과정에 투영해 보여주고 있다.

이외에 『구토』(1938), 『자유의 길』(1945~1949) 등의 소설 및 수많은 희곡들은 모두 사르트르 자신의 철학을 예술적으로 구현하고 있는 측면이 강하다.

사르트르의 전기로는 안니 코엔솔랄의 『사르트르』(1985)와 사르트르 말년 그의 비서로 활동했던 베르나르 앙리 레비의 『사르트르 평전』(2000)이 있다. 전자는 사르트르의 전 생애와 주변의 지성계를 평이하게 서술해가고 있으며, 후자는 사르트르 사상의 특징을 포착하는 앙리 레비의 독특한 관점이 반영되어 있다.

모리스 메를로퐁티

몸은 어떻게 의식 활동에 개입하는가

　나는 생각한다, 그러므로 존재한다. 실체란 무엇인가? 바로 이 '생각하는 것(res cogitans)'이다. 생각하는 실체가 육체로부터 들끓어 오르는, 우리 영혼의 판단을 흐리는 '정념'을 통제해야 한다. 이런 문제도 생각해보라. 우리 인간은 생각하는 실체인데, 저 바깥에 걸어다니는 개와 고양이 같은 짐승들은 무엇인가? 그들에게도 영혼불멸을 보증해줄, 생각하는 실체 같은 것이 있는가? 천만에! 저것들은 모두 동물 기계들이다……. 이것이 데카르트가 만들어놓은 근대적 세계관이다. 여기서는 명석판명한 정신이 떠받들어지고, 몸이란 이 정신을 불투명하게 만드는 거추장스러운 천덕꾸러기 취급을 받는다. 몸이 없었다면 더 잘 인식하고 더 자유로웠을 텐데! 플라톤에서 데카르트에 이르기까지 서양 철학 대부분의 구간에서 이런 한탄이 메아리친다. 메를로퐁티는 바로 이러한 세계관에 맞서서 '몸'의 불가결한 근본성이 무엇인지 보여준 철학자다.

프랑스 현상학의 대표자
후설, 하이데거, 사르트르와는 또 다른 현상학

메를로퐁티는 누구인가? 그의 주저의 제목 '지각의 현상학'이 알려주는 것처럼, 그는 '현상학자'라고 할 수 있다. 사르트르의 친구로서 같이 유명한 잡지 ≪현대≫를 창간했으나 냉전 시대의 정치적 문제로 갈라섰으며, 세잔에 대한 매력적인 작가론과 회화론을 남기기도 했고 현대철학에 지대한 영향을 미친 마지막 주저『보이는 것과 보이지 않는 것』을 미완성으로 남긴 채 53세의 나이에 심장마비로 세상을 떠났다는, 그의 인생의 중요한 여러 굴곡들보다도 저 '현상학'이라는 명칭이 더 우리를 매혹시킨다. 거기 메를로퐁티 철학의 진수가 들어 있을 것만 같으니까. 사르트르는 메를로퐁티에 대한 추도사「길목에서」(1961)에서 이렇게 말한다. "우리는 동등했고 친구였지만 동류(同類)는 아니었다."[1] 이 말은 정치적인 문제에서만 진실인 것이 아니라, 후설로부터 발원하여 하이데거를 거쳐 이 두 사람이 계승하고자 했던 현상학에 대한 입장 차이에 대해서도 진실이다. 그렇다면 얼마간 사르트르와의 비교를 통해 메를로퐁티의 현상학의 정체를 드러내볼 수 있지 않을까?

현상학의 핵심, 의식의 지향성
대상은 의식에 주어지는 방식대로 존재한다

그러나 먼저 물어야 할 것은 도대체 '현상학'이란 무엇인가 하는 것이다. 현상학의 창시자 후설의 사상 가운데 가장 중요한 것을 하나 꼽으라면 의식의 '지향성'을 들 수 있다. 종래에 의식은 데카르트의 '생각하는 것(res cogitans)'이라는 개념에서 보듯 일종의 고립된 사물처럼 다루어져 왔다.(저 표현에서 'res'란 라틴어로 사물[thing]을 뜻한다.) 그러나 의식은 고립되어 있지 않고 늘 무엇인가를 향하고 있다. 여러분도 한번 실험해보라. 눈을 감고 아무 생각도 하지 않으려고 노력함으로써 여러분의 의식이 가닿는 각종 대상, 상념, 수학적 개념, 물리학적 이론, 기억 등으로부터 의식을 고립시키려고 해보라. 결코 그럴 수 없을 것이다. 의식은 잠을 잠으로써 의식 없음(무의식)에 도달할 수는 있을지언정, 깨어 있는 의식은 그 자체만으로 모든 것과 무관하게 존재할 수 없다. 그것은 늘 무엇에 대한 의식, 무엇인가를 지향하고 있는 의식이다. 이것이 의식의 지향성이다.

의식이 늘 어떤 대상에 대한 의식이라는 것은, 대상은 항상 의식에 주어지는 대상으로서만 존재하지, 의식 바깥의 대상일 수는 없다는 것을 뜻한다. 다르게 얘기하면, 대상의 존재 양식이 별도로 있고, 그것이 의식에 주어지는 형태가 또 따로 있는 것이 아니라, 대상은 의식에 주어지는 방식대로 존재한다는 것이다. 이때 의식에 주어지는 그 대상을 '현상'이라고 부른다. 왜 굳이 여기에 '현상'이라는 명칭을 사용하는가? 이 말의 어원을 조사해보면 쉽게 알 수 있다. 하이데거에 따르면 그리스적 어원을 가지는 이 현상이라는 단어, 즉 '파이노메논'은, '자신을 그 자체로 내보여준다.'는 의미의 동사 '파이네스타이'에서 나왔다. 스스로 존재하는 모습대로 나타나는 것이 그리스인들이 애초에 부여했던 '현상'의 의미인 것이다. 이 '현상에 대해 논하는 일'이 바로, '현상(Phänomen)'과 '말함(logos)'이 결합된 단어인 '현상학(Phänomeno-logie)'이라는 명칭으로 불린다.[2]

현상, 즉 의식에 주어진 대상에 대해 말하는 것은 곧 그 대상의 존재 방식을 기술하는 일과 동일하다. 앞서 말했듯 대상은 의식에 주어지는 방식대로 존재하니까 말이다. 따라서 현상을 제대로 기술한다면, 우리는 대상의 참다운 존재 양식을 가능케 하는 대상의 '본질'에 도달할 수 있게 된다.

그리고 다양한 대상들이 저마다 의식에 주어지는 방식이 다르다면, 이 다양한 방식을 기술하는 현상학의 작업은 무궁무진할 것이다. 이런 방법론으로서 현상학이 가지는 강력한 힘이 지난 세기 현상학을 사회학·정치학·미학 등등 여러 학문에 그토록 널리 파급되도록 했다.

사르트르의 현상학
자유와 선택을 가능케 하는 텅 빈 의식

현상학의 저 파급력에 감염된 사람 가운데 하나가 사르트르다. 그는 의식에 주어지는 대상을 기술하는 후설의 현상학을 '자아(ego)'의 문제 쪽으로 가져갔다.

흔히 우리는 '나는 생각한다.'라고 말한다. 그런데 도대체 이 '나'란 뭘까? 이것은 의식의 주인인가? '태권브이'를 타고 있는 훈이처럼 자아는 의식 안에 거주지를 가지는가? 사실 책을 읽고 있을 때 책의 내용을 지향하는 의식은 있고, 떠나는 버스를 잡으려고 뛰어갈 때 버스를 지향하는 의식은 있지만, 이 의식 안에 '자아'가 들어 있다고는 말할 수 없다. 오히려 대상(책, 버스 등)을 지향하는 익명적 의식이 있을 뿐이다. 자아 역시 다른 실재적 대상이나 관념적 대상처럼 의식 안에 있는 것이 아니라 의식에 주어지는, 의식 바깥의 대상일 뿐이다. 즉 텅 빈 내용 없는 익명적 의식이, 어떤 내용을 지닌 자아, 기질과 역사와 개인적 관계 등등의 내용을 지닌 자아를 '대상으로서' 생각하는 것이다. 이렇게 의식은 그 안에 자아라는 내용물을 가지지 않는 완전히 텅 빈 의식이다. 지향적 광선을 외부로 쏘아대고 있는 의식의 이 텅 비어 있음이 바로 사르트르의 실존적 '자유'를 이룬다. 이 의식은 준수해야 할 어떤 내용(개인의 성격, 창조주의 작품, 어머니의 기대를 받는 아들 등)을 가지는 인격적 자아가 아니라는 점에서, 그야말로 텅 비어 있다는 점에서 자유로우며, 이 자유에 입각한 '선택'만이 이 의식이 살아가는 방식이 된다.(이 책 「사르트르」 참조)

메를로퐁티의 현상학
우리는 텅 비어 있지 않고 늘 충만하다

메를로퐁티는 이런 철학과는 반대 방향으로 나간다. 지각의 현상학에 나오는 구절을 보자.

> 우리는 결코 무(無) 속에 머물러 있지 않다. 우리는 항상 충만 속에, 존재 속에 있다. 마치 얼굴이 쉬고 있을 때나 심지어 사망해 있을 때도 늘 무엇인가를 표현하지 않을 수 없게끔 되어 있는 것처럼.[3]

사르트르에게 의식은 아무런 내용도 가지지 않는 텅 빈 '무'였다. 나의 자아나 신체를 비롯해 내용을 지니는 것들은 이 텅 빈 의식이 바라보는 외적 대상들일 뿐이었다. 메를로퐁티는 반대로 생각한다. 우리는 결코 아무런 내용으로도 오염되지 않은 순수한 텅 빈 의식 같은 데서 출발하지 않는다. 애초에 우리는 피할 수 없이 충만한 내용으로 가득 차 있다. 의식이 빠져나간 죽은 얼굴조차 늘 충만한 내용(표정)을 지니지 않는가?

외부의 세계는 바로 프리즘으로 들어오는 빛이 굴절되어 들어오듯이 충만한 내용과 뒤섞이며 우리 의식에 주어진다. 외부 대상이 우리에게 의식되는 데 불가결하게 개입하는 조건인 이 충만한 것은 무엇인가? 그것이 바로 우리의 '몸'이다.

지각의 근거로서 몸
몸을 통해서 비로소 외부 대상은 주어진다

"우리를 세계에 연결하는 지향적 단서"[4]는 무엇인가? 여느 현상학자들처럼 메를로퐁티는 『지각의 현상학』에서 이런 물음과 더불어 사색을 시작한다. 혹시 우리는 '과학'을 통해서 세계와 관계를 가지는가? 오히려 과학의 이론적 그물망은 그 그물코가 너무 커서 세계에 대한 우리의 원초적 지각은 모두 그 사이로 빠져나가 버리는 것이 아닐까? 이러한 비판적 질문에 답해나가는 가운데 메를로퐁티는 몸을 우리의 원초적 지각의 '선험적 근거'로서 발견한다. 우리는 언제나 '우리 자신이라는 하나의 간격'을 통해서만 세계에 연결된다. "우리는 세계를 그리는 데 있어 우리 자신인 그러한 빈틈, 세계가 어떤 사람에 대하여 존재하게 되는 그러한 빈틈을 지울 수 없다."[5] 세계에 대한 우리의 지각은 바로 세계에 대한 이러한 간격을 통해서 가능하게 된다는 것이다. 아니 더 정확히 말하자면 지각이란 다름 아닌 "거대한 다이아몬드의 흠집"[6] 같은 이 간격 자체라고 할 수 있다. 물론 이 간격의 정체는 바로 우리의 '몸'이다.

지금껏 철학은 고작해야 몸을 인식 주관이 대면하는 여타의 다른 대상과 다를 것 없이 시공을 채우고 있는 연장(延長)으로 보았다. 즉 "모든 사고에 앞서 스스로 우리의 경험에 끊임없이 현존하는 잠재적 지평으로서의 몸"을 발견하지는 못했던 것이다. 그러나 몸은 의식이 지각하는 대상이기 이전에, 몸 때문에 바로 외부 대상들이 우리에게 존재할 수 있게 되는 것이다. 더 이상 세상 바깥에 있는 비신체적인 "고공비행을 하며 내려다보는 주체(상공에서 내려다보는 주관)"[7]는 없으며, 세계 안의 몸과 뒤섞여 있는 의식이 주체가 된다. 피부의 조직끼리 갈라낼 수 없이 얽혀 있듯 의식은 "세계의 조직 속에 살고 있는 것이다."[8]

그림이 알려주는 것
화가의 시선은 신체와 얽혀 있다

세계가 비신체적인 명증한 의식(데카르트의 코기토, 사르트르의 익명적 의식)을 통해 주어지는 것이 아니라, 바로 신체 자체를 통해 굴절되는 모습이 세계에 대한 근본적인 지각 자체라는 점은 무엇보다도 '그림의 영역'을 통해 잘 드러난다. 이것이 바로 메를로퐁티가 말년의 『눈과 마음』에 이르기까지 회화의 문제에 관심을 가진 까닭이다. 메를로퐁티는 세계 바깥의 명증한 의식에 비견되는 르네상스 시대의 허구적인 원근법을 이렇게 비판한다.

> 르네상스 시대의 원근법들은, 그때까지의 회화의 탐구와 역사를 마감하고 절대적으로 확실하고 정확한 회화의 기초를 확립한 척한 한에 있어서 거짓된 것들이었다. 반면 화가들은 어떤 원근법의 기술도 정확한 해결책이 되지 못한다는 점을 경험적으로 알고 있었다.[9]

요컨대 원근법은 실재의 본모습을 드러내주기보다는 작위적으로 구성된 비전을 보여주는 허구적인 방법에 불과하다는 것이다. 그리고 세계 안의 존재인 몸과 아무런 관계도 없는 듯 세계 바깥에 위치하는 의식 역시 이와 같은 맥락에서 작위적으로 설정된 허구적인 지점이다.

화가의 시선이란 신체와 떨어져 "고공비행을 하며 내려다보는 주체"가 아니라 '눈'이라는 신체와 얽혀 있으며 이 눈이라는 신체는 세계 안의 다른 대상들 사이에 있다. "인간이 자기 집에 살고 있듯이 화가의 눈은 존재의 조직 속에 살고 있다."[10] 따라서 세계의 비전을 절대적으로 보여줄 세계 바깥의 절대적인 한 지점에서 시작되는 원근법이란 없고, 존재의 조직 안에 들어 있는 눈의 관점에 따라 그때그때 나타나는 비전만이 있다. 그렇기에 세계가 가시적이 되는 방식은 무궁한 것이고 이에 따라 그림 역시 무한하게 생산된다. 메를로퐁티의 현상학 역시 마찬가지다. 대상이 의식에 주어지는 방식에 대한 기술 역시 세계 안에서 몸이 사는 방식이 무한한 만큼 종결될 수 없는 무한한 내용을 가질 것이다.

이처럼 메를로퐁티를 통해, 의식이 바라보던 외부 대상에 불과하던 신체가, 우리 의식적 활동 자체를 가능케 하는 근본적 권좌를 차지하게 되었다.

라캉의 시각 이론에 불어넣은 영감
의식적으로 '보기' 전에 무의식적으로 '보여진다'

메를로퐁티의 시각 이론 또는 회화 이론을 이야기하면서 그와 매우 특별한 관계를 가졌던 한 사상가를 이야기하지 않을 수 없다. 바로 자크 라캉이다. 메를로퐁티의 시각 이론은 라캉의 정식분석학에 수용되면서 무의식의 영역을 이해하는 데 탁월한 기여를 하게 되었다. 이 이론이 지성계에서 차지하는 비중을 고려해볼 때 우리는 메를로퐁티의 사상을 정리하며 얼마간 라캉과의 관계에 대해 다루지 않을 수 없겠다.

메를로퐁티의 회화론『눈과 마음』은 1960년에 완성돼 1964년에 나왔고, 이 저작과의 연장선에서 시각 이론을 다루는 대표작이자 유작인『보이는 것과 보이지 않는 것』은 클로드 르포르가 씨름한 끝에 1964년 책으로 펴낼 수 있게 되었다. 라캉은 1964년에, 후에『세미나』11권으로 출판하는 유명한「정신분석의 네 가지 근본 개념」에 관한 수업을 진행하는데, 여섯번째 강의(2월 19일 강의)에서 그 주에 나온 신간으로 이 책『보이는 것과 보이지 않는 것』을 소개한다.[11] 이후 이 세미나는 위의 두 책에서 전개된 메를로퐁티의 시각 이론과 긴밀하게 연관된 채 진행되며, 마침내 독특한 정신분석학적 시각 이론으로 결실을 본다.

앞서 보았듯 데카르트와 사르트르에게 시각이란, 세계 안에 있기보다는 세계 바깥에서 사물들의 위치를 결정해주는 역할을 한다. 반면 메를로퐁티에게선 시각이 시각으로 작동하기 전에, 즉 보기 전에, 이 시각을 결정하는 몸, 바로 '눈'이 먼저 '세계 안에' 있다. 눈은 보기 이전에 먼저 세계 안의 사물이다. 이것이 뜻하는 바가 무엇일까? 우리가 시각을 사용하기 전에, 즉 보기 전에, 이미 우리는 세계 안에서 보여질 수 있다는 것을 뜻하지 않겠는가?

이에 대한 한 가지 비유적인 예로 라캉은 '의태(mimétisme, 擬態)'를 든다. 의태란 생물이 주위의 다른 생물과 비슷한 외관을 하고 있는 것을 말한다.(카멜레온을 떠올리라.) 라캉은 말한다. "세상 속에는 우리가 보기 이전에 이미 우리를 응시하고 있는 무언가가 있다는 겁니다."[12] '보기 전에 먼저 보인다'는 사실을 알려주는 것이 의태이다. 의태는 환경에 대한 적응의 문제와는 상관이 없다. 의태를 사용하는 생물은 그러지 않는 생물과 비슷한 비율로 포식자의 먹이가 된다.[13] 의태가 인간 정신의 영역을 다룰 때 비유적으로 알려주는 바는, 우리가 의식적으로 보기 이전에, 의식 이전적으로(즉 무의식 차원에서) 이미 보여진 다는 것이다. "우리 눈에 보이는 것은 누군가의 눈이 우리를 보고 있다는 점에 의존한다."[14] 의태를 사용하는 생물은 그 의태와 유사한 환경 안에 먼저 들어간 이후에 비로소 보기 시작한다. 즉 의태라는 무의식적 조건을 먼저 갖추고서 '본다'라는 의식적 활동이 시작되는 것이다. 인간은 어떤가? 우리는 독창적으로(즉 우리 자신이 기원이 되어서) 자신을 바라보지 않고, 남에게 먼저 보이는 모습대로 우리 자신을 본다. 화장을 할 때 그 기준이 타인에게서 온다는 점을 떠올려보라. 아울러 우리는 타인에게 보이는 대로 외부 대상도 본다. 선망하는 학교, 직업, 배우자 등은 타인에게 먼저 선망의 대상으로 보인 후, 내게도 선망의 대상이 되지 않는가?

이것이 알려주는 것은, 의식적 차원에서 우리가 보기 이전에, 무의식적 차원에서 우리는 이미 보여지며 보여지길 바라고 있다는 것, 즉 '무의식 안에 시선(응시)에 대응하는 충동을 이미 가지고 있다는 것'을 뜻한다. 이렇게 라캉은 메를로퐁티와의 교류를 통해 자신의 중요한 주제인 '시선' 같은 무의식적 대상(대상a)과 그에 상응하는 '충동'의 사상을 발전시킨다.[15] (대상a와 충동에 대해서는 이 책 「라캉」 참조)

1   장 폴 사르트르, 윤정임 옮김, 『시대의 초상』, 생각의 나무, 2009, 224쪽.

2   마르틴 하이데거, 이기상 옮김, 『존재와 시간』, 까치, 1998, 7절 참조.

3   모리스 메를로퐁티, 류의근 옮김, 『지각의 현상학』, 문학과지성사, 2002, 675쪽.

4   같은 책, 23쪽.

5   같은 책, 318쪽.

6   같은 곳.

7   모리스 메를로퐁티, 남수인·최의영 옮김, 『보이는 것과 보이지 않는 것』, 동문선, 2004, 195쪽.

8   모리스 메를로퐁티, 김정아 옮김, 『눈과 마음』, 마음산책, 2008, 40쪽. 또는 "세계로 짜여 들어간다."

9   같은 책, 85~86쪽.

10 같은 책, 54쪽.

11 자크 라캉, 맹정현·이수련 옮김, 『세미나 11—정신분석의 네 가지 근본 개념』, 새물결, 2008, 113쪽 참조.

12 같은 책, 411쪽.

13 같은 책, 116~117쪽 참조.

14 같은 책, 114쪽.

15 무의식적 목소리(대상a)를 듣는 일과 관련해 라캉은 '세번째 귀'를 환기시키는데(라캉, 같은 책, 392쪽 참조), 메를로퐁티는 이미 저 무의식 속에서 들려오는 목소리와 보고 있는 시선을 포착하는, 세번째 귀와 눈에 대해 알고 있었다. "제3의 귀가 있어 외부의 메시지를, 그것이 우리 안에 일으키는 소란을 통해서 포착한다는 말이 있다. 마찬가지로, 내부의 시선이 있다고 말해볼까? 제3의 눈이 있어 그림들을, 나아가 마음속의 이미지를 본다고 말해볼까?"(모리스 메를로퐁티, 『눈과 마음』, 50쪽) 이 책의 「라캉」편은 소크라테스가 세번째 귀가 있는 듯 무의식적인 목소리를 듣는 사건에서부터 시작할 것이다.

Maurice Merleau-Ponty

모리스 메를로퐁티
1908. 3. 14~1961. 5. 3

keyword

(의식의) 지향성, 현상학, 몸(신체), 시각

메를로퐁티는 『행동의 구조』(1942)와 『지각의 현상학』(1945) 두 권의 저작으로 1945년에 박사 학위를 받았다. 『행동의 구조』는 과학적 심리학의 임의성을 문제 삼은 책이다. 과학적 심리학이 말하는 객관적 실재로 환원되지 않는, 의식과 세계의 다양한 관계를 조명하고 있다. 주저 『지각의 현상학』은 세계 안에서 이루어지는 우리의 지각 활동이 근본적으로 몸을 바탕으로 이루어지고 있음을 보인다.

심장병으로 인한 메를로퐁티의 급작스러운 사망은 현대철학사상 가장 큰 손실인데, 이 죽음은 후기의 대작 『보이는 것과 보이지 않는 것』(1964)을 미완성으로 남겼다. 지각의 현상학이 몸의 '체험'이라는 관점에 초점을 두었다면, 이 저작은 모든 경험의 배후에 있는 살의 '존재론적' 근본성을 드러내는 작품으로서, 굳이 분류하면 존재론적 연구에 초점을 맞추고 있다.

『보이는 것과 보이지 않는 것』의 연장선에 있는 『눈과 마음』(1964)은 그가 생전에 마지막으로 완성을 본 작품으로, 살의 존재론적 근본성을 회화의 세계에서 펼쳐보이고 있다. 메를로퐁티의 회화론을 중심으로 한 주요한 여러 예술철학 논문을 모은 책으로 『현상학과 예술』(1983)이 있으며 오병남이 편역했다.

이외에 1940년에 당시의 논쟁적 구도를 배경으로 공산주의에 대한 입장을 정리한『휴머니즘과 폭력』(1947)이 있으며, 다양한 주제의 논문을 담은『의미와 무의미』(1948)가 있다.

국내 연구서로는 메를로퐁티 철학 전반을 해설한 김형효의『메를로퐁티와 애매성의 철학』(1996)이 있고, 주저『지각의 현상학』에 대한 강해서인 조광제의『몸의 세계, 세계의 몸』(2004)이 있다.

에마뉘엘 레비나스

인간은 인간에게 늑대인가
신의 흔적인가

"진정한 삶은 여기에 부재한다. 그러나 우리는 세계 안에 있다. 이런 알리바이 속에서 형이상학은 생겨나고 유지된다."[1] 레비나스의 대표작 『전체성과 무한』 1장은 '형이상학'의 탄생에 대한 이 문장과 더불어 시작한다. 진정한 삶은 부재한다. 이것은 랭보의 시구이기도 하다. 진정한 삶은 없지만, 속절없이 우리는 세계 안에, 진정한 삶이 없는 곳에서 살아간다. 그런데 놀랍게도 바로 이 사실 때문에 형이상학이 탄생한다! 진정한 삶이 세계 안에 없으니 우리는 마치 목마른 자처럼 세계 저 너머를, 이 세계와는 다른 곳을 바라본다. 그래서 레비나스의 문장은 다음과 같이 이어진다. "형이상학은 '다른 곳'을, 그리고 '다르게'를, 또 '타자'를 향하고 있다." 형이상학(Meta-physics)은 문자 그대로의 뜻대로 가시적이며 손에 쥘 수 있는 사물들의 세계, 즉 물리(physics)의 배후(meta)를 넘겨다보는 학문이지 않은가? 이 세계 저편에 대한 인간의 그리움의 표현이 바로 형이상학이 아닌가? 형이상학이 건너다보는 저편의 세계, 나의 것과 다른 타자의 세계에서 우리는 진정한 삶을 만날 수 있을까? 혹시 그것은 우리에게 구원을 주지 않을까? 레비나스 철학은 바로 이러한 물음에 몰두하고 있다.

방랑하는 유대인
유대주의, 러시아 문학, 프랑스 문화, 독일 현상학

레비나스가 현대철학에 불어넣은 활력은 매우 인상적이다. 현상학적 전통의 관점에서 후설과 사르트르가 '의식'에, 하이데거가 '존재'에 몰두하며 현상학을 발전시켰다면, 레비나스는 '타자'라는 개념을 현상학의 중심으로 끌어들였다. 이 타자 개념에 대한 사유로부터 서구 문화 전반의 전체주의적 성격에 대한 반성에 가속도가 붙었다. 또 '타자에 대한 환대'라는 그의 화두는 최근 데리다의 '환대의 정치학'이란 형태로 현대철학에서 결실을 낳기도 했다. 이외에도 교황 요한 바오로 2세가 레비나스의 저작들을 권장한 데서도 시사되듯이 레비나스의 사상은 현대 종교철학에도 영감을 불어넣었다. 레비나스는 성서가 말하는 '과부와 고아와 나그네'의 모습을 한, 고통받는 타자와의 마주침이란 어떤 것인가를 진지한 철학적 사유 속에서 살펴본 사상가인 것이다.

레비나스는 어떤 사람인가? 그의 사상적 배경을 이해하기 위해서는 이 유대인의 방랑을 따라가보아야 한다. 1906년 리투아니아의 유대인 사회에서 태어난 이 철학자의 지적 배경을 최초로 결정한 것은 유대주의와 러시아 문화였다. 그는 먼저 성서에 익숙해졌고 다음으로 톨스토이 등의 러시아 문학에 익숙해졌다. "철학의 문제는 '삶의 의미'에 관한 연구로서 이해되었다. 그런데 러시아 소설가들이 만들어낸 주인공들은 이 '삶의 의미'에 관해 끊임없이 숙고하고 있었다." 이후 그는 17세의 나이에 프랑스의 스트라스부르 대학으로 유학을 떠나는 모험을 감행한다. 프랑스 철학과 문학을 통해 그는 프랑스 문화에 동화되었고 마침내 귀화하기에 이른다.

또 그는 독일 프라이부르 대학에 머물며 당시 최첨단 현상학의 대표자인 후설과 하이데거에게 지도를 받기도 했다. 그래서 당연하게도 그는 프랑스에 독일 현상학을 소개하고 프랑스에서 현상학적 철학을 꽃피운 최초의 철학자 가운데 한 사람이 된다. 프랑스 현상학을 대표하는 사르트르 역시 후설에 관한 레비나스의 박사학위 논문을 읽고 처음 현상학에 입문했다.[2] 이렇게 동유럽에서 서유럽에 이르는, 그리고 유대 공동체에서 기독교 국가에 이르는, 성서로 대표되는 예루살렘에서 철학으로 대표되는 아테네에 이르는 지적 여정을 통해 유대주의, 러시아 문학, 프랑스 문화, 독일 현상학이라는 네 개의 사상이 그의 철학의 배경에 자리잡게 된다.

아우슈비츠 체험
서구 존재론의 폭력성을 사유하다

무엇보다 레비나스 사상의 성립에 가장 결정적이었던 것은 그의 개인적 불행이자 전세계의 불행이기도 했던 제2차 세계대전의 체험이다. 아우슈비츠에서 가족들을 모두 잃은 그는 2차대전 이후 평생 독일 땅을 밟지 않았다. 레비나스가 보기에 서양 존재론은 타자를 동일자로 환원하는 전체성의 철학이다. 고유성을 무시하고 타자를 전체성 속에서 파악하는 것이 서양 철학의 지배적인 사유 방식이라는 것이다. 물론 이러한 통찰은 저 아우슈비츠의 체험에 힘입은 바 크다. 레비나스는 인간이 타자에 대한 윤리적 책임을 상실하고, 타자를 나의 영향권 아래 종속시키기 위해 국가사회주의 같은 전체주의의 이념을 강요하는 일이 어떻게 가능한지 묻는다. 전체주의의 한 형태인 나치즘과 파시즘이 일으킨 전쟁은 단순히 정치적·경제적인 관점에서 해명되지 않으며, 또 여러 형태의 휴머니즘을 통해서 방지되거나 치유될 수 있는 문제가 아니었다.

그것은 본질적으로, 타자를 동일자(나)로 환원하는 서구 존재론의 구조에서 필연적으로 유래할 수밖에 없는 전쟁이었다. 그래서 레비나스의 첫째가는 관심은, 나라는 동일자로 흡수되지 않는 절대적인 타자가 있음을 드러내고, 그 타자에 대해 가지는 윤리적인 책임성이 나의 나됨, 즉 나의 주체성을 구성하는 근본임을 보이는 것이 된다.

자신에게 몰두하는 존재론
슬픔을 달래고 죽음을 극복하기엔 충분치 않다

먼저 물어야 할 것이 있다. '진정한 삶'이 부재하는 세계 안에서 우리는 어떻게 사는가? 우리는 우리와 다른 대상을 먹거나, 우리에게 필요한 물건으로 바꾸거나, 또는 우리의 인식의 대상으로서 소유한다. 욕구하는 대상을 흡수하고 어떤 방식으로든 나에게 종속된 것으로 만든다. 한마디로 나는 미다스 왕처럼 온갖 타자를 자기 소유의 황금으로 바꾸면서 내가 주인인 세계를 구성한다. 자기보존 욕구를 타고난 존재자 일반은 자기 욕구를 충족시키게끔 되어 있다. 요컨대 존재자가 자기 자신에게 전념하는 것은 당연한 일이다.

레비나스는 내가 세계의 주인으로써, 나의 욕구에 따라 세계를 즐기고 관리하는 이러한 존재 양식, 혹은 나 자신에게 몰두하여 끊임없이 나의 세계로 귀환하는 사유를 일컬어 '존재론'이라고 부른다. 그러나 나의 존재에 전념하는 "이 시간은 슬픔을 달래고 죽음을 극복하기엔 충분치 않다."[3] 그것은 노동을 하고 먹을 거리를 벌어 나를 먹이는 일의 반복일 뿐 아무런 질적 도약이 없는 시간이기 때문이다. 노동과 향유를 통해 세계 안의 모든 것을 자기의 소유물로 만든 이 고독한 부자에게 찾아올 새로운 손님이란 죽음밖에 없는 것이다. 죽음이 도착할 때까지 노동과 향유라는 천편일률적인 순간들이 반복되리라.

이와 반대로, 나의 존재 유지를 위해 먹고 마시고 도구를 만드는 나의 세계로부터 떠나, 나의 바깥 혹은 나와 절대적으로 다른 자에게로 가고자 하는 사유를 일컬어 '형이상학'이라고 부른다. 우리에겐, 나의 존재 유지를 위해 대상을 소유하고자 하는 '욕구'와는 다른 '욕망(désir)'이 있다. 이 욕망은, 플라톤이 '욕망할 수 있는 최고의 것으로서 존재들 너머에 있는 최고선의 이데아'를 이야기했을 때의 욕망, 곧 '초월'하고자 하는 욕망이다. 레비나스 철학은 나의 세계를 떠나 낯선 자에게로 가는 이 '초월'의 가능성, 바로 세계 저편으로 가는 형이상학의 가능성을 숙고한다.

출산의 형이상학
아이를 통해 도래하는 무한한 시간

　자기 존재의 세계를 넘어서는 일, 즉 형이상학과 초월은 어떻게 가능한가? 다양한 답이 있는데 그 가운데 하나가 '출산'이다. 나의 아이는 나이며 동시에 타인이다. 나와 내 아이의 관계는 '동일성 안에서의 구별'이다. 나로부터 나온 아이는, '나의 자식은 나의 분신'이라는 일상어의 표현이 잘 나타내듯 내가 죽은 후 세상을 살아갈 또 다른 나이다. 이런 뜻에서 아이와 나 사이엔 모종의 동일성이 있다. 그러나 그는 내가 만든 예술품이나 책상 같은 나의 작품이 아니며, 나의 소유물도 아니다. 그러므로 출산이란 '지배'가 될 수 없다.(반대로 예술품이나 책상 같은 생산품의 형성은 전적으로 나의 지배 아래 이루어진다.) 출산을 통해 도래하는 미래는 어떤 의미에서도 주체의 힘이 거머쥐고 지배할 수 있는 것이 아니다. 레비나스에게서 미래란 절대적으로 나의 영향권 바깥에 있는 시간이다. 미래 앞에서 나는 철저히 수동적이다. 왜냐하면 미래의 시간이란 나의 시간이 아닌 남의 시간, 즉 출산을 통해 생겨난 내 '아이의 시간'이기 때문이다. 미래는 나의 가능성에서 전적으로 빠져 달아나는 아이의 시간이되, 그 아이는 여전히 나의 아이이기 때문에 나는 나의 가능성과 나의 지배 바깥에 있는 시간, 내 아이가 앞으로 살아나갈 시간을 걱정하고 그 시간을 위해 무엇인가 해주고 싶어하는 것이다.

다시 말해 주체는 자기를 위해 노동하고 향유하는 자기 존재의 세계에서 벗어나 아이를 통해 비로소 미래 시간에 몰두할 수 있게 된다.

> 출산은 내가 거머쥘 수 있는 모든 것, 나의 가능성을 지시하지 않는다. 출산은 나의 미래를 지시한다. 나의 이 미래는 동일자의 미래가 아니다. 그러나 그것은 여전히 나의 모험이다. 그리고 결과적으로 그것은 매우 새로운 의미에서의 나의 미래이다.[4]

오로지 나의 세계에 속한 것만이 한정 가능하며, 그렇기에 나의 세계 저편에 있는 타인, 곧 아이와 그의 시간인 미래는 내가 한정할 수 없는 것, 즉 '무한'이다. 그런데 이 나의 아이는 타인이면서, 이미 말했듯 여전히 모종의 방식으로 나이다. 아이는 나이며 타인이기에, 나는 미래로 초월할 수 있는 것이며, 미래는 나의 가능성이 완전히 사라진 타인의 시간이면서도 여전히 나의 모험일 수 있는 것이다. 바로 이렇게 나의 세계 저편의 낯선 곳을 건너다보는 일, 진정한 삶을 건너다보는 일이 가능해진다.

타자의 얼굴
신은 고통받는 이웃과의 관계 속에서 도래한다

출산을 통해서만 나의 세계 밖으로 초월이 가능하게 되는 것은 아니다. 나의 존재함을 위한 세계에 속하지 않는, 나와 다른 자와 맞닥뜨리는 상황은 어떤 식으로 우리에게 일어나는가? 타자는 모든 것이 박탈된 궁핍한 얼굴의 모습으로 나에게 현현(顯現, l'épiphanie)한다. 나는 다른 사물을 인식하듯 타자를 인식할 수 있다. 또 타자를 수단으로 이용할 수도 있다. 나의 세계를 구성하기 위해 여러 방식으로 타자를 소유할 수 있다. 그러나 고통받는 얼굴은 내가 어떤 식으로도 소유할 수 없는, 절대적으로 나와 다른 자이다. 그 얼굴은 나의 모든 능력에 반대하여 나에게 '저항'한다. 얼굴의 저항이란, 대상 세계를 소유하고 지배하려고 하는 나의 힘을 무력화시키고 나의 윤리적 행동을 촉구하는 '윤리적 저항'이다. 고통받는 타자의 얼굴은, 가령 '살인하지 말라'고 나에게 명령한다. 타자는 나보다 높은 곳에 있는 나의 주인처럼 내가 윤리적으로 행동하기를 명령하고 나는 그 명령을 회피하지 못한다. 그러므로 어떤 식으로도 나에게 규정되지 않고, 오히려 나의 힘을 무력화시키고 나에게 명령하는 타자의 얼굴이란, 형이상학의 대상, 규정 불능의 무한자, 곧 신의 흔적과도 같다. 신은 바로 타자의 얼굴을 통해서 내게 말을 건넨다. 레비나스는 신에 대해 이렇게 말한다.

> 나는 그 어떤 것도 신을 통해서 정의하고자 하지 않는다. 왜냐하면 내가 알고 있는 것은 인간이기 때문이다. 인간들 간의 관계를 통해서 내가 정

의할 수 있는 것이 신이지, 그 역은 아니다. 내가 신에 대해서 무엇인가 말하고자 할 때, 그것은 언제나 인간들 간의 관계에서 출발한다. 나는 위대하고 전능한 존재의 현존(existence)으로부터 출발하지는 않는다. 신의 추상적인 관념은 인간적 상황을 명백하게 해줄 수 없는 관념이다. 반대로 인간적 상황이 신의 관념을 명백하게 해준다.[5]

이렇게 신은 그 자체로서가 아니라, 타자와의 관계라는 맥락 속에서만 의미있는 것이 된다. 그러니 교회가 아니라, 이기적인 바람을 담은 기도 속에서가 아니라, 먼저 고통받는 이웃과의 관계 속에서 신은 도래한다고 말해야 하지 않을까? 타자와의 관계가 '신'이라는 말이 비로소 의미를 지니게 되는 맥락이라면, '존재자'로서의 신을 믿지 않고도 우리는 신이란 말을 유의미하게 사용할 수 있지 않은가? 레비나스의 초월 또는 형이상학이란 바로, 타자의 얼굴을 자신의 흔적 삼아 나타나는 무한자와 관계함을 말한다. 이 관계란, 내가 나에게 전념하는 세계를 떠나, 나와 전혀 다른 자에게로 가서 그를 위해 나를 종처럼 건네주는 일이다. 이렇게 레비나스는 형이상학, 초월, 무한자 등의 고전적인 개념의 의미를 윤리학적 맥락 안에서 새롭게 이해한다.

국가의 조건을 다시 생각하기
만인의 만인에 대한 투쟁에서 타자에 대한 책임으로

나아가 절대자와의 관계, 초월의 가능성 등을 타자와의 관계 속에서 읽어내는 일은 '정치철학'의 측면에서 '국가'의 의미를 새롭게 이해할 수 있도록 해준다. 레비나스는 후기의 대표작『존재와 다르게』에서 국가에 대해 이렇게 이야기한다.

> 인간이 성취하고자 하는 평등하고 정의로운 국가, 제도화하고 특히 유지하고자 하는 국가가 만인에 대한 만인의 투쟁에서 발생하는지 아니면 모두를 위하는 한 사람(l'un pour tous)의 환원 불가능한 책임으로부터 발생하는 것인가에 관해 알고, 국가가 우정과 얼굴이 없이도 지속될 수 있는가에 관해 아는 것이 중요하다.[6]

근대 정치철학자 홉스가 내세운 저 유명한 '만인에 대한 만인의 투쟁'은 근대 국가 탄생의 전제조건으로 이해되어왔다. 만인 대 만인의 투쟁은 '인간은 인간에 대해서 늑대이다.'라는 표현으로 바꾸어 쓸 수도 있다. 자신의 이기적인 욕구 충족을 위해 서로에게 늑대인 것이 인간의 본성이며, 이들은 서로에게 동일한 행위(가장 극단적으로는, 자기 이익을 위해 타자를 살해하는 행위)를 할 수 있다는 점에서 '평등'하다. 이 평등이 근대 국가 창설의 조건이다. 국가의 창설은 서로 평등한 저 이기적 욕구들을 상호 계약을 통해 제한하는 데서 가능해진다는 것이다. 국가의 창설 조건에 대한 레비나스의 사상은 바로 홉스의 이런 사상 반대편에 세워진다. 서로에게 늑대일 수 있는, 상호 평등한 이기적 주체가 아니라 타자를 위하는 자, 타자를 주인처럼 높이 받드는 자들의 공동체가 바로 국가라는 것이다. 그리고 이 관점이 수립되어야만, 자기 존재 유지를 위해 이기적인 행위를 하고, 이기적인 목적을 위해 폭력을 도입하는 국가들에 대한 현실적인 비판 역시 가능해지는 것이다. 이처럼 근대철학이 수없이 명상했던 국가가 성립하기 위한 조건은 레비나스를 통해 새로운 관점을 획득하게 된다.

---

1 E. Levinas, *Totalité et infini*(Martinus nijhoff, 1961), 3쪽.
2 그 장면을 사르트르의 동료 보부아르는 이렇게 극적으로 기록하고 있다. "사르트르는 생미셸 가에서 레비나스가 쓴 후설에 관한 책을 샀다. 그는 걸어가면서도 너무 서둘러서 알려고, 아직 페이지조차 자르지 않은 책을 대충 넘겨보았다. [……] 사르트르는 현상학을 진지하게 공부하기로 마음먹었다."(S. de Beauvoir, *La force de 'âge*,[Gallimard, 1986(Folio판)], 157~158쪽)
3 에마뉘엘 레비나스, 서동욱 옮김, 『존재에서 존재자로』, 민음사, 2003, 153쪽.
4 E. Levinas, 앞의 책, 245쪽.
5 E. Levinas, "Transcendance et hauteur," C. Chalier & M. Abensour(eds.), *Emmanuel Levinas*(Herne, 1991), 110쪽.
6 에마뉘엘 레비나스, 김연숙·박한표 옮김, 『존재와 다르게—본질의 저편』, 인간사랑, 2010, 298쪽.

Emmanuel Levinas

에마뉘엘 레비나스
1906. 1. 12~1995. 12. 25

keyword

형이상학, 타자, 욕구, 욕망, (초월로서의) 출산, 무한, 타자의 현현, 얼굴의 저항

레비나스 철학을 편의상 세 시기로 나누어보자. 첫번째 시기의 대표작은 『존재에서 존재자로』와 「시간과 타자」이다(둘 다 1947년 발표). 이 두 책은 하이데거의 『존재와 시간』)에 대립해서 '시간'을 타자와의 관계의 산물로 사유해보고자 한다. 하이데거는 인간을 근본적으로 '시간적 존재(죽음을 향한 존재)'로 보았다. 반면 저 두 책에서 레비나스는 어떻게 우리 인간에게 '시간이 탄생하는지'를 보이고자 한다. 즉 하이데거는 인간이 시간적 존재라는 것을 출발점으로 삼았다면, 레비나스에겐 어떻게 인간이 시간적 존재가 되느냐가 최종적인 설명의 대상이 된다. 본문에서 보았던 대로, 인간은 타인과의 관계 속에서 무한한 시간을 획득하는 방식으로 시간적 존재가 된다.

두번째 시기는 레비나스의 대표작인 『전체성과 무한』(1961)이 쓰인 시기다. 이 책은 전체주의에서 보듯 타자를 '전체성' 속에서 획일적으로 집단화하지 않고, '무한자'의 현시로 볼 수 있는 길을 열어준다.(이렇게 이 책의 제목 '전체성'과 '무한'은 타자와 만나는 서로 대립적인 두 방식을 나타낸다.) 이 저작은 아직 번역되지 않았다. 세번째 시기의 대표작은 『존재와 다르게—본질의 저편』(1974)으로, 타자와의 만남의 윤리적 측면을 극단적으로 강조하고 있다.

이외에 매우 초기작인 『탈출에 관해서』(1935)가 있는데, 여기서 이미 레비나스의 독창적인 사상의 씨앗을 엿볼 수 있으며, '구토' 현상을 사르트르와 매우 다르게 분석하는 흥미로운 장면도 볼 수 있다. 문학론으로는, 절친한 작가 블랑쇼를 연구한 『모리스 블랑쇼에 대하여』(1975)가 있고, 그의 예술철학을 대표하는 논문으로 「실재와 그의 그림자」(1947)가 있다. 『어려운 자유(Difficile liberté)』(1963)는 레비나스의 유대주의적 배경에 대해 알려주는 책인데, 역시 우리말 번역은 아직 없다.

레비나스와의 대화를 통해 그의 삶과 철학 전체를 비교적 쉽게 조망하고 있는 책으로는 대담집 『윤리와 무한』(1982)이 있으며, 레비나스 철학 전반에 용이하게 접근하게 해주는 안내서로는 강영안의 『타인의 얼굴』(2005)이 있다. 마리 안느 레스쿠레가 쓴 『레비나스 평전』(1993)은 레비나스의 삶과 그의 시대의 지성사를 흥미롭게 보여주는 전기이다.

3

구조주의와 그 너머

철학사적으로 구조주의는 현상학적 철학의 대척지에서 수립되었다. 구체적으로는 1940년대부터 프랑스 지성계를 지배해온 사르트르의 철학과 대립했다. 이는 2차대전 후 성립된 학문적 경향이며, 1950년대 레비스트로스의 주요 저서가 나오고, 1960년대 푸코와 라캉의 주요 저서가 발표되면서 절정에 이르렀다.

구조주의는 학문 운동도 아니고 학파도 없으며, 구조주의자라 부를 수 있는 학자의 범위도 모호하다. 심지어 현상학적 철학과의 관계도 모호한데, 대표적인 것이 하이데거에 대한 입장이다. 라캉은 그의 철학에 열광해 나름대로 수용하고자 했으며, 시대마다 다른 진리를 출현시키는 푸코의 에피스테메 개념도, 시대마다 다른 방식으로 존재자들이 출현한다는 '하이데거의 존재의 역사성'에 영향을 받았다.

그러므로 구조주의란 몇몇 철학자들에게서 발견되는 최소한의 일반적 특질로 이해되어야 한다. 그 가운데 중요한 것은, 삶의 질서, 존재자들의 질서란 의식이 아닌 더 심층적인 구조에 기반한다는 것이다. 또 하나 중요한 특징은 변증법적으로 발전하는 역사에 대한 부정이다.

레비스트로스와 라캉은 그 구조를 언어학적 구조에서 찾았다. 어떤 의미에서 레비스트로스만을 정확히 구조주의자라고 부를 수 있을 것이다. 그는 인류학적 연구와 신화 연구를 통해 여러 종족의 의식 배후에 숨겨져 있는 보편적 구조를 확인하려고 했다. 라캉의 입장은 무의식이 언어처럼 구조화되어 있다는 것이다. 주체의 자리는 데카르트에서 보듯 자발적이고 주관적인 의식이 아니라 객관적인 언어적 질서(상징계) 속에서 찾아진다. 그러나 라캉의 중요한 업적은 언어로 대표되는 상징적 질서 안으로 침투해 들어오는 전복적인 '실재'의 힘(대상a)을 드러내고자 한 것이다. 푸코는 각 시대의 진리를 구성하는 의식되지 않는 질서(에피스테메)를 규명한다. 각 시대는 비연속적이며 따라서 발전의 도상에 있는 것도 아니며, 그저 전혀 다른 사고의 질서 속에서 진리를 재구성할 뿐이다.

들뢰즈와 데리다 역시 의식철학에 대해 적대적이긴 하지만, 구조주의로부터 벗어난 새로운 종류의 철학이다. 들뢰즈는 스피노자와 니체의 영향 아래 존재론과 욕망 이론의 영역에서, 피안의 신과 같은 초월적 원리를 부정하는 데 몰두했다. 이는 삶 자체를 모든 억압적인 질서로부터 해방시키려는 노력의 표현이다. '해체주의'로 널리 알려진 데리다의 철학은 서구 사상이 자리잡고 있는 근거들이 최종적이지 않음을 밝힘으로써 전통 철학을 와해시킨다. 결과적으로 근원적인 것, 순수한 것을 찾으려는 서구 철학의 오래된 노력이 실은 비근원적인 것, 순수하지 않은 것의 침입에 의해서만 지탱되고 있었음이 밝혀진다. 이런 사상은 데리다 후기에는 근원적이지 않고 순수하지도 않은 외국인에 대한 환대라는 정치철학적 주제로 이어진다.

한마디로 구조주의 이후 철학의 전개는, 니체와 스피노자의 새로운 발견, 언어학과 인류학 같은 학문 영역의 약진, 전통적인 의식 주체의 와해, 무의식의 강조, 급진적인 정치적 입장 등으로 특징지을 수 있을 것이다.

클로드 레비스트로스

역사는 이성의 발전 과정인가, 우연의 전개 과정인가

싱거운 소리로 이 글을 시작하는 것을 용서하라. 레비스트로스라는 이름은 어떤 의미에서 거대한 두 개의 세계를 양분한다. 청바지의 세계와 인류학(민족학)의 세계 말이다! 레비스트로스가 미국 버클리에 초빙교수로 가 있을 때 이야기다. 아내와 함께 레스토랑 앞에 줄을 서서 기다리는데, 종업원이 대기자 명단을 작성하려고 그의 이름을 물었다. 이름을 듣자마자 종업원은 이렇게 되물었다. "The pants or the books?" 청바지 회사 설립자요, 아니면 인류학 저술가요? 이 재치 있는 유머엔 모종의 진실이 담겨 있다. 리바이스 청바지를 만드는 리바이스트라우스사(Levi-Strauss & Co)가 바지 업계에서 가지는 거대한 상징적 위상을 인류학자 레비스트로스는 현대 인류학과 구조주의에서 차지하고 있다는 것 말이다.

사실 레비스트로스를 이 책에서 다루는 것은 역설적인 면이 있다. 어떤 의미에서 그는 철학의 비판자이며, 철학에 대항하여 인간과학을 내세운 사람이기 때문이다. 그러나 바로 이런 이유로 해서 철학의 본성과 한계, 나아가서는 인간이란 누구인지에 대해 더 잘 알게 해주는 사상가이기도 하다.

레비스트로스의 구조주의
의식 아래 숨겨진 보편적 구조를 탐색하다

흔히 레비스트로스를 '구조주의자'라고 한다. 도대체 구조주의란 무엇인가? 레비스트로스와 함께 종종 미셸 푸코, 자크 라캉, 롤랑 바르트 등을 구조주의자라 통칭하기도 한다. 그러나 여러 사상가들을 통칭하는 명칭이 흔히 그렇듯, 구조주의자로서 저들의 공통점을 찾으려 하면 할수록 구조주의는 공허한 개념이 될 것이다. 그러니 여기서는 오로지 레비스트로스의 구조주의만을 이야기하도록 하자. 레비스트로스의 인류학적 여행기이자 자서전이기도 한 『슬픈 열대』에서 그는 젊은 시절 자신을 자극한 학문으로 지질학, 프로이트의 정신분석학, 마르크스주의를 들고 있다. 이 세 가지의 공통점은 뭘까? 바로 의식할 수 있는 표면이 아닌, 의식이 접근하지 못하는 심층에서 진실을 찾으려 한다는 것이다. 가령 레비스트로스는 마르크스로부터 몇몇 교훈들을 간직했는데, 그 가운데 하나가 바로 "의식은 자신을 속인다."[1]라는 것이다. 이 짧은 문장만큼 구조주의의 핵심을 잘 이야기해주는 것도 없을 것이다.

레비스트로스는 『신화학』 2권에서 구조주의의 야심을 이렇게 명시하고 있다.

> 구조적 분석은 인간사회의 분명한 다양성 너머 근본적이고 공통적인 특성에 도달하기를 주장한다. 또한 구조적 분석은 각 민족지적 사실들의 생성을 지배하고 있는 불변적 법칙들을 명시하려고 한다.[2]

구조주의는 의식되지는 않지만 여러 집합들에 공통적으로 작동하는 원리를 발견하려는 학문인 것이다. 이 점은 체계와 구조를 구별하는 레비스트로스의 다음과 같은 말에서 잘 드러난다.

> 구조(structure)는 체계(système)로 환원되지 않습니다. 체계는 요소들과 그 요소들을 결합시키는 관계들로 구성된 총체를 말하지요. 구조라는 말을 할 수 있으려면 요소들과 여러 집합들의 관계들 사이에 불변하는 유사점이 드러나야 합니다. 한 집합이 변형을 통해 다른 집합으로 이행해갈 수 있도록 말이에요.[3]

레비스트로스의 사유가 일생 동안 어떻게 전개되어왔는지 엿볼 수 있는 대담집 『가까이 그리고 멀리서』에 나오는 구절이다. 체계는 그것을 구성하는 요소들의 관계 전체인데, 이와 달리 구조는 여러 집합에 공통적인 원리라는 것이다. 여기서 중요한 것은 여러 집합에 공통적인 이 원리는 그 자체로는 아무런 의미도 지니지 않는다는 점이다. 어떻게 이를 예화할 수 있을까? 레비스트로스는 다음과 같은 재미있는 일화를 소개한다.

나는 태생적인 구조주의자입니다. 내 어머니는 내게 이런 이야기를 해주었어요. 내가 제대로 걷지도 못할 때, 글을 읽을 수 있기 한참 전, 하루는 내가 유모차에서 '부셰(boucher, 정육점)'와 '블랑제(boulanger, 제과점)' 간판의 첫 세 알파벳이 'bou'인 것 같다고 소리쳤다는 거예요. 그 두 단어의 앞 철자들이 동일했으니까요. 그 나이에 이미 난 불변자(不變者)들을 찾고 있었던 것이지요!⁴

여기서 불변자라고 불리는, 구조에 해당하는 것은 위의 두 단어 모두가 지니고 있는 'bou'라는 요소이다. 이것은 '그 자체로는 어떤 의미도 지니지 않으며', 우리 의식의 대상도 아니다. 그것은 고작 '부-'라는 무의미한 음절이며 b,o,u 세 철자의 무의미한 배열이다. 우리의 의식이 관여하는 것은 정육점이라는 의미와 제과점이라는 의미일 뿐이고, 양자에 공통적인 'bou'는 저 '두 의미를 구성하는 세부적인 의미'가 전혀 되지 못한다. 따라서 당연하게도 우리 의식이 저 두 단어의 의미를 고려할 때 'bou'는 포착되지 않는다. 'bou'는 의식의 표면 위에서 의미(정육점, 제과점)가 구성되도록, 의식되지 않는 차원에서 기능하는 요소인 것이다. 이런 까닭에 의식에 대한 분석을 통해 세계의 비밀을 밝혀보려는 학문(현상학)에 대해 구조주의는 철학사적으로 대립적인 위치에 서게 된다. 레비스트로스가 '구조'라는 이름 아래 탐구하는 것은 바로, 여러 문화에 공통적이며, 그 자체로는 아무런 의미를 지니지 않지만 문화 안에서 의식되는 각종 의미들을 가능케 해주는 형식이다.

신화 연구
두드려서 뱀을 호출하다

이런 구조를 탐구하는 레비스트로스의 작업은 구체적으로 어떤 인류학적 성과를 낳았을까? 그의 수많은 연구 주제 가운데 가장 대표적인 것을 꼽으라면 친족 관계 연구와 신화 연구라고 할 수 있을 것 같다. 전자는 학위 논문 『친족의 기본구조』의 연구 대상이었고 후자는 4부작으로 이루어진 후기의 대작 『신화학』의 연구 대상인데, '여러 집합에 공통적인 심층적 구조'에 대한 탐구라는 점에서 양자는 동일하다.

> 우리는 부분적이고 각 경우마다 상이한 설명을 계속 추구해야 할 것인가, 그렇지 않다면 표면상의 다양함을 설명해줄 수 있는, 한마디로 말해 비일관성을 극복할 수 있게 해주는 숨은 질서, 심층적인 구조를 발견해내려 애써야 할 것인가? 친족의 기본구조와 신화학은 정확하게 동일한 문제를 제기하고 있고, 또한 그 접근 방식들도 동일합니다.[5]

『친족의 기본구조』는 자연과 문화를 경계 짓는 가장 기본적인 초석을 근친상간 금지라고 이해하고서(이런 점에선 『토템과 터부』에서의 프로이트와 같다.), 이 근친상간 금지를 피하면서 이루어지는, 친족 형성을 가능케 하는 결혼 협약의 기본구조를 밝히는 연구이다. 『신화학』은 813개의 신화와 이에 대한 1,000여 개의 변형본들을 관통하는 기본 구조를 탐구하는 작업이다. 상대적으로 친족 연구보다 덜 난해하고 보다 흥미를 끄는 신화학에서 구조주의적 탐구의 예를 찾아보자.

『신화학』1권에 24번째 신화로 나오는, 담배의 기원에 관한 남아메리카 테레노 족의 신화는 이렇다.[6] 마녀를 아내로 둔 남자가 있었다. 이 남자는 꿀을 찾으러 숲으로 갔는데, '더 쉽게 꿀을 찾기 위해' 신발 바닥을 서로 탁탁 쳤다. 그 후 나무 밑동의 벌집과 함께 뱀을 발견했다. 그는 뱀을 죽인 후 뱃속에서 꺼낸 뱀 새끼의 살과 꿀을 섞어서 아내에게 먹였다. 그 혼합 꿀을 먹고 몸이 가렵기 시작한 아내가 남편을 잡아먹겠다고 소리치며 따라왔는데, 우여곡절 끝에 남편은 사냥감을 잡기 위해 자신이 파놓은 함정에 아내를 빠뜨려 죽였다. 남편은 그 구덩이를 메우고 감시했는데, 그 구덩이에서 돋아난 식물이 담배이다.

이 담배의 탄생에 대한 신화에서 아주 주변적인 이야기며 무의미하게 보이는 요소가 '탁탁 발을 부딪친 후 벌집뿐 아니라 뱀이 나타났다는 사실'이다. 이 신화 속에서 탁탁 소리에 대해 뱀이 나타난 사실은 전혀 합리적이지 않은, 무의미한 사건인 것 같다. 『신화학』2권에 와서 레비스트로스는 이 신화를 다시 상기시키며 다음과 같이 말한다.

> 그는 꿀에게 '두드리는 부름(호출)'을 보내는데, 그 결과 그는 꿀뿐 아니라 뱀도 찾을 수 있었다. 그러면 이러한 관행의 상징적 의미는 무엇인가? 관찰한 내용이 이러한 관습을 직접적으로 확증한다고 할 수는 없지만, 이러한 관습은 다른 신화에 반사되어 나타난다는 것을 알게 될 것이다.[7]

한 신화 안에서 무의미하고 비합리적으로 보이는 요소는 '다른 신화에 반사되어 있고', 아마도 그 다른 신화 속에서 처음 요소의 기능을 발견할 수 있을 것이다. 가령 타카나 신화 안에서 '두드림과 뱀의 등장'은 '두드려서 뱀을 호출하는 일과 휘파람 소리 같은 뱀의 대답의 대립'으로 나타난다.[8] 그리고 보다 폭넓게 남아메리카의 신화들을 조사해보면, 두드림의 호출과 뱀의 응답이란 궁극적으로 여성의 자궁과 남성 성기의 대립 관계임이 드러난다. 개인적인 의견임을 전제하고 말하면, 소란스런 호출과 성기의 응답이라는 이런 대립은 우리의 「구지가」 역시 '공유하는' 구조이기도 하다.(이런 점에서 "양쪽 반구가 서로 만나듯이 신화들이 한 바퀴 돌아 제자리에 오게 된다."[9]는 레비스트로스의 말은 매우 의미심장하다.)

신화들의 줄거리(의미)는 서로 제각기지만, 그 배후에는 바로 하나의 대립 관계가 불변하는 동일한 구조로서 자리잡고 있는 것이다. 이러한 심층적 구조, 그 자체는 어떤 의미도 이야기도 아닌 이 구조는, 한 이야기가 담고 있는 의미의 논리적 연쇄 과정을 추적해서는 결코 드러나지 않는다. "신화는 사라져버린 관습에 대한 기억을 간직하고 있거나 다른 지역 부족들의 관습 가운데 일부를 활용할 수도 있다."[10] 한 이야기 안에 남아 있는 사라진 관습의 흔적, 다른 부족의 관습의 흔적은 줄거리의 내적 구조만을 바라볼 때는 그저 불가사의한 수수께끼로 남을 뿐이다. 그것은 우리 의식이 파악하는 줄거리와 의미 바깥에서, 무의식적인 심층에서 작동하니까 말이다.

겸손한 지성
서구 문명은 우월한가

이러한 레비스트로스의 구조주의가 알려주는 것은 무엇일까? 아마도 서구 문화가 철학이라는 이름 아래 맹신했던, 스스로 발전하는 이성의 형태(그 대표적 예가 '변증법적 이성'이다.)가 어쩌면 하나의 몽상에 지나지 않을지도 모른다는 점일 것이다. 그는 서구 문화를 반성적으로 음미하며 이렇게 말한다.

> 프랑스 대혁명은 유럽과 전세계를 열광시켰으며, 한 세기 이상 동안 프랑스에 아주 특별한 위신과 명성을 제공했던 이념과 가치를 유통시켰습니다. 그렇긴 하지만 서구에 몰아닥친 대재앙들이 바로 거기에 기원을 둔 것이 아닐까 생각해볼 수도 있습니다. 대혁명을 통해 사람들은 사회가 추상적인 사상에 의해 지배된다는 생각을 가지게 되었어요. 사실은 습관과 관습에 의해 형성되는 것인데도 말이죠.[11]

여기서 사회의 발전을 이끄는 것으로 사람들이 믿게 되었다는 추상적 사상이란 바로 합리주의라는 보편적 이름 아래 행해진 이성에 대한 낙관론을 뜻한다. 실제 프랑스 혁명을 이끌었던 로베스피에르는 이렇게 말했다. "무력에 의한 힘이 아니라 이성의 힘이 우리의 영광스러운 혁명의 원리를 전파시킬 것이다."[12] 19세기에 헤겔은 이 이성이 스스로 발전해나간다는 것을 철학적으로 입증했다. 이성에 대한 이런 낙관론은 전적으로 좋은 것이었을까? 이 낙관론은 동시에 서구적 이성을 지니지 않은 사회를 배타적으로 평가절하하는 시선을 길러주었다. 그리고 그것은 위에서 레비스트로스가 '대재앙'이라 일컬은 식민주의, 인종주의 등을 탄생시켰던 것이다. 레비스트로스의 인류학적 자서전인 『슬픈 열대』에는 서구의 이성이 불러온 이런 대재앙에 대한 분노와 슬픔이 곳곳에 눈에 띤다. 인도의 한 지역을 목격하고 그는 이렇게 쓴다.

> 이곳 주민들의 비극적인 상황을 이해하기 위해서는 마을 안으로 들어가 봐야만 한다. 겨우 한 세기 전만 하더라도 이들의 시체가 온통 들판을 뒤덮었다. 대부분 베틀로 베를 짜면서 살아오던 그들은, 식민지 지배자들이 맨체스터에 면직물 시장을 개설하기 위해서 그들에게 전래의 가업을 행하는 것을 금했기 때문에 굶주림과 죽음으로 몰렸다.[13]

레비스트로스의 구조주의는 서구의 이성이 철학이라는 거울에 자기 자신을 비추어보면서 빠져 있던 나르시시즘을 파괴한다. 이성이 역사를 통해 스스로 발전해나가는 법칙(이것을 설명하는 학문이 '역사철학'이다.)은 허구적일 수 있으며, 따라서 그 법칙을 발견하고 따르는 사회가 다른 사회에 비해 우월한 것이 아니다.(우리는 종종 '이성'을 '사유 일반'과 혼동하는데, 구조주의가 비판하는 이성은 좁게 정의된 것으로서 바로 이런 역사철학적 이성, 변증법적 이성을 가리킨다.) 오히려 모든 사회는 그 나름의 긍정적인 법칙을 가지고 있다고 그는 믿는다.

그렇다면 우리는 역사학자 폴 벤느가 푸코에게 내렸던 평가[14]를 레비스트로스에게도 할 수 있을 것이다. 그는 야심찬 '이성(reason)'에 대립하는 '지성(오성, understanding)'의 사상가였다.'라고. 역사를 통해 최종 목적을 향해 이질적인 사회를 전체화하며 스스로 발전해나가는 이성은 한낱 특정한 사회(서구)의 독특한 사고방식의 소산에 지나지 않는다. 역사란 레비스트로스에겐 규칙적 발전이 아니라 한낱 우연이다. "역사는 당연히 되돌릴 수 없는 우연에 속한다."[15] 수많은 우연 때문에 문화들은 '우열 없이' 서로 쪼개져 있고 앞으로도 그럴 것이다. 이런 무질서한 인간 삶의 파편들 속에서 '최소한의' 동질적 구조를 계산해내는 '겸손한 지성'이 레비스트로스가 이성 대신 집어든, 학문의 도구이자 대상이다. 다음과 같이 말이다.

> 구조 분석이 모든 사회 활동을 설명해줄 수 있다는 생각은 나로서는 터무니없어 보입니다. 이와는 반대로, 사회생활과 그것을 둘러싼 경험적 현실은 인간 세계에서 무작위로 펼쳐지는 영역인 것으로 내게는 생각됩니다. 바로 그런 이유 때문에 나는 전적으로 우연적인 역사에 복종합니다. 나는 그저, 무질서가 지배하는 이 거대한 경험의 수프(이런 표현을 써서 미안합니다만) 속에는 여기저기에 구성(organisation)의 섬들이 형성된다고 생각할 뿐입니다.[16]

변증법적 이성이 '전체'라는 이념을 현실화하는 데 몰두한다면, 레비스트로스의 인간과학은 무질서와 우연 속에 흩어진 채 가느다란 끈처럼 이어지다 또 끊어지고 마는 구조를 사유한다.

1 클로드 레비스트로스, 송태현 옮김, 『가까이 그리고 멀리서』, 강, 2003, 170쪽.
2 클로드 레비스트로스, 임봉길 옮김, 『신화학 2 — 꿀에서 재까지』, 한길사, 2008, 660쪽.
3 클로드 레비스트로스, 『가까이 그리고 멀리서』, 177쪽.
4 같은 책, 170쪽.
5 같은 책, 218쪽.
6 클로드 레비스트로스, 임봉길 옮김, 『신화학 1 — 날것과 익힌 것』, 한길사, 2005, 65쪽 이하 참조.
7 클로드 레비스트로스, 『신화학 2 — 꿀에서 재까지』, 470쪽.
8 같은 책, 474쪽.
9 클로드 레비스트로스, 『가까이 그리고 멀리서』, 208쪽.
10 클로드 레비스트로스, 『신화학 1 — 날것과 익힌 것』, 160쪽.
11 클로드 레비스트로스, 『가까이 그리고 멀리서』, 184쪽.
12 헤르베르트 마르쿠제, 김현일 옮김, 『이성과 혁명』, 중원문화사, 1984, 24쪽에서 재인용.
13 클로드 레비스트로스, 박옥줄 옮김, 『슬픈 열대』, 한길사, 1998, 305쪽.
14 폴 벤느, 이상길 옮김, 『푸코, 사유와 인간』, 산책자, 2009, 9쪽 참조.
15 클로드 레비스트로스, 『신화학 2 — 꿀에서 재까지』, 660쪽.
16 클로드 레비스트로스, 『가까이 그리고 멀리서』, 161쪽.

Claude Lévi-Strauss

클로드 레비스트로스

1908. 11. 2~2009. 10. 30

---

keyword

구조, 심층, 불변자, 근친상간 금지, 신화

　레비스트로스의 저작 가운데 가장 널리 알려져 있고, 전문적인 지식을 배경으로 하지 않고도 즐겁게 읽을 수 있으며, 사상의 전반적인 윤곽을 체험할 수 있는 책이 인류학적 자서전 『슬픈 열대』(1955)이다. 아울러 이 책은 레비스트로스라는 사상가를 넘어 인류학 전반에 대한 인식의 폭을 넓힌다. 『가까이 그리고 멀리서』(1988)는 레비스트로스 말년의 대담집인데, 자신의 인생 전반과 전 저작을 회고하고 있으므로, 그의 사상 전체를 조망하기 쉬운 책이다.

　번역본을 이용할 수는 없는 『친족의 기본구조(Les Structures élémentairs de la parenté)』(1949)는 그의 학위 논문으로서, 친족 수립의 구조적 원리를 밝힌 작품이다. 그리고 구조주의적 방법을 적용한 인류학적 논문들을 모은 『구조인류학』(1958)이 있다. 두 책 모두 구조주의에 대해 지성계의 비상한 관심을 불러일으키는 데 중요한 역할을 했다.

　『야생의 사고』(1962)는 인류학 연구에 그치지 않고 인간 사고의 근본에 대한 물음을 제기한 책이다. 이 책은 서양 철학이 수립해온 사고의 형태 너머에 또 다른 사유가 가능함을 야생인들의 삶을 통해 보여준다. 구체적으로 이 작품은 당시 출간된 사르트르의 『변증법적 이성비판』을 문제 삼고 있다. 사르트르의 이 저작이 바로 본문 가운데 우리가 다룬 서구의 변증법적으로 발전하는 이성의 운동을 표현하는데, 레비스트로스는 이런 서구적 이성이 사고의 유일성을 나타내는 것이 아니며, 전혀 다른 형태의 사유가 가능함을 보여준다. 정리하면 지성사에서, 역사적인 필연성을 가지고 발전하는 헤겔적 이성에 대항한, 관습의 배후를 이루는 무의식적 구조(주의)의 싸움은 사르트르의 『변증법적 이성비판』과 레비스트로스의 『야생의 사고』 사이에 최초로 일어난 셈이다.

본문 가운데 비중 있게 다루어진 『신화학』은 1964년부터 간행된 말년의 대작으로서 총 4권으로 이루어져 있고 우리말로는 2권까지 소개되어 있다. 이 『신화학』 시리즈는 '공동의 과거'를 탐색한다. 모든 민족의 신화란 하나의 거대한 주제에 대한 변주라는 것이 이 책의 입장이며, 이를 통해 드러나는 것은 인류의 다양한 삶의 바탕에 있는 하나의 동일한 구조이다.

『보다 듣다 읽다』(1993)는 인류학자의 시선으로 미학적 주제에 관해 쓴 글들을 엮었다.

자크 라캉

우리의 삶을 이끄는 욕망의 비밀은 무엇인가

정신분석사가인 엘리자베트 루디네스코는 "프로이트주의에 훌륭한 철학적 구조를 제공한 세계 유일의 것"[1]이라고 라캉의 사상을 평가했다. 라캉의 정신분석학은 철학과 어떤 관계가 있을까? 라캉은 철학적 진리 추구에는 관심이 없었다. 오히려 '철학적 진리 추구의 활동을 하게끔 하는 마음의 진리'가 무엇인지를 묻고자 했다. 그 결과 철학적 탐구심을 이끄는 '욕망(désir)'과 '주체'의 비밀이, 그리고 보다 넓게는 우리 삶의 비밀이 모습을 드러내게 되었다. 철학자는 어떤 욕망 때문에 탐구를 시작하는 걸까? 가령 소크라테스는 '다이모니온의 목소리'에 이끌려 철학을, 또는 진리 찾기를 수행했다고 고백한다. 라캉은 이 점에 대해 그의 사상의 골격을 보여주는 『세미나』 11권에서 이렇게 질문을 던진다.

소크라테스를 생각해봅시다. 소크라테스의 타협할 줄 모르는 순수성과

'어디에도 소속되어 있지 않은 특성'은 서로 한 쌍을 이루는 것입니다. 거기에 매 순간 다이모니온의 목소리가 끼어듭니다. 소크라테스를 이끌고 있는 그 목소리가 소크라테스 자신이 아니라고 말할 수 있을까요?[2]

소크라테스를 현실의 어떤 고정된 지식의 자리에도 안주하지 못하게 하는 저 목소리의 정체는 무엇일까? 내면의 어디서부터 목소리가 들려오는 것일까? 혹시 그것은 '무의식 안에서 추구되는 대상(라캉은 이를 '대상a'라 칭했다.)'이 아닐까? 만일 그렇다면, 철학의 역사가 무의식이 모습을 드러내는 형태인 '환청'에 이끌려 시작되었으며, 그것이 역사상 가장 위대한 철학자를 마침내 죽음으로까지 이끌었다는 것은 놀라운 일이다.

소크라테스의 방황
불가능한 실재의 목소리를 찾아서

우리가 의식하는 현실은 우리가 태어나기 전부터 '타자(Autre)'가 지배하고 있다. 이 타자를 대표하는 것이 바로 언어라는 상징이다. 그것은 우리가 태어나기 전부터 있었으며, 우리는 언어를 창안할 수는 없고 타자가 사용하는 언어의 질서에 복종할 수 있을 뿐이다. 이때 언어적 질서란 문맹자와 같은 처음 태어난 아기에겐 '의미(시니피에)'를 갖지 않는 음향적 외관, 즉 '시니피앙'의 질서이다.(이렇게 라캉에게서 언어[시니피앙], 상징계, 타자라는 개념은 서로 상관적이며, 때로 교환 가능하다.) 따라서 소크라테스가 무의식으로부터 들려오는 저 목소리를 타자의 언어가 지배하는 현실 속에서 찾으려 할 때 막상 주어지는 것은 목소리를 대체하는 어떤 대체물일 것이다. 그리하여 소크라테스는 방황한다. 마치 오디오광에게 오디오기기들이란 추구하는 소리의 불만족스러운 대체물일 뿐이며, 그의 인생은 한 기계에서 다른 기계로 소리를 찾아 계속 방황해야 하는 운명인 것처럼 말이다. 철학자의 방황은, 현실 안의 어떤 학파가 내놓는 진리에도 만족하지 못하고 학설에서 다른 학설로 참된 목소리를 찾아 옮겨 다닌다.

저 목소리 자체는 현실에서 조우할 수 없는 것이라는 점에서 '불가능한 것', 현실에서 늘 '결여'된 것이다. 바로 이 불가능한 '실재'에 이끌리는 것이 철학을 움직이는 욕망이며, 보다 넓게는 어떤 식으로든 진리를 추구하는 우리의 삶 자체를 움직이는 욕망이다.

리비도, 충동들, 욕망
욕망의 탄생에 대한 역학적 설명

이렇게 욕망은 상징계 안에 '빈 구멍처럼 결여된 실재' 때문에 생긴다. 이런 욕망의 주체가 발생하는 과정을 따라가보자. 라캉은 '리비도' 개념에서부터 출발한다. 리비도란 "삶의 순수한 본능(instinct)"[3]이다. 그것은 인간적인 생식, 즉 양성(兩性)으로 분화되기 이전의 것이며, 인간이 "유성 생식의 주기를 따름으로 인해 상실하게 되는 부분"[4]이다. 즉 남, 여는 상징계 안의 기호로서만 유효할 뿐이며, 이렇게 보자면 우리의 성별 정체성 역시 생물학적으로 타고나는 것이 아니다.

이 리비도는 인간 신체의 어떤 분화된 기관도 애초에 가지지 않으므로, 마치 아메바처럼, 또는 깨어진 계란처럼 흘러다닌다고 해야 할 것이다. 그러다가 그것은 우리 몸의 구멍에 달라붙어 '충동(pulsion)'을 형성한다. 이렇게 해서 눈, 입, 귀, 항문 등 성감대를 이루는 우리 몸의 구멍들은 무의식의 영역에서 '서로 다른 충동들'과 '대상a들'을 가지게 된다. 가령 시각적 충동은 대상a로서 응시(시선)를, 청각적 충동은 목소리를 가지게 된다. 이 충동들이, 애초에 설립되어 있는 질서의 세계, 상징계, 즉 '문화의 장'[5]에 들어설 때 대상a는 상징계 안에 '잃어버린 대상'으로 기입된다. 그리고 상징계 안에 생긴 대상a의 결여를 메우려는 힘으로서 욕망이 생기는 것이다.(이 모든 과정은 마치 '신화'처럼, 시간적 추이를 따르는 이야기처럼 씌어졌지만, 시간적 형성의 문제가 아니라 구조의 문제이다.)

소크라테스의 경우에서 보았던 목소리라는 청각의 영역뿐 아니라, '응시'라는 시각적인 영역에서도 욕망은 결여된 것을 메우려고 안간힘을 쓴다. 내가 바라보는 것은 사실 내가 진정으로 보고자 한 것이 아니라 그 대체물에 불과하며, 우리의 욕망은 대체물에서 다른 대체물로 옮겨갈 뿐이다.[6] 잃어버린 대상의 빈 구멍을 메우는 대체물은 그저 대체물이기 때문에 우리의 욕망은 근본적으로 만족을 모르는 까닭이다. 가령 보려는 욕망을 지닌 눈이 근본적으로 탐욕적임을 지적하며 라캉은 이렇게 말한다. "사악한 눈의 기능이 보편적인 반면 선한 눈, 은혜를 베푸는 눈에 대한 흔적은 어디서도 찾아볼 수 없다는 것은 놀랄 만한 사실입니다."[7] 라캉에 따르면 심지어 『성서』에서조차 선한 눈은 단 한 군데서도 찾을 수 없다.[8] 베푸는 눈 또는 선한 눈의 사례는 없는지 찾아보면 재미있지 않을까? 가령 임철우의 소설 「아버지의 땅」(1984)에 나오는 "눈매가 고운" 아버지의 눈은 어떤가?

코기토에 대한 비판
인간의 욕망은 타자의 욕망이다

무엇보다 "인간의 욕망은 타자의 욕망이다."[9]라고 정의된다는 사실을 아는 것이 중요하다. 상징계 자체가 타자의 영역이므로, 상징계 안의 욕망은 타자가 지정해주는 것에 대한 욕망일 수밖에 없다. 우리의 욕망을 들여다보라. 선호하는 직업, 선호하는 배우자 등등은 모두 우리가 태어나기 전부터 타자들이 욕망의 대상으로 지정해놓고 있는 것이 아닌가? 욕망의 "주체는 타자의 장에 종속된 상태로서만 주체일 수 있다."[10] 우리는 욕망의 대상을 발명하지 않고, 타자로부터 지정받는다. 그리고 이 점은 『정신현상학』에서 헤겔이 이미 다음과 같이 통찰하고 있던 바였다. "사실상 욕망의 본질은 자기의식이 아닌 타자에게 안겨지는바, 이러한 경험을 통하여 자기의식에게 욕망의 진상이 밝혀진다."[11] 이렇기에 라캉은 '오늘날의 헤겔'이라 불리기도 한다.

아울러 '주체'가 '타자의 장'에 귀속한다면, 데카르트의 코기토('나는 생각한다. 그러니까 나는 생각하는 것으로서 존재한다.') 같은 주체는 어떻게 평가해야 할까? '반성'은 거울에 비추어 보듯 자신을 대상화하는 이자적 관계이다. 그리고 반성하는 자는 반성된 형태로 자신이 존재한다고 믿는다. 즉 생각하는 자는 '생각하는 것'으로 존재한다고 믿는다. 그런데 생각함과 존재함이 일치하는 동일성을 지닌 이 주체의 지위는 '상상된 자아', '상상을 통해 오인된 자아'이다. 왜냐하면 주체의 사유란 모두 언어를 통해 이루어지며 언어는 타자의 장에 속하기 때문이다.(언어는 나의 발명품이 아니라 늘 이미 있어온 것, 타자의 것이다.) 즉 주체는 내가 아닌 곳, 즉 타자의 땅에서 생각하고 타자의 땅인 이 상징계에서부터 소외된 무의식으로서 존재한다.[12] 이것이 라캉의 다음과 같은 유명한 정식이 의미하는 바이다. '나는 내가 생각하는 곳에 존재하지 않고, 내가 생각하지 않는 곳에서 존재한다.' 철학에 대한 라캉의 기여는 자기반성이라는 이자적 관계(나와 자기 자신)에 의존하는 데카르트적 자아가 상상적인 것임을 보이고, 주체의 참다운 위치는, 제삼자에 해당하는 객관적인 질서(언어적 질서) 속에서 찾아야 한다는 것을 밝힌 점이다.

소외와 분리
환상의 보호 속에 사는 주체

상징계 안에서 욕망의 주체는 '소외'와 '분리'라는 근본적인 과정을 통해 완성된다. 욕망이 상징계 안에서 잃어버린 것의 대체물만을 움켜쥐고 불만스러워하는 까닭은 다른 관점에서 설명하면, 욕망은 늘 '교집합을 가지는 양자 중 하나의 선택'을 강요받기 때문이다. 가령 '자유냐, 목숨이냐'를 선택해야 한다고 해보자. 노예와 같은 인간은 목숨을 선택할 텐데, 이때 목숨은 교집합에 해당하는 자유를 상실한 목숨이 된다. 즉 욕망은 자유로부터 소외된 목숨을 성취할 뿐이다. 주인은 자유를 선택할 것이다. 그런데 프랑스 혁명의 와중에 자유의 성취를 위해 죽어간 사람들이 알려주듯, 이 선택에서 주인의 욕망은 '목숨(교집합)이 떨어져 나간 자유'를 얻을 것이다. 즉 그는 자유인으로서 죽는다.(라캉에게 끼친 헤겔의 영감은 매우 풍부한 것인데, 그는 이런 소외의 논리 역시 프랑스 혁명에 관한 『정신현상학』의 다음과 같은 묘사에서 착안하고 있다. "공동체의 자유가 이루어낼 유일한 작업과 행위란 '죽음'에서나 찾아질 수 있다.")[13]

이처럼 소외를 겪는 욕망의 주체는 상징계를 지배하는 타자와의 '분리'를 통해 비로소 완성된다. 이 분리는 주체가 자신뿐 아니라 타자에게도 결여가 있다는 것을 알아차리는 데서 시작된다. 타자의 영역인 상징계는 언어로 되어 있다고 말했다. 이 언어는 주체에게 이런저런 지시를 해올 것이다. 그런데 주체는 아주 어려서부터 이 타자의 언어에 대해 '왜?'라고 질문한다. '엄마가 원하는 게 뭐야?'라는 질문에서부터 애인이 원하는 것에 대한 의혹을 거쳐 심지어 경전의 언어를 앞에 두고 신이 원하는 것에 대해서도 의혹에 빠진다. 상징계가 완벽했다면, 즉 타자가 만들어낸 언어적 질서가 완벽했다면 우리는 결코 의혹에 빠지지 않았을 것이다. 우리가 의혹을 가질 새 없이 타자의 언어가 답을 마련해놓고 있었을 테니 말이다. 영화 「매트릭스」(1999~2003)를 떠올리면 이 사태를 쉽게 이해할 수 있을 것이다. 네오가 의혹에 빠지는 것은 매트릭스가 만든 세계 안에 종종 결함이 드러나기 때문이 아닌가?(모르피우스의 말을 상기하라. "뭔가 잘못됐다는 걸 느끼지. 그게 뭔지 모르지만.")

우리의 '왜'라는 의혹은 결국 타자가 욕망하는 것이 무엇이냐 또는 타자가 결여하고 있는 것이 무엇이냐에 관한 의혹이다. 타자의 이 결여란 '본질적인 것'이다. 가령 신앙인이 신의 뜻에 대해 의혹에 휩싸이는 것이, 경전의 수정 가능한 결함 때문인가? 오히려 애초에 경전은 그런 의혹을 허락하는 결여를 본성상 가지고 있는 것이 아닌가? 상징계 또는 타자의 결여 역시 그런 것이기에 그 결여는 주체가 어떤 '실재물'을 제공해서 메울 수 있는 것이 아니다. 그래서 그 본래적 결여는 오히려 '주체가 갈망하는 것'으로 채워지는데 이를 '환상(fantasme)'이라 한다. 예를 들어 공주병에 걸린 이의 환상은, 남자들의 눈에서 결여된 공백을 발견하고 그 결여를 자신이 갈망하는 것, 즉 자신을 바라보는 남자의 시선으로 채워 넣는 데서 완성된다. 이렇게 보자면 환상이란 주체의 욕망을 지탱해주는 것이다. 그리고 주체는 항상 이런 환상의 보호 속에 살고 있다.[14]

주이상스
어떻게 교화되지 않은 충동의 즐거움을 찾을까

이처럼 라캉의 사상은 잃어버린 원초적 대상(대상a)에 대한 그리움으로부터 어떻게 인간의 욕망이 탄생하는지를 해명한다. 잃어버린 이데아를 찾아 헤매는 일로 현세의 삶을 이해한 플라톤 이래, 삶의 과정을 상실한 것에 대한 그리움으로 본 것은 서양 철학이 가진 한 근본적 경향이었으며, 라캉 역시 이 경향의 넓은 영향 아래 있다고 할 수 있겠다.

말년인 1970년대 라캉은 상징계 안에서 결여를 겪는 욕망보다는, 상징계 안에선 출현이 불가능한 '실재'와 어떻게 조우해서 즐거움(주이상스)을 얻을 수 있는지에 몰두한다. 이는 프로이트가 『새로운 정신분석 강의』(1933)에서 말한 정신분석식 계몽의 표어 '그것이 있던 곳에 내가 있어야 한다.'[15]를 라캉이 오랜 성찰을 거쳐 창조적으로 수용한 결과다. "충동이 있는 실재계의 차원에 주체가 자리잡아야 한다." 즉 타자의 질서인 상징적 질서 내지 문화의 질서 안에서 욕망을 길들이는 것이 관건이 아니라, 교화되지 않는, 제어할 수 없는 충동의 즐거움을 주체에게 찾아주는 것이 정신분석의 사명이 된다. 그 '즐거움'은 어떤 것일까? 그것은 문화의 교화 바깥에 있는 것이라는 점에서, 질서 속에서 누리는 통상적 즐거움 이상의 '전복성'[16]을 지닌 보물일지도 모르며, 어쩌면 시인 황동규가 묘사한, 사마귀가 성교 도중 잡아먹히면서 느끼는 '죽음'으로 수렴되는 쾌감, "머리가 세상에서 사라지는 이 쾌감"(『풍장 30』) 같은 것일지도 모른다.

---

1 엘리자베트 루디네스코, 양녕자 옮김, 『자크 라캉 2—삶과 사유의 기록』, 새물결, 2000, 267쪽.
2 자크 라캉, 맹정현·이수련 옮김, 『세미나 11—정신분석의 네 가지 근본 개념』, 새물결, 2008, 392쪽.
3 같은 책, 300쪽.
4 같은 곳.
5 같은 책, 287쪽.
6 같은 책, 159~160쪽.
7 같은 책, 178쪽.
8 같은 책, 183쪽.

9   같은 책, 66, 177쪽.

10 같은 책, 285쪽.

11 G. W. F. 헤겔, 임석진 옮김, 『정신현상학』, 한길사, 2005, 1권, 218쪽.

12 J. Lacan, *Écrits*(Seuil, 1966), 517쪽 참조.

13 G. W. F. 헤겔, 앞의 책, 2권, 163쪽. 그러나 라캉은 헤겔과 중요한 지점에서 불화한다. 헤겔의 궁극적 사상인 '절대지'가 현실적이 될 수 있는가에 대해서 라캉은 부정적이다. 절대지는 존재와 그 존재에 대해 의식하는 주체가 일치하는 데서 성립한다. 이는 '실체(존재)'와 '주체(존재에 대해 알고자 하는 주체)'의 일치로 표현된다. "실체가 동시에 주체라고 하는 정신의 궁극의 형태가 나타난다. 이는 완전하고도 진실한 내용에 자기라는 형식을 부여함으로써 그의 개념을 실현하는 동시에 바로 이 실현된 상태 속에 개념을 견지하는 정신으로서, 이것이 바로 **절대지**이다."(같은 책, 2권, 349쪽) 즉 자기의식이 진실한 내용(자기의 존재)과 '개념 속에서' 일치하는 것이 '절대지'이다. 그러나 앞서 보았듯 라캉의 주체는 사유하는 곳에서 존재하지 않고, 존재하는 곳에서 사유하지 않는다는 점에서 주체의 자기의식과 존재는 늘 불일치한다. 이런 점에서 라캉은 헤겔의 절대지를 비판한다. "저는 절대지를 목표로 삼아 시작된 실제 경험을 통해서는 연속적 종합에 대한 헤겔의 전망을 어떤 식으로든 예시해줄 만한 것에 도달하지 못한다는 것을 보여드릴 수도 있습니다. [……] **주체의 중심에 있는 모든 균열이 아물게 될 그 약속의 순간에는 절대로 도달하지 못한다**는 것을 보여드릴 수도 있을 겁니다."(자크 라캉, 앞의 책, 335쪽)

14 자크 라캉, 앞의 책, 279쪽 참조.

15 우리말 번역본은 다음과 같이 옮기고 있다. "이드가 있었던 곳에 자아가 생성되어야 합니다."(지그문트 프로이트, 임홍빈·홍혜경 옮김, 『새로운 정신분석 강의』, 열린책들, 2004, 109쪽) 여기서 '이드(id)'는 프로이트의 독일어 표현 'Es(그것)'에 대해 영국 번역가들이 채택한 번역어이다. 이드는 생래적이고 제어할 수 없는 힘으로 '충동'의 영역이며, 후천적으로 억압된 것이다. 라캉에게선 이드를 후천적으로 억압하는 것이 바로 상징계이다.

16 루디네스코는 이를 라캉이 "젊었을 때 심취했던 니체주의에 반영되어 있는 전복성"으로 본다.(엘리자베트 루디네스코, 앞의 책, 49쪽)

Jacques Lacan

자크 라캉
1901. 4. 13~1981. 9. 9

keyword

충동, 욕망, 결여, 상징계, 실재계, 상상계(상상적인 것), 타자, 대상a, 소외, 분리, 환상, 주이상스

라캉의 저술은 크게 '말한 것'과 '쓴 것'으로 나뉜다. 라캉이 주도한 '세미나'는, 기록이 남아 있는 것부터 치자면, 1951년부터 라캉이 사망하기 두 해 전인 1979년까지 매해 그가 근무하던 병원이나 고등사범학교, 대학 등지에서 행해졌다. 완결적인 속기록이나 녹음이 남아 있는 1953년 세미나를 1권으로 하여 26권까지 녹취·정리·출판이 기획된 이 강의록은 그야말로 '말하기'를 통해 실시간적으로 형성되는 사유의 작업을 담고 있다.

'말하기'로 대표되는 이 세미나와 달리, 라캉이 직접 '쓴' 유명한 저작 『에크리』(1966)는 이 세미나의 결론들을 함축적으로 정리한 논문들을 편집한 것이다. '편집했다'는 것은 65세의 라캉이 책이 나온 1966년의 시점에서 평생 써온 글들을 자신의 공식적 입장으로 재구성했다는 것을 뜻한다. 정신분석에 입문하기 전에 쓴 박사논문을 제외하면 이 『에크리』는 라캉이 손수 만든 유일한 저작이다.(사후에 『에크리』에 묶이지 않은 글들이 『또 다른 에크리』(2001)라는 제목으로 나왔는데, 여기에도 물론 중요한 글들이 수록되어 있다.) 따라서 『에크리』가 라캉 자신이 인정하는 결론적 입장으로서 중요성을 지니는 것은 두말할 것도 없다.

이와 달리 『세미나』 시리즈는 그것이 진행되는 30여 년 가까운 세월 동안 라캉이 사유의 변화에 따라 주요 개념들의 의미를 미세하게 수정해나간 변모의 흔적들을 고스란히 담고 있다. 가령 라캉의 개념들 가운데 가장 기본적이며 널리 알려져 있는 3조(組)의 개념, '실재계', '상상계', '상징계'는 시기에 따라 서로 다른 중요성을 부여받는다. 1950년대에 핵심적인 것이 '상징계'라면, 1970년대에는 실재계로 강조점이 옮겨간다.

『세미나』를 읽으면 라캉이 개념을 다듬어나가는 과정을 실감 나게 느낄 수 있을 것이다. 그때그때 청중을 대상으로 말한 기록이라는 성격 때문에, 『세미나』에는 『에크리』에서 볼 수 있는 것 같은 의도적으로 만든 복잡한 문장들과 사유 구조가 없고, 서술이 비교적 평이하다. 따라서 라캉 원전에의 접근은 『에크리』보다 『세미나』를 통하는 길이 수월하다. 『세미나』는 11권(1964년 세미나)만이 라캉 생전인 1973년에 발간되었고, 이후 발간된 『세미나』의 텍스트는 전적으로 라캉의 사위인 자크 알랭 밀레가 확정한 것이다. 『세미나』 11권은 라캉 사상의 여러 핵심적 골격을 담은 중요한 저작으로, 그의 원전으로 통하는 첫 관문으로 삼아도 좋을 것이다. 현재 우리말로 번역되어 있는 유일한 세미나이기도 하다.

『에크리』의 번역 출간은 아직 요원해 보인다. 이 책의 일부 논문이 영어에서 중역되어 『욕망이론』(1994)이라는 편집본으로 출간되어 있다. 이 책에 수록된 논문들 중 「「도난당한 편지」에 관한 세미나」, 「정신분석 경험에서 드러난 주체기능 형성모형으로서의 거울단계」, 「무의식에 있어 문자가 갖는 권위(주장) 또는 프로이트 이후의 이성」, 「남근의 의미작용」 등은 라캉의 가장 대표적인 글들이다.

딜런 에반스의 『라캉 정신분석 사전』(1996)이나 엘리자베트 루디네스코와 미셸 플롱이 쓴 『정신분석 대사전』(2000)에서도 라캉 이해를 위한 도움을 받을 수 있다. 라캉 전기로는 루디네스코가 쓴 『자크 라캉』(1993)이 번역되어 있는데, 현대 프랑스 지성사적 맥락에서 라캉 사상의 전개 과정을 상세히 보여준다.

미셸 푸코

지식은 시대와 권력에 따라 구성되는가

　아르헨티나 작가 보르헤스가 소개하고 있는 중국의 한 백과사전에서 동물들은 이렇게 분류된다. 황제에 속하는 동물, 향료로 처리하여 방부 보존된 동물, 사육동물, 젖을 먹는 돼지, 인어, 전설상의 동물, 주인 없는 개 등등. 미셸 푸코는 그의 저서 『말과 사물』에서 이 분류법을 보면서 웃기 시작하는데, 그것은 서구인들의 사고방식 전체를 산산조각 내버리려는 웃음이다. 저 분류법은, 아리스토텔레스나 린네의 분류법 같은 서구인들의 주류적 사고방식 안에선 불가능한 것, 서구적 사유의 한계 너머에서 출몰하는 다른 사유가 가능하다는 것을 알려준다. 그렇다면 지식 또한 영구불변하는 진리 같은 것이 아니고, 지금 우리가 가지고 있는 사고방식 너머에서 전혀 다른 모습으로 재구성될 수 있는 것이 아닐까? 푸코는 철학, 의학, 범죄학, 성적(性的) 영역 등에서 오가는 이야기들(담론)이 불변하는 '진리'를 담은 명제로 정리되는 것이 아니라, 학문 외부의 우연한 조건들 때문에 일정한 시대에 진리로 통용된다는 것을 보이고자 했다. 그것은 마치 지하에 묻힌 그리스의 옛 신전에 참된 신성(神聖)이 깃들어 있다고 믿지는 않지만, 그 신전이 어떻게 건축되었는지 지층을 탐구하는 '고고학자'의 작업과 유사하다. 고고학자는 신을 믿지 않는다. 그러나 그는 모든 종교의 신전들을 파헤치며 어떻게 당시의 사람들이 신에 대해 생각했고 교리상의 진리를 믿었는지 밝혀줄 수 있다. 푸코는 철학과 의학을 비롯한 학문의 수많은 신전들을 이런 고고학의 대상으로 삼았다.

이성의 타자를 찾아서
광기는 생각의 일부인가, 또는 생각 자체가 아닌가

예를 들어 '광기'의 경우를 보자. 서구적 이성은 유일무이한 보편적인 사유 방식을 확립하기 위해서, 결코 '이성 자신으로 동화될 수 없는 타자'를 배제해야 했다. '고전주의 시대'라 불리는 17세기에 이성이 하나의 사유 방식이 아니라, 사유 자체와 이질적인 것으로 배제한 것이 바로 광기다. 17세기 철학의 대표적 작품인 데카르트의 『성찰』(1641)이 이 배제를 잘 보여주고 있다. 데카르트는 '모든 학문의 토대'를 놓기 위해, 제대로 확실하게 생각하는 길을 확보하고자 했다. 그래서 이 '확실성'에 위협이 될 수 있는 여러 가설을 스스로 세우고 반박한다. 내 생각이 혹시 꿈속에 있는 것은 아닌지, 아니면 악신(惡神)이 나를 잘못 생각하게 하는 것은 아닌지 의심해보고, 그렇지 않다는 것을 밝히는 것이다. 그러나 광기는 꿈이나 악신의 가설처럼 생각을 제대로 하지 못하게 하는 생각 내부의 요인으로 취급되지 않고, 생각함 자체 바깥의 타자로서, 즉 생각이 아예 아닌 것으로서 배제될 뿐이다. '저들은 한낱 미쳤을 뿐 뭔가 생각하고 있는 것이 아니다.'[1] 이것이 17세기인들이 광기에 대해 가졌던 믿음이다.

그러나 19세기 낭만주의의 시대에 와서 광기는 예술 속에서 오히려 인간의 진실을 비추어주는 것이 된다.『광기의 역사』에서 푸코는 말한다. "광기는 고전주의 시대의 오랜 침묵을 넘어 언어를 되찾는다. […] 인간의 내밀한 진실이 투명하게 비쳐보이는 언어."[2] 결국 서구 근대인들이 말하는 이성의 보편성은 시대적으로나 장소에 있어서나 국지적인 것에 불과하며, 생각함의 가능성은 이성 너머의 미지의 땅으로 열릴 수 있는 것이다.[3]

철학과 역사학
역사엔 발전이 있는가, 차이만 있는가

그런데 철학적 진리를 역사적 변동과 연동해서 다룰 수 있는 것일까? 보통 우리는 철학은 영원불변하는 진리를 다룬다고 생각하며, 이 사실 자체가 철학을 역사학과 갈라놓는다. 역사학이 영원불변하는 것보다는, 시간적 추이에 따른 '변화'에 초점을 두는 한에서 말이다. 그러나 사실 철학자들 역시 진리가 어떻게 역사 속에서 변화하는지를 중요한 문제로 취급했다. 가령 칸트는『순수이성비판』(1781)의 끝부분에서, 유년기로부터 출발해 장년기에 이르는 이성의 역사를 말하는데,⁴ 이성은 앞 단계에서 불완전하게 파악한 진리를 종국엔 완전하게 파악하는 낙관적 발전을 거친다. 헤겔 역시 『정신현상학』에서 의식이 좌충우돌하며 궁극적인 진리(절대지)에 이르는 역사적 과정을 그리고 있다. 헤겔에 따르면 진리란 고정된 불변적인 것이 아니다. "진리라는 것도 결코 어느 한쪽 편에 꼼짝없이 눌러앉아 있는 그런 생명 없는 체통을 지닌 것은 아니다."⁵ 진리는 역사 속에서 의식의 성숙에 발맞추어 변화한다. 따라서 진리의 출현을 보이는 일은 역사를 통해 의식이 어떻게 필수적인 변모를 겪어나갔는지를 기술하는 일과 동일한 것이 된다. "과정상에 있는 각 계기는 모두 필수적이어서 기나긴 모든 구간을 참을성 있게 거쳐가야만 하고 그 모든 계기마다를 꼼꼼히 살펴나가야만 한다."⁶

하이데거 역시 역사상의 시기마다 존재자들이 존재하는 방식이 달랐으며, 그에 따라 진리 개념 역시 변모하였음을 말한다. 헤겔이 역사에 따른 필연적 발전을 이야기하는 데 비해 하이데거는 역사적 시기마다 우열 없이 서로 차이 나는 진리만이 있었음을 이야기한다.

> 그리스 시대의 학문은 전혀 정밀하지 않았는데, 그것은 그 학문의 본질상 정밀할 수 없었을 뿐만 아니라 정밀할 필요도 없었기 때문이었다. 따라서 근대의 학문이 고대의 학문보다 더욱 정밀하다고 생각한다면, 이러한 생각은 전혀 무의미한 것이다. 그러므로 물체의 자유낙하에 대한 갈릴레이의 학설은 참인 반면에, 가벼운 물체는 위로 향하려 한다는 아리스토텔레스의 학설은 거짓이라고 말할 수도 없다.⁷

그럼에도 불구하고 하이데거는 늘 존재자가 '본래적으로(eigentlich)' 존재하는 방식을 찾아 헤맸다. 푸코 역시 진리를 역사적 구성물로 생각한다. 그러나 궁극적인 '본래적' 존재 방식(하이데거)이나, 생각함과 존재함이 완벽하게 일치하는 '절대지'(헤겔)로 수렴되는 역사가 푸코에겐 없다. 그저 역사상의 시기마다 우열 없는 서로 다른 사유 방식이 구성될 뿐이다. 진리의 본래적 자리와 절대지를 탐색하는 대신, 즉 진리의 기원과 목적지를 탐구하는 대신, 진리를 담지하는 모든 '실재'에 대해 의심한다는 점에서 푸코는, 회의주의자라고도 할 수 있다.

고고학과 계보학
역사의 불연속성과 권력에 의해 탄생하는 지식

역사적 관점에서 진리가 어떻게 구성되는지 탐구하는 푸코의 방법이 '고고학'과 '계보학'이다. 푸코의 '고고학'은 은유적인 의미를 지니므로 그 말뜻 그대로의 의미가 무엇인지보다는, 고고학이라는 명칭 아래 어떤 연구 방법을 푸코가 수립했는지 이해하는 것이 중요하다. 푸코는 『지식의 고고학』에서 고고학의 특징 몇 가지를 정리하는데, 그 가운데 다음과 같은 문장을 주목해야 한다. "고고학은 해석적인 과목이 아니다. 그것은 보다 잘 숨겨져 있는 '다른 담론'을 찾지 않는다."[8] 즉 고고학은 여러 시대의 담론들 배후에서 하나의 고정된 진리를 해석해내지 않는다. 고고학의 또 다른 특징은 '불연속성'이다.

"불연속성이란 몇 년의 시한 내에서 어떤 문화가 그때까지 생각해왔던 것을 이제는 더 이상 사고하지 않으며, 새로운 방식으로 다른 것을 사고하기 시작한다는 사실이다."[9] 사람들은 흔히 역사가 연속적인 발전 과정을 거친다고 여긴다. 그러나 고고학은 역사상의 시기들이 인과율 없이 단절되었다고 생각한다.

고고학이 지닌 이 두 가지 원리를 예화해보자. 푸코는 단절된 시대들을 르네상스(16세기), 고전주의(17세기), 근대(19세기)로 구분한다. 16세기에 지식을 구성하는 것은 '유사성'이었다. "16세기 말에 이르기까지 유사성은 서구 문화에서 지식을 구성하는 역할을 했다."[10] 예컨대 16세기 박물학자 피에르 벨롱은 유사 관계 속에서 이렇게 지식을 구성한다. "우리의 발뒤꿈치에 해당하는 새의 두 다리 뼈, 또한 우리의 발에 네 개의 발가락이 있는 것처럼, 새는 네 개의 발톱을 가지고 있다."[11] 발생적으로 서로 다른 기관들의 '외적 유사 관계'에만 주목한 이런 진술이 16세기엔 지식을 이루었다. 그러나 돌연, 이런 지식을 부정하는 사고방식이 출현하는데, 바로 17세기초 출판된 『돈키호테』(1605~1615)가 그 예이다. "돈키호테라는 작품은 르네상스적 세계에 대한 하나의 부정이다. [……] 유사성은 기만적으로 되어 거의 환상이나 광기에 가까워졌다."[12] 풍차에서 그와 유사한 체구의 거인을 떠올리고 돌격하는 돈키호테의 환상에 대한 풍자를 생각해보라. 17세기부터 유사성은 지식이 아니라 문학적 유희의 대상이 되었다. 세르반테스의 작품이 희화하면서 지식의 영역 밖으로 날려버린 '유사성'을, 철학도 뒤이어 추방하는데, 데카르트의 『정신 지도를 위한 규칙들』(1628)에 나오는 이런 구절이 그렇다.

> 사람들은 종종 두 사물에 어떤 유사성이 있다는 것을 발견하면, 심지어 그것들이 실제로 서로 다른 것일 경우에도, 그 둘 중 하나에만 참이라고 인정했던 것을 두 사물에 모두 적용하는 버릇이 있다.[13]

이 버릇은 17세기에 지식의 영역 밖으로 사라진다. 이렇게 영원불변하는 진리가 무엇인지 묻기보다는, 한 시대가 어떤 특정 법칙이나 관계를 진리로 생각하게 되었는지를 파헤치는 것이 '지식의 고고학'이다. 그렇다면 푸코가 1970년대 니체의 방법을 계승하여 내세운 계보학은 무엇인가? 고고학을 보완한 계보학의 가장 큰 특징은, 한 시대의 지식의 구성 조건으로 당대의 '권력'을 고려하게 되었다는 점이다. 계보학적 방법을 적용한 대표적 작품이 감옥의 역사를 연구한 『감시와 처벌』인데, 지식의 성립 조건으로 당대의 권력이 고려되지 않을 수 없음을 말하고 있다. 가령 범죄학이라는 지식은 범죄자를 색출하고 위험시하는 권력에 의해서만 탄생할 수 있는 것이 아닐까?

생애 마지막으로 몰두한 '실존미학'
자신의 실존을 예술 작품처럼 창조하다

푸코가 말년에 몰두한 작업은 역사상의 지식이 어떻게 성립했는가를 비판적으로 탐구하는 데 제한되지 않고, 보다 적극적으로 삶을 어떻게 꾸며나갈 것인가에 초점이 맞추어진다. 이 작업을 바로 '실존미학'이라 부른다. 르네상스에서 근대에 이르는 역사적 시기를 천착해온 푸코는 이 실존미학을 완성하기 위해 갑자기 고대 그리스와 로마의 문헌들로 무대를 옮긴다. 죽기 얼마 전 빛을 본 『성의 역사』 2, 3권과 이 책을 쓰던 무렵의 강의록인 『주체의 해석학』이 실존미학에 몰두했던 푸코의 성과를 기록하고 있다. 실존미학이란 무엇인가?

> 자기 자신을 다스릴 줄 아는 주체의 형성에 내포된 엄격성의 요구는 각자 그리고 모두가 따라야 할 보편적 법칙의 형태로 제시되지 않는다. 오히려 이것은 자신의 삶에 가장 아름답고 완성된 형식을 부여하고자 하는 사람들에게 행동을 양식화하는 원리로서 제시된다.[14]

쉽게 생각해보자. 늘 우리 삶을 규정하는 규칙들이 있다. 국가의 법률, 교칙, 사내 규정, 종교적 교리 등등. 그런데 우리는 이 규칙들을 기계적으로 적용해서 삶을 꾸미지 않는다. 이런저런 규칙들을 떠나 삶을 어떻게 꾸며야 하는지 고민한다. 역사상 이런 고민의 모범은 바로 그리스인과 로마인들의 삶에서 발견된다. 그들에겐 획일적으로 규칙에 종속되는 것이 문제가 아니었으며, 오히려 자유인으로서 삶의 따라야 할 바를 독자적으로 창조하는 것이 관건이었다. 이렇게 실존의 방식을 창조하는 일은 예술 작품을 창조하는 일과 같지 않은가? 그래서 여기에 실존미학이라는 명칭이 붙는다. 주체가 자신의 실존 방식을 창안해내는 이 방식은 획일화될 수 없기에 푸코는 성 윤리, 자기수양, 명상 등 삶의 세세한 영역에서 그것을 탐색해나간다.

인간학의 잠에서 깨어난 철학
인간은 모래에 그려진 얼굴이 파도에 씻기듯 지워지리라

푸코가 철학에 불어넣은 활기를 우리는 '반인간주의'라는 이름과 더불어 기억한다. 반인간주의의 핵심은 어디에 있는가? 아마도 의식철학과의 대립에 있을 것이다. 칸트로 대표되는 의식철학은 지식을 구성하는 것은 인간 주체의 의식이라고 생각했다. 의식의 통일성을 바탕으로, '인과율' 같은 우리 마음에 뿌리를 둔 범주가 현상에 적용되어 지식이 구성된다는 것이다.(우리 의식이 통일적이지 않으면, 대지가 때론 수확으로 때론 얼음으로 덮이는 혼란이 찾아오리라.) 반면 푸코의 모든 작업은 인간의 의식이 알아차릴 수 없는 역사적·사회적 조건이 지식을 구성한다는 것을 보인다.(지식을 구성하는 저 조건을 푸코는 '에피스테메'라고 불렀다.) 더 이상 지식의 구성에서 인간 의식의 자발적 능력은 역할을 가지지 않으며, 이런 의미에서 인간이라는 개념은 그 중요성을 상실한다. 그러므로 칸트 시대에 철학이 흄에 의해서 독단의 잠에서 깨어나는 데서 시작되었다면, 푸코가 깨어난 잠은 인간학의 잠이다. "이번에는 독단의 잠이 아니라 인간학의 잠이다."[15] 데카르트의 코기토, 칸트의 초월적 통각 같은 인간 의식의 역할은 이제 사라지게 되는데, 푸코는 『말과 사물』에서 이를 다음과 같이 극적으로 표현한다. "우리는 인간이 마치 해변의 모래사장에 그려진 얼굴이 파도에 씻기듯 이내 지워지게 되리라고 장담할 수 있다."[16]

1 데카르트는 다음과 같이 광기를 사유의 영역에서 배제해버린다. "이 두 손이 그리고 이 몸통이 내 것이라는 것을 어떻게 부인할 수 있는가? 이것을 부인하는 것은 미치광이의 짓과 다름없을 것이기에 말이다. 미치광이는 검은 담즙에서 생기는 나쁜 증기로 인해 두뇌가 아주 혼란되어 있기 때문에 알거지이면서도 왕이라고, 벌거벗고 있으면서도 붉은 비단옷을 입고 있다고, 머리가 진흙으로 만들어졌고, 몸이 호박이나 유리로 되어 있다고 우겨댄다. 그렇지만 이들은 한갓 미치광이일 뿐이다." (르네 데카르트, 이현복 옮김, 『성찰』, 문예출판사, 1997, 35쪽)

2 미셸 푸코, 이규현 옮김, 『광기의 역사』, 나남, 2003, 787쪽.

3 물론 광기가 학문(의학)적 실체이기보다는 이성적 사유가 수립되기 위해 사용된 이성의 타자에 불과한지에 대해선 논란이 계속된다. 가령 정신분석학사가인 루디네스코는 푸코의 작업을 다음과 같이 비판적으로 평가한다. "푸코가 말하는 광기는 정신과 의사들이 치유의 책임을 맡고 있는, 그리고 그 역사학자들이 슬픈 서사시를 써주어야만 하는 진짜 환자들의 고통과는 무관한 것이었다."(자크 데리다 외 지음, 박정자 옮김, 『광기의 역사 30년후—푸코『광기의 역사』 출간 30주년 기념 논문집』, 시각과 언어, 1997, 19쪽)

4 임마누엘 칸트, 백종현 옮김, 『순수이성비판』, 아카넷, 2006, 2권, 900쪽(A761/B789) 참조.

5 G. W. F. 헤겔, 임석진 옮김, 『정신현상학』, 한길사, 2005, 1권, 84쪽.

6 같은 책, 68쪽.

7 마르틴 하이데거, 신상희 옮김, 「세계상의 시대」, 『숲길』, 나남, 2008, 133쪽.

8 미셸 푸코, 이정우 옮김, 『지식의 고고학』, 민음사, 1992, 196쪽.

9 미셸 푸코, 이광래 옮김, 『말과 사물』, 민음사, 1986, 80쪽.

10 같은 책, 41쪽.

11 같은 책, 47쪽.

12 같은 책, 77쪽.

13 르네 데카르트, 이현복 옮김, 『방법서설/정신지도를 위한 규칙들』, 문예출판사, 1997, 15쪽.

14 미셸 푸코, 문경자 · 신은영 옮김, 『성의 역사』, 나남출판, 2004, 2권, 283쪽.

15 미셸 푸코, 『말과 사물』, 390쪽.

16 같은 책, 440쪽.

Michel Foucault

미셸 푸코
1926. 10. 15~1984. 6. 25

keyword

광기, 고고학, 계보학, 권력, 담론, 반인간주의, 에피스테메, 실존미학

    미셸 푸코는 1980년대부터 한국 인문학계에 많은 관심을 불러일으켰으므로, 대표적인 저작 대부분이 번역되어 있다. 첫번째 주저인 『광기의 역사』(1961)는 그의 국가박사학위 논문으로서, 고전주의 시대에 철학과 정신의학의 성립과 더불어 광기가 어떻게 배제되었는지를 다룬다. 『말과 사물』(1966)은 철학·인문학의 영역에서 시대마다 단절된 방식으로 수립된 지식의 역사를 다룬다. 『지식의 고고학』(1969)은 방법론적 책으로, 자신의 고고학적 연구 방법을 정리하고 있다. 이후 「니체, 계보학, 역사」(1971)라는 논문을 통해 니체를 전유해 계보학적 방법을 꾸민다. 계보학적 방법을 도입한 『감시와 처벌』(1975)은 지식과 권력의 연계 관계 속에서 범죄자의 통제 문제를 다루는 책이다. 『성의 역사』 1권(1976)은 성적 담론을 학문화해서 성을 통제하는 양식들을 탐구한다. 아울러 이 책에서 구상된 '생명 정치'라는 개념은 유럽 정치 철학에 많은 영감을 주게 된다.(그 대표적인 경우가 조르조 아감벤의 『호모 사케르』이다.) 『성의 역사』 2권, 3권(1984), 강의록인 『주체의 해석학』(2001)은 그리스와 로마 문헌의 연구를 통해 '실존미학'을 수립한 책이다.
    이외에도 서구 전통의 '비판' 개념이나 '계몽' 개념과 푸코 자신의 비판적 태도가 어떤 관계를 가지고 있는지 보여주는 주요 논문으로 「비판이란 무엇인가」

(1978), 「계몽이란 무엇인가」(1984)등이 있다.

푸코의 전기로는 ≪누벨 옵세르바퇴르≫의 기자였고 사상가들의 전기를 많이 쓴 디디에 에리봉의 『미셸 푸코』(1989)가 있는데, 프랑스 지식계를 내부에서 관찰할 수 있었던 기자의 시선을 십분 활용해 푸코를 둘러싼 지식계의 흐름을 흥미롭게 보여준다.

질 들뢰즈

어떻게 삶을 긍정할 것인가

헤겔은 동물을 비웃는다. 동물은 존재하는 직접적인 상태를 자기 힘으로 벗어날 수 없고 다른 동물에 의해서만 벗어난다. 그렇게 벗어나는 일이란 만신창이가 되어 죽음을 맞이하는 일이다.[1] 개가 더 큰 개에게 물려 죽는 방식으로만 자기 자신을 벗어나듯. 반면 인간은 '내적 부정'을 통해 직접적인 자기 상태를 지속적으로 벗어난다. 인간은 자기 자신을 극복해야 할 장애로서 여기고, 이 장애를 부정함으로써 발전한다. '난 이보다 더 잘할 수 있어!' '다음 목표는 수학에서 50점 받는 거다!' 이렇게 나날이 장애물 같은 자기 자신을 지양하고 자신의 상태에서 벗어나는 과정이다.

바로 이런 사상의 정반대편에 스피노자의 제자로서 들뢰즈가 있다. 들뢰즈는 동물을 이렇게 찬양한다. "동물들은, 비록 필연적으로 서로 죽이기는 하지만, 죽음을 자신 속에 품고 있지는 않다."[2] 동물은 직접적으로 주어진 자신의 존재를 긍정적으로 받아들이고 존재를 즐길 줄만 안다. 오로지 버려야만 하는 인간의 어떤 악습만이 내면에서 자신을 부정하고, 니체가 말하듯 자기 존재를 '가책'의 대상으로 여긴다. 이 가책은 후에 프로이트에 와서는 오이디푸스 콤플렉스라는 '죄의식'이 된다. 삶은 내면에서 죽음을 선고하는 일, 자기 자신을 부정하는 일과는 거리가 멀며 주어진 존재에 대한 긍정과 기쁨으로 차 있다. 이런 삶에 대한 찬가가 들뢰즈의 철학이다.

서양 존재론에 대한 비판
다의성, 탁월성, 부정성, 유비에 맞서다

일의성, 내재성, 긍정성. 존재론의 이 세 가지 개념이 주저 『차이와 반복』에서 들뢰즈의 철학을 특징짓는다. 이 개념들은 서양 존재론의 또 다른 개념들인 다의성, 탁월성, 부정성, 유비 등을 적수로 삼는다.

들뢰즈의 적을 이해하기 위해 다의성에서 출발해보자. 일의성은 존재란 한 가지 의미로만 말해진다는 뜻인 반면, 다의성은 여러 가지 의미를 지닌다는 뜻이다. 가령 창조자라는 존재와 피조물이라는 존재를 보자. 두 존재는 같은 의미로 서술될 수 있을까? 그렇지 않을 것이다. 신 존재는 인간 존재보다 탁월하다. 어떻게 탁월한가? 신을 묘사하기 위해 모든 술어들을 동원해보자. 지혜롭다, 덕스럽다 등등. 그런데 우리가 아는 모든 지혜보다도, 모든 덕보다도 신은 더 탁월한 것 같다. 즉 신 존재는 우리가 알고 있는 지혜나 덕 정도에 멈추지 않는다. 그럼 이런 지혜나 덕 이상의 탁월함은 도대체 무엇인가? 그것은

"베일에 싸인 탁월성"[3]이다. 신 존재는 악은 물론 아니요, 덕도 아니고, 그 이상으로 탁월한 것이지만, 무엇인지는 모른다는 것이다. 요컨대 신 존재는 "~이 아니라는 부정으로만 정의될 수 있다."[4] 이 술어도 아니고 저 술어도 아니며, 모든 술어가 신의 탁월함을 기술하기엔 모자라다. 이것이 '부정성'이 의미하는 바다.

또 다른 편에선 신 존재는 피조물보다 탁월하지만, 그 본성을 알 수 없는 것이 아니라, 비례적으로 알 수 있다고 말한다. 즉 인간과 신 존재는 모두 지혜롭지만 신은 탁월하게 지혜롭다. 인간 존재가 지혜롭다는 말과 신 존재가 지혜롭다는 말은 서로 다르지만(다의성), 이 두 존재의 지혜 사이엔 비례 관계가 있다. 마치 기념품점에서 산 에펠탑과 파리의 에펠탑이 서로 다르지만 비례 관계인 것처럼. 이것이 '유비'의 의미이다. 창조자라는 존재와 피조물이라는 존재는 서로 의미는 달라도 유비적인 관계에 있다는 것이다.

정리하면 대체로 서양 존재론은 존재의 의미의 '다의성'에서 출발해, 한 존재가 다른 존재보다 '탁월'하다는 개념을 도입하고, 그런 다음 '부정성'으로 나가거나 '유비'로 나간다.

초월적 원리에 대한 비판
피안의 세계로부터 지배자는 찾아온다

그러므로 현세적 존재보다 상위의 초월적 존재가 있고, 존재들 사이의 위계질서가 있는 것이다. 앞서 말한 개념들이 정리되기 이전에 이미 플라톤 시대에 이 위계질서는 예고되었다. 현상계의 존재와 그것의 원인이자 모범인 이데아 사이의 질서가 그 징조였다. 이 질서는 두 가지 뜻을 함축한다. 하나는 니체가 서양 철학의 고질적인 습성으로 지적했듯 위계상 열등한 이 차안의 세계를 부정하고, 피안에서 참된 것을 찾아 헤맨다는 것. 소크라테스가 죽음을 맞이하며 이데아들 곁으로 간다고 행복해한 데서 볼 수 있듯 이는 삶을 부정하고 죽음을 사랑하는 것이다. 다른 하나는 스피노자가 간파했듯 현세적 존재의 원인인 '탁월한 피안의 것'의 내용을 우리가 인식하기보다는 '상상적으로' 채워 넣을 수밖에 없다는 것. 가령 햇빛은 우리 피조물을 따뜻하게 해주기 위해 만들어졌으며, 그것을 만든 이는 "왕자나 지고한 입법자"[5] 같은 존재라는 공상에서 보이듯이 말이다.

 이 두 가지는 모두 우리 삶의 운명을 공상으로 꾸며진 피안에 맡긴 채 삶을 저 피안의 탁월한 것에 비해 열등한 존재로 비하하는 일이다. 나아가 만일 어떤 특정 인종이 저 피안의 탁월한 왕자와 자기 인종이 가장 닮았으므로, 나머지 인종은 우리보다 열등하다고 말한다면, 이는 인종주의가 피안의 초월적인 것을 동경하는 존재론의 후원을 암암리에 받고서 탄생할 수 있다는 위험을 증언하는 것이리라.

존재의 일의성
사물은 이데아 아닌 '차이'로부터 생겨난다

 들뢰즈는 저런 사고방식으로부터 서양 존재론을 빼돌려 '존재의 일의성'이라는 광활한 대지에서 먹여살린다. 존재는 여러 가지 의미가 아니라 단 한 가지 의미로만 말해진다(일의성). 존재는 항상 하나의 동일한 의미로 말해진다는 주장의 뜻을 쉽게 설명하기 위해서 들뢰즈는 '샛별-저녁별'의 예를 든다. 샛별과 저녁별은 의미상 서로 다르지만 그 두 가지는 동일한 존재, 동일한 하나의 별만을 가리킨다. 즉 샛별도 '존재하고' 저녁별도 '존재한다'고 말할 때 여기서 '존재'라는 말은 동일한 의미를 가지는 것이다. '야곱-이스라엘'의 예도 마찬가지이다.[6] 성서 속의 이 인물은 그의 형 에사오와의 관계 속에서는 야곱이라 불리지만 족장으로서는 이스라엘이라 불린다. 여기서 분명 야곱과 이스라엘은 그 의미가 서로 다르다. 그러나 야곱이 '존재하고' 이스라엘이 '존재한다'고 했을 때 그 '존재함'이란 오로지 동일한 한 인물의 존재만을 의미한다. 그러므로 일의성은, 존재는 늘 한 가지 의미이며, 그 존재가 말해지는 대상(야곱, 이스라엘 등)은 '다의적'이라고 요약할 수 있다.[7] 철학사에서는 이 일의성을 구현한 자가 스피노자이다. 스피노자 철학에서 '연장(延長)'과 '사유'는 서로 다른 의미지만, 동일한 한 존재의 형식들이다.

존재는 늘 한 가지 의미이고, 오로지 그 이름들(또는 형식들)만이 다의적이라면, 존재는 이 형식들의 '차이'를 통해서만 언명된다고 할 수 있겠다. 즉 '차이'가 존재를 규정하는 근본 개념이 된다. 이를 쉽게 이해하기 위해 밤하늘의 번개를 예로 들어보자. 플라톤이라면 현상 가운데 번개가 나타나기 위해선 먼저 번개의 정체성(동일성)에 관한 개념(이데아)이 있어야 한다고 말할 것이다. 그리고 그것은 현상 세계 너머에 탁월한 형태로 있으며, 그 이데아를 분유(分有)받고 있는 현

어떻게 삶을 긍정할 것인가 | 183

상계의 번개는 이데아보다 열등할 것이다. 이와 달리 들뢰즈에게선 번개의 동일성(이데아)보다 '차이'가 먼저 온다. 번개는 어떻게 생기는가? 바로 빛과 어둠 사이의 '차이'에서 생긴다. 빛과 어둠의 차이에서 그 결과물로 하나의 정체성을 지닌 조형물(번개)이 출현하는 것이지, 하나의 조형물의 정체성을 결정하는 탁월한 것(이데아)이 먼저 있는 것이 아니라는 말이다.

부정성에 맞서서
차이는 부정성, 모순, 대립이 아니다

존재 자체는 여러 의미를 지니지 않고 한 가지 의미만 지닌다. 그리고 사물들의 정체성에 대한 청사진(이데아) 없이도 '차이'가 이 존재로부터 다양한 사물들을 출현시킨다. "차이는 모든 사물들의 배후에 있다. 그러나 차이의 배후에는 아무것도 없다."[8]는 말이 잘 나타내주듯, 사물의 발생에서 "차이는 궁극적 단위"[9]이다.

그러므로 차안의 사물들의 원인이라고 믿었던 탁월한 피안의 세계는 어떤 자리도 차지하지 못한다. '내재성'이란 바로 이런 부가적인 초월적 세계를 가지지 않는다는 뜻이다. 또 이 내재성의 세계엔 '부정'이 끼어들 수가 없다. 탁월한 피안이 없으므로, '차안이 아니다.'라는 방식으로 피안을 생각할 수 있게끔 해주는 부정성이 사라져버리고 만다. 다음으로 '차이'만이 존재를 규정하므로 내재성의 운동 원리로서 부정성(헤겔의 부정성) 역시 거부된다.

들뢰즈의 차이 개념은 특별히 이 두번째 부정성, 헤겔의 부정성과 경쟁 관계에 놓여 있다. 차이는 헤겔이 말하는 부정성, 즉 모순이나 대립이 아니다. 헤겔은 세계가 스스로 운동하는 까닭을 "개념의 자기 운동"[10]에서 설명하려고 했다. 스스로 운동하는 이 개념이 바로 부정성이다. 『정신현상학』에서 헤겔은 말한다.

> 매개란 자기 동일적인 것이 스스로 운동하는 것이며, 자기와 맞서 있는 자아가 이를 자각하는 가운데 자체 내로 복귀하는 순수한 부정성으로서, 이 운동을 순수하게 추상화해본다면 이는 단순한 생성의 운동이다.[11]

변증법의 핵심을 표현하는 이 말을 가능한 한 쉽게 설명해보자. 여러분 모두는 자기 동일적인 한 인간이다. 여러분의 활동은 언제 시작되는가? 여러분이 자신에게 불만을 가질 때다. 거울을 들여다보고 자신을 혐오하면서, 여러분은 거울 안의 자기에게 말한다. '학교에서(또는 일터에서) 이렇게 능력 발휘를 못 하다니! 너는 내가 극복해야 할 장애야.' 이때 여러분 자신과 거울 안에 대상화된 여러분의 모습 사이를 매개해주는 것이 무엇인가? 바로 받아들일 수 없는 것에 대한 불만, 혐오의 감정으로 표현되는 부정성이다. 나 자신의 것으로 받아들일 수 없는 것이기에 논리상으로 이 매개 관계의 진면목은 '모순'이다. 이 모순이 거울 속에 비친 자신의 모습을 극복하는 운동을 시작하게 한다. 그래서 나의 존재는 더 나은 결과들을 낳는 생성의 운동 속으로 들어간다.

'차이'란 바로 이런 부정성이 아니며, 오히려 '비(非)관계'를 뜻한다. 이런 비관계의 예를 찾자면, 스피노자에서 마음과 신체 사이의 아무런 상호 영향 없는 '병행 관계'를 들 수 있다. 빛과 어둠이 병행적으로 있다는 사실에서 번개가 생겨나듯 차이는 부정성이라는 대립('나'와 '극복해야 할 나 자신'의 모순)의 운동 없이 사물을 출현시킨다. 부정성과 달리 "차이는 본질적으로 긍정의 대상, 긍정 자체이다."[12] 차이는 서로 차이 나는 항들을 그 자체로 긍정하지, 극복의 대상(부정의 대상)으로 삼지 않는다.

변증법에 맞선 '반복'
삶은 반복을 통해 형성된다

헤겔식 변증법에서는 부정성이 항들을 관계 맺어서 종합된 새로운 항으로 발전하게 해준다.(가령 이렇게. 의식은 하나이다 → 경험은 다수이다 → 의식은 다양한 경험의 종합이다.) 반면 차이의 세계에서는 차이 나는 것들이 부정되지 않고, 계속 그 자체로 '반복'되면서 사물들을 생산한다. "차이는 반복에 거주한다."[13] 반복은 무엇보다도 시간적 개념, 즉 '되풀이되는 시간'이며, 주어진 상태들의 긍정을 조건으로 한다. 주어진 상태들을 긍정하지 않는다면, 그것은 부정의 대상, 즉 지양의 대상이 될 것이고 따라서 다시 되돌아오는 일, 곧 반복은 없을 것이다. 생활 속에서 반복을 통한 생성의 예를 찾아보자. 아마도 반복을 통해 완성되는 음악, 무용, 시의 선율이나 후렴구는 반복이 사물의 생산에 관여한다는 것을 가장 잘 보여주는 예일 것이다.

또 다른 예로 앞의 「프로이트」 편에서 살펴본 '트라우마'의 경우가 반복을 통한 생성을 보여준다. 앞에서 인용된 엠마의 경우, 사춘기 이전에 일어난 성추행 사건(상점 주인이 옷 위로 몸을 만진 사건)은 그 자체만으로는 아무런 증상으로도 연결되지 않는다. 두번째 사건(옷가게 점원이 웃은 사건) 안에서 요소들(상점, 옷 등)이 반복되자 비로소 트라우마가 발생한다. 즉 "두 개의 인자가 모여 하나의 병인(病因)을 완성시킨다."[14]는 프로이트의 말은, 들뢰즈 식으로 쓰면 '반복이 하나의 병을 출현시킨다.'가 된다.(이렇게 『차이와 반복』에서 프로이트는 반복의 중요한 사례로 제시되지만, 후에 1970년대 정치철학적 작업 속에서는 오이디푸스의 보수성과 관련하여 비판의 대상으로 떠오른다.)

반복은 또한 기쁨과 성숙의 문제이기도 하다. 반복을 통한 구원은 프루스트의 소설 『잃어버린 시간을 찾아서』(1913~1928)의 근본 주제를 이룬다. 어려서 맛보았던 차와 마들렌 맛을 다시 반복했을 때의 기쁨을 탐구하는 것이 이 긴 이야기의 처음이며 끝이라 할 수 있다. 이런 식의 반복을 통한 기쁨과 성숙의 문제를 우리 문학에서 찾자면, 김경주의 시집 『나는 이 세상에 없는 계절이다』(2006)에서 발견할 수 있다. 우리는 시집에서 반복에 관한 이런 구절을 읽는다. "나는 어느 유년에 불었던 휘파람을 지금 창가에 와서 부는 바람으로 다시 본다."[15] '다시' 보는 일, 곧 반복이 여기서 핵심을 이룬다. 이 반복의 경험과 관련해 시인 김경주는 이렇게 말한다.

제 시의 중요한 코드 중에 휘파람이 있는데요. 어린 시절 대중탕에 갔다가 돌아오는 길거리에서 아버지가 불던 휘파람 소리가 신기했어요.

[……] 언젠가 타이의 시골로 여행을 갔는데, 화장실에서 취해 휘파람을 불다가 이런 생각이 들었어요. 이국의 골목에서 그 옛날 아버지가 분 휘파람을 만날 수 있겠구나. [……] 그런데 제가 아버지의 휘파람을 만나고도 못 알아보면 너무 억울해 오열할 것 같았어요.[16]

과거의 휘파람은 현재의 휘파람이나 바람 속에서 반복된다. 여기서 과거의 시간에 뒤늦게(사후적으로) 의미를 부여해주고 그것을 소중하게 만들어주는 것이 바로 반복인 것이다.

정치철학적 과제
우리는 위대한 인간에게 복종해야 하는가

1970년대 들뢰즈는 정신분석학자 가타리와 함께 저 유명한 『앙티 오이디푸스』를 세상에 내놓는다. 정치철학서이자 정신분석 비판서인 이 작품은 17세기 스피노자가 『신학정치론』에서 제기했던 물음을 당대의 정치적 환경 속에서 이어받고 있다. "인민은 왜 자신의 예속을 영예로 여기는가? 왜 인간은, 예속이 자신들의 자유가 되기라도 하듯 그것을 '위해' 투쟁하는가?"[17] 물리적 억압을 동원하는 제도적인 장치들은 개개인의 내면에서 자발적으로 이루어지는 예속 없이는 결코 성공적으로 기능할 수 없다. 결국 그것들이 인간 본성에 위배된다는 것이 드러나면서 와해될 것이기 때문이다. 따라서 제도적 억압의 성공은 그 요인을 개개 인간 내면에서 물어야 한다. 왜 사람들은 예속을 원하는가?

'오이디푸스'에 반대한다는 뜻의 저 작품 제목 '앙티오이디푸스'가 알려주듯, 내면적 예속은 부성적(父性的) 법에 의해 우리 마음이 '부정적으로' 매개되는 데서 이루어진다.('오이디푸스'란 부성적 법의 금지를 통해 죄의식과 함께 어머니에 대한 욕망을 발생시킨다는 뜻을 가지고 있다.) 문제는 이런 오이디푸스의 작동이 단지 개개 가정에 머무는 것이 아니라, 세계사 속으로 펼쳐진다는 것이다. 역사 속에서 오이디푸스의 역할을 담당했던 사례들을 찾자면 이른바 '위대한 인간'(가령 독재자들)을 꼽을 수 있다. 프로이트는 『인간 모세와 유일신교』에서 사람들은 '자연적으로' 위대한 인간에게 예속되길 원한다고 말한다.

> 우리는 (아버지 역할을 하는) 위대한 인간이 왜 그렇게 중요한 것이냐고 질문을 할 만큼 어리석지는 않다. 우리는 인간의 집단이면 어디에든 권위에 대한 강렬한 희구가 있다는 것을 알고 있다. 말하자면 사람들은 존경을 보내고, 그 앞에서 고개를 숙이고, 지배를 받든 학대를 받든 강력한 권위자를 필요로 한다는 것이다.[18]

『앙티오이디푸스』는 바로 이런 견해에 맞서 싸운다. 위대한 인간이라는 갑각류 동물과 여기에 열광하여 예속을 영예로 여기는 대중이라는 미친 무척추동물을 세계사에서 내쫓고자하는 것이다.

상황은 앞서 살펴본 존재론에서와 유사하다. 존재론에서는 탁월한, 초월적인 원리가 피안으로부터 차안의 존재를 규정하였다. 이 초월적인 원리는 기독교 시대에서는 신이었고, 현대에 와서는 오이디푸스가 된다. "아버지의 문제는 신의 문제와 같다."[19] "오이디푸스는 신과 같다. 아버지는 신과 같다."[20] 바로 이 아버지가 '부정성'이 기능하도록 만든다. 즉 오이디푸스 때문에 나 자신은 긍정되어야 할 대상이 아니라 지양되어야 할 것, '가책'의 대상으로 만들어지는 것이다. 이렇게 정신분석학은 외부적인 사회적·정치적·경제적 억압에 '호응하여' 개개인을 내면에서 옭아매는 학문이라는 것이 들뢰즈의 생각이다. 내 욕망이 아버지 아래서 억압과 금지를 통해 가책의 고통에 시달려야 하는 것이 당연하면, 마찬가지로 노동자(아이)로서 나는 영원히 자본주의 체제(아버지) 아래에서 각종 억압과 금지를 통해 가책을 겪어야만 하는 숙명이다. "아버지, 어머니, 아이는 자본의 이미지의 환영('자본 씨, 대지 부인', 그리고 이 둘의 아이인 노동자)이 된다."[21] 이런 식의 억압적인 오이디푸스, 부성적 법, 초월적 지배자로부터 차안의 욕망을 해방시키고자 하는 것이 『앙티오이디푸스』의 과제이며, 그 해방의 결과는 부성적 법 앞에 가책을 느끼는 인격화된 욕망이 아니라, 정체성을 지정받지 않는 다수의 익명적 욕망의 자유라는 형태로 나타난다. 욕망은 초월적인 법 내지 부성적 법이 제어할 수 없는 힘으로 드러나는 것이다. 초월적 원리에 지배받지 않고 유목민처럼 '탈주'하는 이 욕망의 긍정성을 다양한 측면에서 조명하는 작업은 『앙티오이디푸스』의 후속편인 『천 개의 고원』이 떠맡는다.

 이렇게 들뢰즈 철학은 존재론에서 정치철학에 이르기까지, 삶을 부정하는 길을 차단하고, 삶을 제물처럼 바치길 원하는 초월적 원리들과 싸우는 데 전념한다. 삶은 단지 살라고 우리에게 주어진 것이지, 가책과 죄의식과 부정을 통해서 단죄하라고 있는 것이 아니며, 저편

어딘가에 있는 최종적인 완성된 단계를 목적 삼아, 훈육받으며 머무는 열등한 중간 기착지 같은 것도 아니다.

---

1   G. W. F. 헤겔, 임석진 옮김, 『정신현상학』, 한길사, 2005, 1권, 121쪽 참조.
2   질 들뢰즈, 박기순 옮김, 『스피노자의 철학』, 민음사, 1999, 24쪽.
3   질 들뢰즈, 이진경·권순모 옮김, 『스피노자와 표현의 문제』, 인간사랑, 2003, 75쪽.
4   같은 책, 74쪽.
5   질 들뢰즈, 김현수 옮김, 『비평과 진단』, 인간사랑, 2000, 243쪽.
6   질 들뢰즈, 『스피노자와 표현의 문제』, 86쪽.
7   질 들뢰즈, 김상환 옮김, 『차이와 반복』, 민음사, 2004, 102쪽 참조.
8   같은 책, 145쪽.
9   같은 책, 144쪽.
10 G. W. F. 헤겔, 앞의 책, 1권, 109쪽.
11 같은 책, 57쪽.
12 질 들뢰즈, 앞의 책, 136쪽.
13 같은 책, 182쪽.
14 지그문트 프로이트, 이윤기 옮김, 『종교의 기원』, 열린책들, 2003, 347쪽.
15 김경주, 『나는 이 세상에 없는 계절이다』, 랜덤하우스중앙, 2006, 58쪽.
16 「김혜리가 만난 사람: 시인 김경주·취한 말들의 시간」, 《씨네21》, 2009년 2월 17일, 690호, 82쪽.
17 질 들뢰즈, 『스피노자의 철학』, 20쪽.
18 지그문트 프로이트, 앞의 책, 393쪽.
19 질 들뢰즈·펠릭스 가타리, 『앙티오이디푸스』, 민음사, 1994, 166쪽.
20 같은 책, 128쪽.
21 같은 책, 392쪽.

Gilles Deleuze

질 들뢰즈
1925. 1. 18~1995. 11. 4

keyword
일의성, 내재성, 긍정성, 차이, 반복, 예속, 오이디푸스 비판

들뢰즈는 그의 저술 활동을 니체, 스피노자, 칸트, 베르그송, 프루스트 등 철학자와 예술가들에 대한 해설서 형식의 틀 안에서 시작하였다. 그 작품들은 다음과 같다. 『니체와 철학』(1962), 『칸트의 비판철학』(1963), 『베르그송주의』(1966), 『스피노자와 표현의 문제』(1968), 『프루스트와 기호들』(1964, 최종증보판: 1973). 그러나 이는 해당 사상가의 사상에 쉽게 접근할 수 있도록 도움을 주는 해설서와는 거리가 멀다. 오히려 들뢰즈는 여러 사상가들의 텍스트를 빌려 자신의 철학을 구축하고 있었다.

위 작품들의 내용은 들뢰즈의 존재론을 대표하는 저작 『차이와 반복』(1968)에서 집대성된다. 이 책은 스피노자와 니체를 두 기둥으로 삼아서, 플라톤 이래 서양 존재론을 지배하던 초월적 원리를 비판하고, 존재 개념을 내재성, 일의성, 긍정성 안에서 해명한 책이다. 비슷한 무렵에 출판된 또 다른 대작 『의미의 논리』(1969)는 루이스 캐럴 연구와 스토아 철학 연구라는 형식을 빌려, 『차이와 반복』에서 전개되었던 존재론적 사상에 다른 맥락과 관점을 추가한다.

『앙티오이디푸스』(1972)는 프랑스에서 일어났던 1968년의 혁명적 분위기와 맞아떨어지면서 급진적인 정치철학서로서 성공을 거둔 책이다. 이 책은 스피노자의 물음(왜 인민은 예속을 원하는가?)에 영감을 얻어, 상호보완 속에 예속을 불러오는 자본주의와 정신분석학을 동시에 비판한다.

『카프카―소수적인 문학을 위하여』(1975)는 『앙티오이디푸스』의 사상을 카프카라는 문학적 장 속에서 구현한 작품이다. 『앙티오이디푸스』의 후속편으로 나온 『천 개의 고원』(1980)은 보다 다채로운 영역에서 전편에서 전개된 해방의 과제를 이어받는다.

마지막 대작 『철학이란 무엇인가』(1991)는 내재성, 일의성, 긍정성 등 그의 존재론의 핵심 개념들을 좌표삼아 서양 철학과 인접 학문(과학, 논리, 예술) 전반을 재편성하고 평가한 책이다.

이 가운데 『앙티오이디푸스』, 『카프카-소수적인 문학을 위하여』, 『천 개의 고원』, 『철학이란 무엇인가』 등은 급진적인 좌파 정신분석학자 펠릭스 가타리와의 공저이다. 들뢰즈의 저술 인생에서 가타리의 개입이 한 역할은 여러 가지로 평가할 수 있을 것이다. 그 가운데 가장 중요한 것을 지적해보자면, 바로 가타리와의 공저 이후로는 『차이와 반복』이나 『의미의 논리』에서 긍정적으로 수용했던 정신분석학을 급진적인 비판의 대상으로 삼게 되었다는 점을 꼽을 수 있을 것이다.

자크 데리다
순결한 기원이라는 신화는 왜 기만적인가

    데리다의 해체주의를 대표하는 작품 『그라마톨로지』는 루소와, 루소를 자신의 인류학적 연구에 영감을 불어넣는 스승으로 여긴 레비스트로스에 대한 비판적 연구이다. 왜 독창적인 철학서가 다른 사상가에 대한 연구서의 성격을 지니느냐고? 서구의 사고방식을 가능하게 한 숨겨진 조건으로서 '문자'를 탐구하는 것이 데리다의 작업이다. 따라서 그의 작업은 서구 사상을 대표하는 구체적인 작품들에 밀착하는 연구가 될 수밖에 없다.
    루소에게는 바랑 부인이라는 애인이 있었는데, 『고백록』(1769)의 다음 구절은 그가 얼마나 그녀에게 집착했는지 알려준다. "언젠가는 식탁에서 그녀가 입에 빵 조각을 넣을 때 나는 머리카락을 보았다고 소리쳤다. 그녀는 곧 그것을 접시에 뱉어내었고, 나는 그것을 게걸스럽게 손에 쥐고 삼켰다."[1] 그런데 이상한 일이다. 이렇게 상당히 비위상하는 취향을 가지고 자신의 강렬한 애욕을 표현했던 루소가 다음과 같이 말한다. "그녀를 보지 못할 때 나는 온 힘을 다해 그녀에게 애착심을 가졌다."[2] 여자가 직접 눈앞에 '현전(présence)'할 때가 아니라, 그녀를 보지 못할 때 애욕을 가진다니? 헤겔이 말하듯 현전의 두 조건인 '지금'과 '여기'는 서구의 정신세계에서 금과옥조처럼 여기는 것이다. 그런데 '지금' '여기' 없을 때, '직접' 만나지 못할 때 애정이 우러난다. 그렇다면 대상의 비밀은 현전하지 않는 곳에 있는 것이 아닐까? 대상의 살아 숨 쉬는 '직접적 목소리' 대신 목소리의 흔적 내지 무덤 같은 '문자'에 말이다.

문자의 경시
음성 중심주의는 서구 중심주의의 다른 얼굴

바랑 부인과 루소의 이상한 연예에 대한 분석은 조금 뒤로 미루자. 데리다가 저 루소의 예를 통해 보이고자 하는 것은 '직접적 목소리' 대신, 목소리의 이차적 표현이라 생각되어온 '문자'가 오히려 근본적이라는 것이다. 『그라마톨로지』와 같은 해에 출간된 『목소리와 현상』 및 논문집 『글쓰기와 차이』 역시 후설, 프로이트 등의 텍스트를 분석하여 서구적 사유 안에 은폐된 채 작동하는 문자의 논리를 드러내고자 한다. 이것이 뜻하는 바가 무엇이고, 담고 있는 '정치적 비판의 힘'은 어떤 것인가?

루소는 문자언어에 대한 음성언어의 우위성에 대해 『언어 기원에 관한 시론』에서 이렇게 말한 바 있다. "군집해 있는 대중에게 들리지 않는 언어는 모두 노예의 언어라고 말하고 싶다."[3] 이 말은 음성의 직접적 사정권 안에서 언어가 음성을 타고 전달되는 것이 이상적이며, 이 사정권을 넘어 문자 같은 것에 의존하는 언어는 부정적이라는 점을 함축한다. 문자에 대한 루소의 이런 불신을 레비스트로스는 다음과 같이 더 급진적으로 이어받는다. "문자언어 자체는 그 기원부터 인간에 의한 인간의 착취에 토대를 둔 사회와 끊임없이 관계 맺고 있는 것 같다."[4] 이렇게 서구 사상은 목소리의 직접성을 선호하고 문자의 간접성을 악마적인 것으로 여긴다. 왜 그런가? 이는 로고스라는 그리스 말의 의미만 살펴보아도 쉽게 알 수 있다. 로고스의 뜻은 '이성'이기도 하고 '목소리'이기도 하다. 이성의 사유는 목소리 안에서 충만하게 구현된다. 반면 문자는 이 로고스와 이질적인 것이며, 따라서 로고스 '바깥에' 있는 것이다. 그러므로 로고스가 문자에 의존하면, 이는 로고스 바깥에 있는 문자의 침입에 의해 로고스의 내면이 오염되는 것을 뜻한다. 문자의 등장은 "음성언어(로고스)의 활동에 손상을 끼치면서 '바깥쪽이 안쪽으로' 난입하는 것이다."[5]

따라서 음성언어가 가장 '순수'하다. 또한 문자 가운데는 음성언어를 가장 잘 구현한 표음문자가 다른 문자보다 우월하다. 음성보다 시각에 호소하는 상형문자는 가장 뒤떨어진 것으로 간주된다. 여기에 바로 표음문자, 즉 알파벳을 사용하는 서구 중심주의가 자리잡고 있다. "문자언어가 음성언어와 맺는 관계는 중국과 유럽이 맺는 관계와 동일하다."[6] 데리다는 서양 철학 곳곳에서 음성 중심주의를 확인함으로써 서구 중심주의를 폭로하려는 것이다.

레비스트로스가 숨기고 있는 순수성의 신화
남비콰라 족은 문맹인가

데리다에 따르면, 서구 중심주의를 감추고 있는 대표적 예가 바로 레비스트로스의 인류학이다. 이 책의 「레비스트로스」편에서 본 것처럼 그는 '서구적 이성'의 특권에 맞서서, 인류의 삶을 보편적으로 지탱하는 '구조'를 밝힌 사람이다. 또 그는 야생적 세계에 대한 서구인의 침략을 분노와 슬픔과 더불어 기록한 사람이다. 이상하지 않은가? 왜 데리다는 이런 레비스트로스의 '구조주의'를 서구 중심주의를 비판하기 위한 표적으로 택했을까? 그는 이렇게 설명한다.

> 서구 사상의 장, 특히 프랑스에서 지배적인 담론(그것을 '구조주의'라고 부르자.)은 오늘날 너무 성급히 자신이 뛰어넘었다고 주장하는 형이상학(로고스 중심주의)에서 그 성층화의 한 단층에 의해, 때로 가장 풍성한 형이상학의 단층에 의해 사로잡혀 있다.[7]

서구 형이상학이 지닌 로고스 중심주의, 순수한 목소리 내지 유럽적 표음문자 중심주의가 암암리에 구조주의를 지배하고 있으며, 그 대표적인 예가 레비스트로스라는 것이다.

레비스트로스는 『슬픈 열대』에서 자신이 연구한 브라질의 남비콰라 족이 지닌 야생의 순수함에서 "인간적 애정의 가장 감동적이고 가장 진실한 표현 같은 무엇을 느낀다."[8]고 말한다. 그리고 이어서 이런 순수한 사회를 망쳐놓은 것이 문자라고 지적한다. "문자와 배신이 한

꺼번에 자기네 사회로 들어오는 것을 느꼈음에 틀림없다."[9] 왜 문자에 대한 이런 비판을 하게 됐을까? 레비스트로스는 남비콰라 족이 애초에 문자를 가지고 있지 않았다고 생각한다. 그런데 어느 날 원주민 사회에 들어선 이 유럽인 인류학자가 종이와 연필을 나누어주자 그들은 바로 유럽인을 흉내내 종이에 글씨 쓰는 시늉을 했다. 영리한 추장은 문자의 기능을 간파했다. "문자에 대한 추장의 태도는 시사하는 바 크다. 그는 곧 문자의 기호 역할과 그것이 부여하는 사회적 우월성을 이해했다."[10] 문자를 통해, 위계가, 바로 불평등이 순수한 사회에 침투한 것이다. 그리고 이 문자란 야생인들의 삶에 속했던 것이 아니라, 유럽인이 옮기는 전염병처럼 외부로부터 인위적으로 침입한 것이다. "그것은 차용, 그것도 그릇된 차용이다."[11]

이렇게 문자의 침입과 더불어서 순수한 야생적 사회는 불평등 속에서 오염된다. 그래서 레비스트로스는 『구조인류학』에서 말한다. "문자는 인간에게 많은 복리를 가져다주는 동시에 본질적인 것을 앗아간다."[12] 레비스트로스는 문자를 인위적인 악의 일종, 야생 사회를 오염시키는 서구 문명의 전형으로 보고 있는 것이다.

이런 사고방식은 서구 문명에 대한 비판과 야생적 사회에 대한 긍정을 표현하고 있는 것처럼 보인다. 그러나 심층에는 서구적인 '순수성의 신화'가 자리잡고 있으며, 바로 이것이 데리다의 비판이 조준하는 지점이다. 야생 사회는 타락한 문명(문자) 이전의 순수함을 가지고 있었는데, 서구가 이를 오염시켰다. 이런 주장은 사실 순수한 낙원이 '기원적으로' 있고, 인류 역사는 그로부터 추방당한 역사라는 유럽의 신화(성서)를 야생인에게 투영한 것에 불과하지 않은가? 순수성에 대한 이 신화는 근본적으로는 순수한 것과 오염된 것을 위계적으로 가르는 "정치적 이데올로기"[13]와 다를 것이 없지 않은가? 순수성에 대한 이런 선호는 서구 역사의 최악의 시기에는 피의 순수성을 보존하려는 인종주의로 표현되기도 했지 않은가? 한마디로 레비스트로스에 대한 데리다의 비판은, 레비스트로스의 인류학적 평등주의와 양심 배후에, 순수한 기원을 배타적으로 유지하려는 서구적 사고방식이 숨겨져 있다는 것이다.

마지막으로 생각해보자. 남비콰라 족에게는 정말 문자가 없었을까? 남비콰라 족의 말 가운데, '이에카리우케듀투'라는 단어가 있다.[14] 기록하는 행위, 글을 쓰는 행위를 지칭한다. 이것을 레비스트로스는 평가절하해서 '선을 긋는 것'이라 번역했다. 이는 한 민족이 가진 글을 쓴다는 의미를 빈약하게 번역해서 그들에게서 글을 빼앗은 것이나 마찬가지다. 요컨대 레비스트로스가 가진 서구인의 순수성의 신화가 남비콰라 족에게서 글을 빼앗고, 그들을 최초의 문맹자인 아담과 이브처럼 만들었던 것이다. 그러나 사실 모든 민족은 애초에 문자에 의해 오염되어 있다.

대리보충 또는 차연의 논리
루소의 애인들은 무엇을 대리하고 보충하나

이렇게 문자라는 오염 이전의 순수한 삶, 자신의 마음과 정확히 동일한 목소리만 가지고 사는 사회는 없고, 문자는 모든 삶의 방식에 애초부터 침입해 있다는 것이 데리다의 생각이다. 이런 생각은 '순수한 기원'과 그로부터 '타락한 문명'이라는 위계적 질서를 비판에 부친다. 이런 위계적 질서의 와해는 '순수함과 타락'이란 잣대로 이런저런 문명을 저울질해서 불평등의 위계를 세우는 일을 불가능하게 한다는 점에서 정치적 힘을 지닌다.

데리다는 그의 사상의 핵심에 위치하는 이 '문자'를 여러 가지 말로 표현한다. 문자(gramme), 에크리튀르(글, écriture), 원(原)에크리튀르, 흔적(trace), 원(原)흔적 등등. 이렇게 용어가 다양하다고 복잡하게 생각할 것은 없다. 중요한 것은 여러 명칭으로 불리는 이 문자의 통일적인 작용 방식인데, 그것이 바로 '대리보충(supplément)'의 논리, 또는 '사후성'의 논리라는 것이다. 기원(원본)이란 흔적(문자)에 의해서 대리되고 보충되는 '이차적 첨가물'이라는 것이 이 논리의 기본을 이룬다. 흔적이라는 대리자를 통해서만 기원은 도래하므로, 기원의 현시(顯示)는 흔적에 의해 방해받는 셈이다. 달리 쓰자면 흔적이라는 대리자 뒤로 기원의 도래는 무한히 '연기되어' 있는 것이다. 이렇게 흔적 뒤에서 도래한 것이니 기원은 사실상 기원의 자격조차 가지지 못하게 된다. 다시 우리가 처음에 끄집어냈던 루소의 삶으로 돌아가 이 점을 살펴보자. 의미심장하게도 바랑 부인을 보지 못할 때, 즉 '원본이 부재할 때' 더 애착이 생긴다는 루소의 삶 자체가 온통 원본을 대리하고 보충하는 놀이로 가득하다. 그는 『고백록』에서 바랑 부인의 집에서 살던 시절을 회상하며 이렇게 쓴다.

밤이 되면 그녀의 모습을 상기시키는 물건들에 휩싸이고 그녀가 잤던 침대에서 잠을 잤다. 얼마나 많은 자극제들인가! 이런 모습들을 그려보는 독자는 벌써부터 나를 반은 죽은 놈처럼 쳐다본다. 그러나 정반대이다. 나를 파멸시킬 수밖에 없었던 것은 바로 최소한 한때 나를 구원해주었던 것이다.[15]

　루소는 바랑 부인이 지금 여기 있는지에 대해선, 즉 그녀의 '현전'에 대해선 관심이 없다. 오히려 그녀가 쓰던 침대 같은 물건들(그녀의 흔적)이 그녀를 대리하고 보충하는 데 관심이 있다. 오로지 이 대리하고 보충해주는 흔적들을 통해서만 루소는, 그 물건들의 배후로 끊임없이 도래가 '연기된' 자로서만 바랑 부인을 만나는 것이다. 바랑 부인이 지금 여기 현전하지 않고 연기된다는 것은 무엇인가? 그것은 바랑 부인은 그녀를 대리보충하는 흔적과 '간격' 내지 '차이'를 지닌 것으로서만 도래한다는 것이다. 즉 '연기(différer)'와 '차이(différence)' 곧 이 둘의 의미 모두를 지니는 '차연(差延, différance)'이 대리보충의 논리의 정체이다.("차연의 다른 이름인 대리보충."[16] '차이'의 중간 철자 E를 A로 바꾼 차연은 차이와 연기 양자를 한꺼번에 뜻하는 데리다의 신조어이다. 피라미드를 닮은 A는 생생한 현전을 방해하는 문자의 죽음, '무덤'을 생각나게 한다고 데리다는 말한다. 또한 철자[문자]가 바뀌었어도 'différence'와 'différance'는 모두 '디페랑스'로 동일하게 발음되는데, 이것은 음성언어의 차원에서가 아니라, 문자의 차원에서만 의미가 변별적으로 된다는 사실을 암시한다.) 그런데 역설적이게도 바로 이런 '차이남'과 '연기됨'이 바랑 부인이 루소에게 도래하는 유일한 방식이다. 즉 흔적의 대리보충에 의해 현전이 실패하는 방식이 루소가 그녀와 관계하는 유일무이한 길이다. 이렇게 흔적은 양면적이다. 한편으로 원본(기원)의 도래를 연기하며, 바로 그 연기되는 방식으로만 원본이 출현하게 만든다. 잠깐 덧붙이자면 새뮤얼 베케트의 희곡 『고도를 기다리며』(1952) 역시 대리보충의 좋은 예를 보여준다. 목동(흔적)은 '고도'가 곧 도래한다고 알리지만, 고도는 극이 끝날 때까지 현전하지 않는다. 오로지 목동의 고지(흔적)에 의해 도래가 무한히 연기되는 방식이 원본(고도)이 출현하는 방식인 것이다.

  루소는 매우 다양하게 이런 대리보충에 의존한다. 루소의 또 다른 애인 테레즈를 보자. 그는 『고백록』에서 이렇게 쓰고 있다. "나는 테레즈에게서 필요로 하는 대리보충을 찾았다."[17] 테레즈는 무엇을 대리보충하는가? 바로 플라톤이라면 이데아라고 불렀을 이상적 연인인 '어머니'를 대리보충한다. "단도직입적으로 말해 엄마의 계승자가 필요했다."[18] 그런데 진상을 말하자면 어머니는 애초에 현전하지 않으며, 이 현전하지 않는 어머니를 도래하게 하기 위해서 테레즈의 대리보충은 의미있는 것이 된다. 기원(가령 이상적인 어머니)이 있고, 그 기원을 모사하는 흔적(가령 테레즈)이 있는 것이 아니라, 기원은 흔적의 대리와 보충을 통해 뒤늦게 첨가되는 기원, '사후적으로' 도래하는 기원일 뿐이다. 그런데 도대체 '이차적으로 첨부되는' 기원이 기원이란 말뜻에 합당하기나 한가? 따라서 이는 결국 기원은 부재한다는 것이며, 기원의 진실은 비(非)기원인 셈이다. "차연이 근원적이라고 말하는 것, 그것은 동시에 현재적 기원의 신화를 지워버리는 것이다. 이런 까닭에 '말소를 위해 그은 선 아래로' '근원적'이라는 말을 이해해야 한다."[19]

'해체'의 의미
실낙원의 신화를 넘어서

중요한 것은 루소 자신은 늘 현전, 순수한 것을 추구했다는 점이다. 따라서 이 순수함을 오염시키며 끼어드는 문자(대리보충을 수행하는 흔적)는 하나의 병으로서 혐오했다. "루소는 문자언어를 현전의 파괴이며 음성언어를 병들게 하는 것이라고 비난한다."[20] 또 직접적으로 그는 대리보충을 비난하기도 했다. "위험한 대리보충. 이 말은 루소 자신이 『고백록』에서 사용한 말이다."[21] 그런데 이런 혐오가 무색하게도, 앞서의 사례들이 알려주듯 현전하는 기원이란 기원을 직접 표현하는 음성에 의해 나타나는 것이 아니라, 흔적의 대리보충에 의해 이차적으로 첨가되는 것이다. 따라서 순수한 기원은 없고 흔적(문자 또는 텍스트)의 기능만 있다. 이것이 바로 "텍스트를 벗어나서 존재하는 것이란 없다."[22]는 유명한 말의 뜻이다. 근원을 첨가해주는 문자 자체의 놀이만이 있을 뿐 문자를 벗어난 기원 그 자체는 없다는 것이다.

서구적 사유는 문자의 이 대리보충을 망각한 채 기원이 순수하게 '직접적으로' 현전할 수 있다고 믿는다. 레비스트로스는 남비콰라 족에게는 그들의 자연적 삶이 그들의 음성언어 속에서 현전한다고 믿었고, 루소는 기원적 어머니상이 애인들을 통해 현전한다고 믿었다. 즉 서구적 이성의 사유의 '울타리(clôture)' 안에선 대리보충이 생각될 수가 없는 것이다. "대리보충적 가능성을 이성은 사유할 수 없다."[23] 그러므로 문자의 대리보충은 서구적 사유 '바깥에서' 작동한다. 즉 대리보충은 서구적 이성이 기원의 현전을 사유할 수 있도록 해주지만,

그 사유 자체 안에는 속하지 않는다. 따라서 이런 대리보충의 논리를 보이는 일은, 서구적 사유가 그 자신 안에 자신의 존립 근거를 가지고 있는 것이 아니라는 것을 폭로하는 작업이라는 점에서 '해체'라 불린다. 그러나 이 해체는 또한 서구적 사유가 가능하기 위한 조건을 탐색하는 작업이라는 점에서 서구적 사유의 숨은 '근거'를 탐구하는 일이기도 하다. 한마디로 "현전은 약속되는 동시에 거부된다."[24] 이 모순적인 국면이 해체의 특성이다. 즉 해체는 양날의 검으로서, 한편으로 서구적 사유 자체 안에 그 사유의 근거가 없음을 보임으로써 그것을 와해하고, 다른 한편으로 서구적 사유 바깥에서 그 사유를 지탱해주는 것을 찾음으로서 서구적 사유의 조건을 마련한다. 그런데 서구적 사유 바깥에서 작동하는 이 문자는 기원으로 간주할 수 없는 것일까? "문자언어에 의한 변질은 기원적인 외재성이다."[25] 여기서 '기원적'이란 표현이 알려주듯 문자는 일종의 기원이다. 그러나 다음 문장을 보자. "흔적은 실제로 의미 일반의 절대적 기원이다. 다시 말해 이것은 의미 일반의 절대적 기원이 없음을 뜻한다."[26] 그것은 기원이되 서구적 사유 '안에서' 의미의 원천을 이루는 기원은 아니다. 이런 뜻에서 문자는 서구적 사유의 울타리 안에 있지 않은 기원, 비기원적 기원이다.

    이런 해체 작업이 지닌 비판적 힘은 명확하다. 삶에는 순수한 기원과 그로부터 타락한 형태가 있는 것이 아니다. 그러나 잃어버린 낙원의 신화를 지닌 서구인들은 그렇게 이해했다. 그들은 생각과 삶과 그것의 자연적 표현으로서 목소리가 일치하는 세계에, 문자와 같은 이질적인 것이 침투한 불행한 순간을 상상했다. 이런 문자의 침투와 더불어 서구의 두 학문인 인식론과 역사학이 발생한다. 이 두 가지는 동일한 임무를 띠는데, 타락한 현재로부터 순수한 기원을 회복하는 것이다. "역사와 지식, 이스토리아와 에피스테메는 언제나 (기원의) 현전을 다시 회복하기 위한 우회로 규정되었다."[27] 인식은 기원적 진리에 도달하는 방식으로, 역사학은 다시 기원을 회복하는 방식으로. 그러므로 기원의 상실에서 생긴 이 두 학문은 '목적론적 시간'을 만들어 낸다. 타락으로부터 방황한 끝에 원래의 기원을 최종 목적의 자리에서 되찾고 만다는 서구의 신화가 이 목적론적 시간을 중심에 두고 짜인다. 이 와중에 저 목적을 향한 진행의 관점에서 바라보기에, 순수함을 오염시키는 여러 삶의 퇴행적 형태가 비판된다. 그 퇴행적 삶은 때로는 역사적 발전 단계가 없는 동양의 모습이었고, 또 서구 역사의 어두운 국면들에선 인종주의의 희생물로 바쳐진 '오염된 피'였다.

데리다의 문자론은 바로 이런 서구의 신화를 비판의 표적으로 삼는다. 문자론 이후 데리다는 『다른 곳』(1991), 『마르크스의 유령들』(1993), 『법의 힘』(1994), 『환대에 대하여』(1997) 등 많은 저작을 통해, 법과 정치를 비롯한 여러 영역에서 '타인에 대한 환대' 등과 같은 주제를 자신의 철학적 과제로 발전시키면서, 구체적인 맥락들에서 서구의 질병을 치료하려고 했다.

1   자크 데리다, 김성도 옮김, 『그라마톨로지』, 민음사, 2010, 375쪽에서 재인용.

2   같은 책, 377쪽.

3   장 자크 루소, 고봉만·주경복 옮김, 『언어 기원에 관한 시론』, 책세상, 2002, 149쪽.

4   자크 데리다, 앞의 책, 310쪽에서 재인용.

5   같은 책, 119쪽.

6   같은 책, 75쪽.

7   같은 책, 275쪽.

8   클로드 레비스트로스, 박옥줄 옮김, 『슬픈 열대』, 한길사, 1998, 536쪽.

9   같은 책, 548쪽.

10 레비스트로스의 학위 논문(자크 데리다, 『그라마톨로지』, 321쪽에서 재인용)

11 자크 데리다, 앞의 책, 323쪽.

12 같은 책, 340쪽에서 재인용.

13 같은 책, 331쪽.

14 같은 책, 319쪽.

15 같은 책, 378쪽에서 재인용.

16 같은 책, 372쪽.

17 같은 책, 385쪽에서 재인용.

18 같은 곳에서 재인용.

19 자크 데리다, 남수인 옮김, 『글쓰기와 차이』, 동문선, 2001, 324쪽.

20 자크 데리다, 『그라마톨로지』, 356쪽.

21 같은 책, 370쪽.

22 같은 책, 387쪽.

23 같은 책, 573쪽.

24 같은 책, 355쪽.

25 같은 책, 692쪽.

26 같은 책, 172쪽.

27 같은 책, 48쪽.

Jacques Derrida

자크 데리다

1930. 7. 15~2004. 10. 9

keyword

음성 중심주의(로고스 중심주의), 문자, 대리보충, 차연, 해체, 비기원적 기원

    데리다는 말년에 펴낸 많은 소책자를 포함해 수많은 저작을 남겼다. 그의 해체주의를 대표하는 것은 1967년에 나란히 나온 『그라마톨로지(문자론)』, 『목소리와 현상』, 『글쓰기와 차이』이다. 논문집인 『글쓰기와 차이』에서는 프로이트의 사후성에서 대리보충의 논리를 발견하는 「프로이트와 글쓰기 무대」, 레비나스의 사유를 비판적으로 조명한 「폭력과 형이상학」, 그리고 푸코의 『광기의 역사』를 문제 삼아 논쟁을 초래한 「코기토와 광기의 역사」 등의 주요 논문이 실려 있다.

    데리다의 책들은 중의적인 문장과 단어를 잘라서 다시 레고처럼 끼우는 신조어들을 많이 사용한다. 이는 우리나라에서뿐 아니라 세계적으로도 데리다 번역이 어려운 이유일 뿐 아니라, 노력한 번역자들에게 종종 상찬 대신 고통스러운 비난을 안겨주는 이유이기도 하다. 이런 까닭에서인지 1967년의 세 저작만큼 중요한 1972년의 『철학의 여백(Marges de la philosophie)』, 『산종(La dissémination)』 등은 아직 우리말로 소개되어 있지 않다.(이 가운데 「차연」 같은 몇몇 주요 논문이, 영어 중역 등의 문제를 가지고 있지만 『해체』[1996]라는 편집된 책에 수록되어 있다.)

    후기로 갈수록 데리다는 현금의 세계사와 유럽 정치에 비판적으로 접근하는 윤리학적·정치철학적 저작들을 펴냈다. 본문 가운데 언급한 작품 외에도, 9·11

사태 이후 지오반나 보라도리가 하버마스와 데리다를 각각 인터뷰한 대담집 『테러 시대의 철학』(2003)이 있다. 이 책에서 데리다는 서구에 대한 다른 지역의 정치적·종교적·인종적 증오의 바탕에 서구 중심주의가 있으며, 이를 극복할 해결책으로 '타자에 대한 절대적 환대'를 제시한다. 번역본은 아직 없으나 『죽음을 주다』(1999) 같은 저작은 서구 윤리학에 새로운 관점을 도입한 책이다. 데리다와의 대담을 모아서 소개한 『입장들』(1992)에서는 데리다가 비교적 쉽게 해체주의의 의미를 설명한다.

2부

오늘의 철학 연습

여기서 우리는 현대철학이 어떤 개념들을 풍성하게 발전시키는지 살펴본다. 풍성하게 만드는 방식은 그야말로 우리의 구체적 삶 속에서 개념이 스스로 연습(exercise)하도록 하는 것이다. 철학은 생각 위에 떠 있는 고립된 섬과 같은 것이 아니라 현실 안에서 작동하면서 힘을 얻는 것이니까 말이다.

우리가 10개의 글에 걸쳐 다루는 중요한 개념은 존재, 진리, 차이, 시뮬라크르, 노마드, 돈과 환대, 사랑, 신체, 관상술, 터치스크린이다.

우리는 1부를 통해 존재의 근본에서 발견되는 무(하이데거), 시뮬라크르를 표현하는 차이(들뢰즈), 의식을 존재자와 맞서 있는 텅 빈 무로 보는 사상(사르트르), 존재 저편을 향하는, 존재론 자체를 극복하는 기획(레비나스) 등을 보았다. 이러한 현대철학의 새로운 존재론적 논의들은 모두 존재와 비존재, 또는 존재와 무를 둘러싼 플라톤, 헤겔 등의 논의를 바탕으로 한다. '존재와 무' 장에서는 서양 철학의 거대하고 넓은 문제틀의 전통 속에서 개개 철학자들의 접근 방식과 개념이 어떻게 출현하는지 살펴볼 것이다. 무에 대한 하나의 해석이 바로 현대철학의 유명한 개념인 시뮬라크르이다. 이어지는 주제, '시뮬라크르', '차이', '노마드'는 이 개념이 구체적인 맥락들에서 어떻게 활동하는지 다양하게 보여준다.

'진리 문제' 또는 인식의 문제와 관련해서는 주체가 겪는 강제적 체험, 트라우마 속에서 알려지는 앎의 문제를 생각한다. 주체의 수동성, 감성의 상처 등은 철학의 근본적 형태인 이성의 대화와는 또 다른 길로 열린 철학적 사유의 가능성을 보여주게 될 것이다. 생각은 고통과 더불어 진리 찾기를 시작할 때 가장 절실하며 필연적이 되는 것이 아닌가?

'돈과 환대', '사랑', '신체', '관상술', '터치스크린'이라는 주제와 관련해서는 우리 삶의 구체적인 맥락에서 철학적 개념들과 더불어 '실천'이 이루어질 수 있는 가능성을 열어보고자 한다. 관상을 통해 운명을 읽기보다는 행동을 통해 만들어가기. 돈을 유한한 인생 속에 주입시켜 황금으로 둘러싸인 고독 속에 침잠하기보다 돈을 통해 타자를, 그러므로 인류가 누릴 미래를 건너다보기. 지금까지의 글쓰기와 읽기 양식을 근본적으로 변화시킬 힘을 지닌 그래픽인터페이스와 터치스크린의 새로움을 시험해보기. 권력이 드나드는 문들로 된 신체에 침입해 그것을 해방시키기. 사랑 안에서 근본적인 정치성을 발견하기. 이러한 것들이 철학적 개념이 가닿아 놀라운 화학 반응을 일으키는 현실의 지점들이다.

존재와 무

왜 무가 아니고 어떤 것이 존재하는가

"왜 존재하는 것은 존재하고 차라리 무(無)가 아닌가?" 또는 "왜 무가 아니고 어떤 것이 존재하는가?" 라이프니츠가 「자연과 은총의 이성적 원리」(1714)라는 짧은 논문에서 잠깐 지나가면서 던진 이 질문[1]을 하이데거는 철학의 근본 질문이라 평하였다. 이 질문은 '존재'와 더불어 '무'를 겨냥하고 있다. 존재하는 것에 대해 질문하는 것은 당연하며, 존재하는 것에 대한 다양한 사유들 가운데 특히 철학은 존재하는 만물의 원천(근거)에 대해서 관심을 가져왔다. 왜 존재하는 것은 존재하는가? 철학자들의 이 질문에서 '왜'라는 표현이 바로 만물의 원천, 근거를 겨냥하고 있는 것이다. 반면 어떻게 '무'는 질문의 대상으로 떠오를 수 있는가? 파르메니데스가 존재하지 않는 것에 대해선 사유할 수 없다고 말했듯 '무'를 생각의 대상으로 삼는 것은 어리석어 보인다. 질문이 '무'에 가닿는 순간 그것은 '어떤 것(즉 있는 것)'처럼 다루어지며, 무가 어떤 방식으로든—관념이든 현실적 사물이든—

217

있는 것으로 다루어지는 것은 모순이기 때문이다. 그러나 우리는 존재에 대한 사유의 바깥으로 무를 몰아내는 순간 바로 그 사실 때문에 이미 무를 사유하고 있는 것이 아닌가? 그렇다면 존재하는 것을 사유하는 일은 무를 사유하는 일과 떼어서 생각할 수 없는 일이 아닌가?

플라톤
무는 존재에 대한 하나의 실존적 규정이다

이렇게 '존재와 무'는 사르트르의 널리 알려진 책의 제목이기 이전에 철학의 근본적인 문제이다. 철학자들은 '존재와 무'의 문제에 지금까지 어떻게 접근해왔을까?

플라톤은 '존재와 무'라는 문제에 대해 최초로 의미있는 답변을 내놓은 사람이 아닐까 싶다. 이 문제를 다루고 있는 『소피스테스』에서 플라톤은 이렇게 말한다. "있지 않은 것들은 적어도 어떻게든 있어야 한다."[2] 플라톤이 이런 놀라운 주장을 하게 된 사연은 무엇인가? 플라톤이 보기에 당시의 소피스트들은 진정한 철학자와 달리 거짓 판단을 말하는 사람들이었다. 그런데 거짓말은 존재하는 것에 관한 진술이 아니다.(존재하지 않는 늑대가 나타났다고 말함으로써 거짓말쟁이가 된 양치기의 경우를 떠올려보라.) 따라서 거짓말은 앞서 소개한 파르메니데스의 말대로 사유의 대상이 아니어야 한다. 그런데 실제로는 우리 앞에 늘 거짓말이 있지 않은가? 존재하지 않는 것이 사유의 대상이 아니라면, 거짓말 같은 존재하지 않는 것, 바로 무에 대한 진술을 단죄하거나 비판하는 일 역시 불가능하지 않겠는가? 이 고충을 플라톤은 이렇게 표현하고 있다. "거짓말이나 거짓 판단이 실제로 있어야 한다고 말하는 이가 또한 어떻게든 이것을 발설할 때 모순에 빠지지 않기란 정말 어려운 일이다."[3] 이 모순을 플라톤은 다음과 같은 말로 해결한다. "있지 않은 것들은 적어도 어떻게든 있어야 한다." 무슨 말인가? "우리가 있지 않은 것을 말할 때, 우리는 '있는 것'과 대립되는 어떤 것이 아니라 단지 다른 것(상이한 것)만을 말하는 듯하다."[4] 즉 모범적이고 올바른 것의 타자, 참다운 존재의 타자로서 존재하는 것이 무 또는 '비존재'이다. 이렇게 보자면 무는 존재의 논리적 부정이 아니라 존재에 대한 '실존적 규정'이 된다.

잠깐 덧붙이면, 이러한 플라톤의 사상은 원본 없는 복사물, 시뮬라크르의 중요성에 관심을 두는 현대철학에 큰 영향을 미쳤다. 시뮬라크르에 관심을 갖는 대표적인 철학자인 들뢰즈는 바로 플라톤이 『소피스테스』 편에서 말한, 저 '참다운 존재의 타자로서 존재하는 무 또는 비존재'로부터 자기 철학의 핵심 개념인 시뮬라크르를 읽어낸다. "소피스트는 모든 사물들을 허상(시뮬라크르)의 상태로까지 끌고 가는 자, 허상의 상태 안에서 사물들 전체를 운반하는 자이다."[5] 원본(이데아) 없는 허상이 어떻게 존재할 수 있는지 밝혔다는 점에서, 역설적이게도 "플라톤은 플라톤주의를 전복하는 최초의 인물",[6] 시뮬라크르 사상의 선구자인 것이다.(이 책 「시뮬라크르」 참조)

헤겔
순수한 존재와 순수한 무는 동일한 것이다

근대의 헤겔은 무가 존재와 대립하는 것인 동시에 존재의 근본 구성에 속하는 것이며 바로 그 때문에 존재의 가장 중요한 일 가운데 하나인 '운동'과 '생성'이 이루어진다는 것을 밝힌 인물이다. 존재와 무의 문제를 다루고 있는 『대논리학』(1812~1816)의 초두에서 헤겔은 이렇게 말한다. "순수한 존재와 순수한 무(無)는 동일한 것이다."[7] 먼저 순수한 존재에 대해서 생각해보자. 존재가 실체, 양, 질, 관계 등등 모든 범주적 규정으로부터 독립된 채로 고려되었을 때, 어떤 규정도 지니지 않는다는 점에서 이 존재는 순수하다고 불린다. 그런데 우리가 있는 것에 대해 인식하고 진술할 때 우리는 늘 범주의 도움을 필요로 한다.(그것은 따뜻하다, 크다 등) 따라서 범주로부터 벗어난 순수 존재는 아무런 규정도 가지지 않으며 그에 대한 인식도 진술도 불가능한 공허 자체이다. 이런 점에서 순수한 존재는 아무것도 아니지 않은가? 결국 놀랍게도 "순수한 존재는 무 이상도 그 이하도 아니다." 존재와 무는 동일한 것이다. 또는 존재는 존재이자마자 무가 된다. "존재와 무의 진리는 한쪽이 다른 쪽으로 즉시 소실되는 운동이다." 존재와 무는 모순을 사이에 두고 서로 하나이며, 바로 이렇기에 존재에서 무로의 소실, 무에서 존재로의 생성이라는 원리가 가능해진다. 요컨대 존재와 무가 모순되는 동시에 공존하는 것이기에 태어나 죽고 또 태어나는 생성이 가능한 것이다. 헤겔에게도 무는 존재의 근본 의미에 속한다는 말이다.

하이데거
무는 존재자의 본질 자체에 속한다

현대철학은 20세기 초·중반에 하이데거의 사유와 더불어 존재와 무의 문제에 한동안 열성적으로 몰두하였는데, 이 몰두를 우리는 아주 넓게 '실존주의'라는 명칭으로 부를 수도 있겠다. 왜 존재하는 것은 존재하고 차라리 무가 아닌가? 하이데거는 이 글 초두에 던졌던 라이프니츠의 이 질문과 더불어 존재와 무에 대한 사유를 진행한다.[8] 저 물음의 앞부분 '왜 존재하는 것은 존재하는가?'는 질문으로서 아무런 어려움도 불러일으키지 않는다. 왜냐하면 늘 우리는 존재하는 것에 대해 질문을 던지며, 존재하는 것이 도대체 어디에서 왔는지 그 근원에 대해 묻는 것은, 존재에 대한 다양한 질문을 진행해나가다 보면 필연적으로 도달하는 근본 질문이기 때문이다.

그렇다면 '차라리 왜 무가 아닌가?'라는, 질문의 뒷부분은 사족에 불과한가? 결코 그렇지 않다. '차라리 왜 무가 아닌가?'라는 질문은 존재함의 근본에는, 존재하지 않을 수도 있는 가능성이 내포되어 있음을 시사해주는 질문이다. "존재하는 것 스스로 존재하지 않을 수도 있다는 무에 대한 가능성을 알려오고, 이와 같은 가능성 속에서만 존재하는 것으로서 그 자신을 알려오는 것이다."[9]

이해를 쉽게 하기 위해 자신에게 라이프니츠의 저 질문을 던져보라. '왜 나는 태어났나?', '왜 존재하게 되었나?' 하는 질문은 필연적인 사건에 대해 묻는 것이 아니라, '차라리 태어나지 않았을 수도 있었는데?'라는 질문을 필연적으로 내포하고 있다. 신의 아들처럼 필연적으로 태어난 인간이란 없는 것이며, 모든 존재함이란 무의 가능성을 내포하고 있는 것이다. 존재하지 않을 수 있는 가능성이 우리 존재에 속한다.

따라서 "무는 오히려 근원적으로 존재자의 본질 자체에 속해 있다."[10] 무가 존재자의 본질에 속한다는 것은, 우리가 정해진 목적이나 본질 없이 존재한다는 것이다. 이것은 일종의 '허무주의'인가? 그렇지 않다. 오히려 이것은 우리가 세상을 살며 주입된 호기심이나 잡담에 이끌려 찾게 되는 삶의 공허한 가치나 목적들을 넘어서, 우리의 본래적인 존재함의 모습에 스스로 다가가보아야 한다는, 적극적 행동에의 요구를 담고 있다.(하이데거는 '불안'이라는 기분을 통해 저 존재의 본래성에 다가갈 수 있다는 흥미로운 논의를 펼친다. 이 책 「하이데거」 참조.)

사르트르
모든 존재와 거리를 두는 의식은 '무'인가

사르트르는 존재와 무라는 주제를 자신의 저작의 제목으로 삼기까지 하였다. 사르트르에게서 존재와 무를 이해하기 위하여 무리하게나마 도식을 간단히 제시해보자. 의식=자유=무. 사르트르는 '의식'의 철학자라는 점에서 데카르트와 후설의 전통에 놓여 있으며, 이 의식의 '부정하는 힘'의 근본성을 강조한다는 점에서 헤겔의 지대한 영향 아래 놓여 있고, '정해진 본질'이 부재하는 존재의 철학자라는 점에서 하이데거를 선배로 삼고 있다. 어떤 의미에서 사르트르의

'무' 개념은 이 세 가지 측면을 종합한다.

『존재와 무』에서 사르트르는 말한다. "인간은 항상 하나의 무 때문에 자기의 본질로부터 분리되어 있다."[11] 우리가 우리 자신이 누구인지 알기 위해 자신을 되돌아본다고 하자. 분명히 우리의 의식은 우리가 무엇을 하고 어떤 가치관을 지닌 사람임을 반성적으로 알 수 있다. 즉 우리의 의식은 우리의 존재를 수립한다. 그런데 이런 반성을 수행하고 있다는 그 사실 때문에 반성되고 있는 존재는 이미 우리 자신의 것이 아니다. 우리의 의식이 우리의 과거 존재로부터 떨어져 나와 그것을 관조하고 반성한다는 점은 이미 우리 의식이 이 존재로부터 분리되어 있음을 뜻한다. 즉 의식은 이 존재가 현재는 자기 자신이 아니라고 부정한다. 그렇다면 이 의식이란 무엇인가? 그것은 오로지 모든 존재와 거리를 두는 힘이라고만 할 수 있을 뿐이다. 어떤 고정된 본질을 지닌 존재도 이 의식의 대상이 될 수 있을 뿐 이 의식 자체는 아니므로, 이 의식은 아무것도 아닌 것, 바로 무이다. 그리고 그것은 고정된 본질에 충실한 존재가 아니므로 전적인 자유라고만 불릴 뿐이다. 이 자유 때문에 우리는 고정된 존재에 머무르는 법 없이, 늘 그것을 부정하고 새로운 미래의 존재를 향할 수 있는 것이다.(이 책 「사르트르」 참조)

레비나스
'존재와 무의 변증법'을 넘어서다

이렇게 고대부터 현대에 이르기까지, 무는 존재에 대한 사유와 뗄 수 없는 관계를 가져왔으며, 그런 의미에서 진정으로 '존재론의 일부'이다. 그러나 무가 존재론의 일부라면, '존재 저편에 있는 선(善)'을 향한 '초월'이 인생의 과제일 경우, 존재와 무 사이에 놓인 사유는 아무런 힘을 발휘하지 못하는 것이 아닐까?

'존재 저편의 선'은 플라톤의 『국가론』 Ⅵ권에 나오는 사상이며, 이를 화두 삼아 새로운 사유를 전개하는 철학자가 레비나스이다. 우리가 지금 살아가는 존재자들의 세계는, 존재하고자 하는 존재자들의 욕심 때문에 선을 구현하기가 어렵다. 따라서 선은 존재 저편에서, 즉 '존재의 타자'에게서 찾아질 것이다. 존재와 다른 이런 선의 위상을 플라톤은 '존재 저편의 선'이라 칭했던 것이다. 그런데 앞서 보았듯 무는 존재에 속하는 것이지, 존재의 타자가 아니다. 따라서 존재 저편에 선이 있다면, 그것은 존재와 무의 변증법 너머에 있을 것이다.

이런 맥락에서 레비나스는 존재 저편의 선을 향한 초월의 과제에 대해 다음과 같이 말한다. "초월의 문제는 존재하느냐 아니면 존재하지 않느냐에 있지 않다.(즉 존재냐 무냐에 있지 않다.) 존재함과 다르다는 존재의 '타자'에 대한 표현은 존재와 무를 구분해주는 차이를 뛰어넘는 또 다른 차이를 뜻하는 듯하다."[12] 존재와 무 사이의 차이를 넘어선 제3의 차이가 바로 존재와 선 사이의 차이라는 것이다. 존재도 무도 아닌, 이런 선을 사유하는 일은, 서구 존재론의 사유를 지배해온 '존재동사(영어의 be 동사)'에서 벗어난 새로운 사유를 꾸미려는 기획으로 평가할 수 있다. 따라서 레비나스는 이 존재와 무를 넘어선 존재의 타자를 일컫기 위해 존재동사에 의존하지 않고 단지 부사를 사용해 '존재와 다르게'라고만 표현한다. 레비나스는 이 존재 저편의 선을, 주체의 존재 유지의 영역 바깥에 있는 타인, 주체의 존재 유지를 위한 어떤 수단적 의미로부터도 벗어난 타인과의 관계에서 찾는다.(이 책 「레비나스」 참조)

파르메니데스의 반대 길
무는 존재에 대한 사유의 일부이다

결론짓자면, 철학은 고대 이래로 줄곧 '무'는 사유의 대상이 될 수 없다는 파르메니데스의 가르침으로부터 반대 방향으로 나아간 것 같다. 그 빌미는 역설적이게도 파르메니데스 자신이 주었던 것이 아닌가? 어떤 의미에서 파르메니데스 역시 모순을 아랑곳하지 않고, 어떤 것도 아닌 '무'를 어떤 것을 취급하는 사유의 영역 안으로 끌어들였으니까 말이다. 그후 존재의 참다운 모습에 접근하기 위해서는 존재하지 않는 것, 바로 '무'가 적극적으로 개입해야 했다. 존재의 정체는 바로 '무'이니까 말이다. 그리고 나아가서 현대철학은 존재와 무의 공모 관계 저편으로까지 사유를 펼쳐나간다.

1   빌헬름 라이프니츠, 윤선구 옮김, 「자연과 은총의 이성적 원리」, 『형이상학 논고』, 아카넷, 2010, 237쪽.
2   플라톤, 김태경 옮김, 『소피스테스』, 한길사, 2000, 148쪽.
3   같은 책, 134쪽.
4   같은 책, 198쪽.
5   질 들뢰즈, 김상환 옮김, 『차이와 반복』, 민음사, 2004, 165쪽.
6   같은 곳.
7   G. W. F. 헤겔, 임석진 옮김, 『대논리학』, 지학사, 1983, 1권, 76쪽.
8   이 문제는 특히 「형이상학이란 무엇인가?」나 『형이상학 입문』 같은 저작에서 집중적으로 다루어진다.
9   마르틴 하이데거, 박휘근 옮김, 『형이상학 입문』, 문예출판사, 1994, 62쪽.
10 마르틴 하이데거, 신상희 옮김, 「형이상학이란 무엇인가」, 『이정표』, 한길사, 2005, 1권, 165쪽.
11 장 폴 사르트르, 정소성 옮김, 『존재와 무』, 동서문화사, 1994, 92쪽.
12 에마뉘엘 레비나스, 김연숙·박한표 옮김, 『존재와 다르게—본질의 저편』, 인간사랑, 2010, 18쪽.

진리에 대하여

우리는 스스로 진리를 찾는가, 강제로 진리와 만나는가

　플라톤의 대화록은 오늘날 문학에서 통용되는 장르 구분을 기준으로 보자면 희곡이나 드라마에 가까운 것처럼 보인다. 그런데 플라톤이 지칠 줄 모르고 기록한 아테네 인들의 이 끝없는 수다는 사실 따지고 보면 드라마와 많이 다르기도 하다. 왜 다른가? 플라톤의 극작품(?)은 훌륭한 드라마라면 불가결하게 갖추어야 하는 것들을 결여하고 있는데 바로 거짓말쟁이와 악인, 그리고 어린이가 대화자로서 출현하지 않는다는 점이다. 대신 진짜 극작품인 셰익스피어의 작품들에는 '이아고' 같은 악한이 그득하다.

플라톤의 대화와 모세의 떨기나무
진리 찾기의 능동성과 수동성

플라톤에겐 이아고가 없는 게 당연하지. 작은 짐승들일 뿐인 어린이들은 제대로 된 이성을 갖추고 있지 못하기 때문에, 또 거짓말을 일삼는 악한들은 진리의 적들이기 때문에, 대화를 통해 진리에 도달하는 데 열중하는 플라톤의 사교계에 낄 수가 없다. 이것이 무엇을 뜻하는가? 진리 찾기는 오로지 상호간 대화 가능한 '보편적 이성'을 통해서 가능하며, 이 이성은 '나는 진리를 원하며 거짓말하지 않는다.'는 형식을 집 삼아서 살고 있다는 것이다. 진리 찾기에서 이러한 이성의 '보편성', 진리에 대한 '자발성', 진리와 이성의 '친화성' 등은 이후 서구 인식론의 뿌리가 되었다. 가령 『방법서설』(1637)에서 데카르트는 '참과 거짓을 판정하는 능력인 양식(良識)은 모두에게 공평히 분배되어 있다.'라는, 보편적 이성의 전제로부터 그의 인식론을 시작한다.[1] 또 칸트는 「최근 철학에서 나타난 귀족적 목소리에 대해」(1796)라는 글에서 진리란 이성의 '자발적' 노력을 통해서만 얻어질 수 있다며 이렇게 강조한다.

> 지성은 그 자신의 개념을 분석하고 또 원리들에 따라 그것을 정돈하기 위해 엄청난 노동을 쏟아붓는다. 인식에 있어서 진보를 이루려면 지성은 한 걸음 한 걸음 매우 어려운 길을 올라가야 한다.[2]

그러나 그리스인들이 자발적 진리 찾기를 강조하고 있을 무렵 다른 민족은 진리와 마주치는 전혀 다른 형태를 생각하고 있지 않았던가? 가령 모세에게 나타난 불타는 떨기나무처럼, 진리는 나의 이성과 친화적이기보다 대면하기 싫은 것이 아닌가? 그래서 우리가 우연히 마주친 이 불쾌한 것으로부터 도망가려 하면, '강제로' 붙잡고 놔주지 않는 것이 아닌가? 이렇게 진리는 수동적인 나에게 억지로 떠맡겨지는 것이 아닌가? 현대철학 안에 스며든 이런 유의 사고 활동은 이 책의 프롤로그 「고대 그리스인들도 웹서핑을 했네」에서 살펴본 그리스적 사유 활동과는 상당히 멀어진 것이다.

감성에 끼치는 고통에서 시작되는 사유
로고스는 없고 상형문자만 있다

현대 진리론의 한 국면은 바로 이런 수동적 진리 찾기로 요약된다. 가령 니체의 『즐거운 학문』(1882)에 나오는 다음과 같은 구절을 보자.

> 우리는 생각하는 개구리가 아니다. 차가운 내장을 지니고서 객관화하고 기록하는 기계가 아니다. 우리는 항상 산고를 겪으며 우리의 사상을 탄생시킬 수밖에 없다. […] 커다란 고통, 시간을 끄는 길고 오랜 고통, 생나무 장작에 불태워지는 고통만이 비로소 우리들 철학자들로 하여금 우리가 지닌 궁극적인 깊이에까지 이르게 하고, 모든 신뢰와 선의, 부드러운 가식, 온순, 중용 등 아마도 우리가 이전에는 우리의 인간성을 쏟았던 것들과 결별하도록 만든다.[3]

니체의 이 구절은 진리 또는 배움에 관한 현대 사상의 세 가지 핵심적인 면모를 압축하고 있다. ① 진리는 내가 익숙한 것, 원하는 것, 좋아하는 것이기보다는 불쾌한 것, 고통스러운 것이다(진리에 대한 친화성에 대립하는 진리와의 '불화'). ② 고통은 고통을 겪는 자로부터 유래하는 것이 아니라, 다른 것에 의해 작용을 받아 이루어지는 수동적인 것이다(지성의 자발성을 대신하는, 진리와의 마주침에서 '수동성'). ③ 우리 마음의 능력들 가운데 수동적일 수 있는 것은 이성이 아니라 감성이다(이성 대신 '감성').

그럼 도대체 어떤 현대철학이 감성의 상처받음으로부터 시작되는 진리 찾기를 구현하고 있는가? 대표적인 예가 들뢰즈이다. 니체의 후계자답게 그는 앞서 읽은 『즐거운 학문』의 구절을 『차이와 반복』에서 이렇게 다시 쓰고 있다.

> 그 누구에게도 아픔을 주지 않는 사유, 사유하는 자에게도 그 밖의 다른 이들에게도 일체 고통을 주지 않는 사유는 도대체 사유일 수 있을까? [……] 사유를 강제와 강요를 통해 시작하는 어떤 것으로 취급하는 바로 그런 와해와 더불어 (새로운 인식은) 도래하는 것이 아닐까?[4]

감성에 끼치는 상처의 자극 때문에 강제로 동원되는 사유만이 진정한 인식에 도달할 수 있다는 것이다.

들뢰즈가 그의 연구 인생 전체에 걸쳐 프루스트에게 그토록 집착한 이유가 여기에 있다. 프루스트의 『잃어버린 시간을 찾아서』는 '한 견습생의 배움의 이야기'라고 요약할 수 있다. 주인공은 인생의 견습생이며, 그의 전문 분야는 '허송세월'이다. 로고스의 훈련, 칸트가 말한 지성의 노동을 등한시하고, 비밀을 숨기고 있는 듯 알 수 없는 행복감을 주는 마들렌 과자, 질투심으로 마음을 괴롭게 하는 애인의 거짓말, 신비한 것이 숨겨져 있는 듯한 여행지들이 주는 자극에 몰두하며 허송세월한 것이 주인공의 삶이다. 그런데 "고통이 마음을 더욱 깊이 후벼 파면 팔수록 작품은 그만큼 더 높이 샘물처럼 솟아오른다."[5]는 화자의 말이 보여주듯 프루스트는 감성에 끼치는 이 모든 자극에 민감한 작가이다. 비밀을 숨기고 감성에 고통을 끼쳐서 사유가 강제로 그 비밀에 대한 탐색에 나서게끔 하는 이 모든 것을 들뢰즈는 '기호' 또는 '상형문자'라 이름 붙인다.

프루스트는 진리 찾기의 도상 위에서, 보편적인 로고스의 잘 판정하는 능력의 훈련(즉 논리학) 대신에, 외부에서 감성을 자극하는 상형문자에 대한 해독 작업을 내세우는 것이다. '로고스는 없고 상형문자만 있다.' 그것이 숨기고 있는 비밀 때문에 마음에 고통을 주는 상형문자의 강요에 의해서, 지성은 억지로 그 비밀(진리) 찾기에 동원되는 것이지, 미리부터 진리를 자발적으로 원하고 있었던 것이 아니다.

상형문자에 대한 취향, 미지의 것이 감성을 자극할 때 강제로, 비자발적으로 시작되는 사유라는 주제는 오늘날 다양한 방식으로 진행되는 진리 찾기 작업의 가장 근본적인 국면이 아닌가? 화가 앙드레 마르샹은 그림 그리는 작업을 이렇게 설명한다. "나무가 나를 바라보았고 나무가 나에게 말을 했다. [……] 나는 화가란 우주에 의해 '꿰뚫린' 자임에 틀림없다고 믿는다."[6] 미지의 상형문자인 나무들에 꿰뚫린 자, 그들의 비밀스런 언어에 자극을 받고 강제로 해독 작업을 시작

하는 자가 화가라는 것이다. 롤랑 바르트는 사진에 대해서 이렇게 이야기한다. "풍크툼은 사진 안에서 나를 찌르는 (그뿐만 아니라 나에게 상처를 주고 완력을 쓰는) 그 우연이다."[7] 풍크툼은 상처, 찔린 자국 등을 뜻하는 말로서, 사진 속에서 해석되지 않는 작은 부분, 감성을 자극해서 사유를 강제하는 미지의 상형문자를 가리키기 위해 바르트가 사용하는 개념이다. 이렇게 현대의 진리 찾기는, 상형문자가 감성에 끼치는 상처와 강요라는 화두를 예술론의 여러 분야들 속에서도 폭넓게 마주하고 있다.

타자와의 만남
주체의 겸손

그러나 이런 국면은 무엇보다도 '타자 이론'에서 두드러진다. 사르트르는 『존재와 무』에서 이렇게 말한다.

> "내가 직접적으로 파악하는 것은 [······] '나는 상처받기 쉬운 자'라는 것, '나는 상처입을 우려가 있는 하나의 몸을 가지고 있다'는 것, [······] '거기서는 나는 무방비 상태이며, 아무리 해도 그곳에서 달아날 수 없다'는 것, 요컨대 '나는 보이고 있다'는 것이다."[8]

이와 유사하게 레비나스는 『존재와 다르게―본질의 저편』에서 이렇게 말한다. "주체는 [······] 상처를 내며 찌르는 자극(트라우마)에 대해서 민감해왔다."⁹ 물론 레비나스에서 이 자극은 고통받는 타자에게서 오는 것이다. 가령 부당한 전쟁으로 고통받는 아랍인들을 보았을 때 우리가 외면할 길 없이 상처를 받는 것처럼 말이다. 왜 외면할 수 없는가? 혹은 타인의 고통을 외면할 때 왜 마음은 괴로움에 시달리는가? 바로 고통받는 타인에 대한 몰두가 올바른 것, '참된 것'을 담고 있기 때문이다. 그렇기에 레비나스는 『전체성과 무한』에서 "진리는 타자에게서 찾아진다."¹⁰라고 말한다. 타자로부터 벗어날 수 없음을 그는 또 「신-인간」(1968)에서 "자아의 무한한 수동성 또는 수난 또는 인내"¹¹라고 부르기도 하고, 타자의 '볼모'가 되는 일이라고 하기도 했다. 그리스적 주체가 누렸던 자발성 및 자유와는 전혀 다른 구도 위에서, '억지로 진리 찾기'에 수동적으로 끌려다니며, 수난받고 인내하는 것이 오늘날의 주체라는 것이다.

'억지로 진리 찾기'의 이 모든 국면이 우리에게 가르쳐주는 것은 무엇인가? 한마디로 '주체의 겸손'이리라. 서구적 주체는 '나는 무엇을 알 수 있는가?'라는 칸트의 인식론적 질문에서 보듯 늘 진리를 주체(나)에 매개하고자 했다. 이 말은 곧 이성의 법칙에 진리를 매개한다는 뜻이다. 그러나 이성에 매개된 진리, 즉 나의 마음속에 그려진 세계의 그림(표상) 바깥엔 아무것도 없는가? 혹시 이 주체는 미다스 왕의 운명에 빠진 것은 아닌가? 손을 대서 자기에게 매개된 모든 것을 자기 소유의 재산으로, 황금으로 변하게 했지만, 결국 그가 황금으로 변한 세계 속에서 마주친 것은 자기의 능력뿐이 아닌가? 즉 진리라기보다는 '자기의 초상화'가 아닌가?

이성이라는, 주체의 탁월한 능력이 세계 속에서 마주친 것도 바로 개념과 법칙뿐이다. 그러나 억지로 진리 찾기의 모험에 휩쓸린 자, 감성에 끼치는 폭력의 강요에 못 이겨 길을 떠난 주체는 이성의 저편에서 들려오는 가르침을 들으려고 자기 마음속에서 아우성치는 자만심의 소음을 저버리는 자이다.

---

1   르네 데카르트, 이현복 옮김, 『방법서설/정신지도를 위한 규칙들』, 문예출판사, 1997, 146쪽.

2   임마누엘 칸트, 『학술원판 전집』, Ⅷ권, 389쪽.

3   프리드리히 니체, 안성찬 · 홍사연 옮김, 『즐거운 학문 외』, 책세상, 2005, 28쪽.

4   질 들뢰즈, 김상환 옮김, 『차이와 반복』, 민음사, 2004, 303~304쪽.

5   M. Proust, *À la recherche du temps perdu*, Ⅳ권(Gallimard, 1989), 487쪽.

6   모리스 메를로퐁티, 김정아 옮김, 『눈과 마음』, 마음산책, 2008, 61쪽.

7   롤랑 바르트, 『밝은 방』, 42쪽.

8   장 폴 사르트르, 정소성 옮김, 『존재와 무』, 동서문화사, 2009, 440쪽.

9   에마뉘엘 레비나스, 김연숙 · 박한표 옮김, 『존재와 다르게—본질의 저편』, 인간사랑, 2010, 271쪽.

10   E. Levinas, *Totalité et infini*(Martinus nijhoff, 1961), 33쪽.

11   E. Levinas, *Entre nous*(Grasset, 1991), 76쪽.

차별, 차이, 환대

차이는 환대를 불러올 수 있는가

　우리는 흔히 너와 나는 다르다고 '차이'를 확인하기도 하며, 너는 나를 '차별'한다고 항의하기도 한다. '차별'과 '차이'라는 외형상 비슷해 보이는 두 단어가 우리 삶의 맥락들 속에서 가지는 의미는 어떻게 다를까? 한 편의 소설을 읽어보자.

식민지에 파견된 유럽 성직자
차별은 구원으로 향하는 길인가

　19세기 네덜란드에서 한 사내가 '물타툴리'('나는 수난을 겪었다.'라는 뜻의 라틴어)라는 필명을 내걸고 소설 한 편을 출판한다. 네덜란드의 식민지였던 인도네시아에서 공무원 생활을 하다 실직한 후 생계를 위한 궁여지책으로 써낸 이 문제작이 바로 『막스 하빌라르』(1860)이다. 왜 문제작인가? 바로 전성기를 구가하던 유럽 식민지 무역의 배후에 도사린 원주민 '차별'을 자신의 풍부한 체험을 바탕으로 생생하게 폭로하고 있기 때문이다. 19세기엔 선과 사랑을 실천하며 인간의 구원을 책임지는 서구의 교회조차 차별을 작동시키는 편견의 원천이었다. 가령 이 소설에서 식민지에 파견된 유럽 성직자는 인도네시아에 대해서 이런 종교적 편견을 피력하고 있다.

> 인도네시아 해양에 떠 있는 섬들에 시선을 집중해보도록 합시다. 그곳에는 하나님의 총애를 받던 고결한 노아의 저주받은 아들—저주받아 마땅한 그 아들—의 수백만 자손들이 살고 있습니다. 그곳의 그들은 이교도인들의 무지함의 볼썽사나운 뱀굴 주위를 기어다니고 있습니다.[1]

그래서 무슨 일이 일어났는가? 이 성직자에 따르면 하나님이 이 죄인들을 구원하기 위해 네덜란드 인들을 선택해서 보냈다는 것이다.

> 하나님은 사랑의 하나님이십니다. 하나님은 죄인들이 파멸의 길로 드는 것을 원치 않으시며, 신앙심을 통해 예수님 안에서 은혜를 입어 구원되기를 바라셨습니다. 그에 임하여, 저 비참한 자들을 구원할 수 있는 데까지 구원해보라는 계시와 함께 우리 네덜란드가 선택되었습니다.[2]

이런 방식으로 아시아에 대한 유럽의 침략은 합리화된다. 더 구체적으로 성직자는 식민지 주민에 대한 착취를 다음과 같은 사명을 제시하는 방식으로 정당화시킨다. "자바인은 노동을 통해서 신에게 귀

화하라는 명을 공식적으로 발급할 것."[3] 인도네시아 인들은 모두 죄지은 자들이고, 네덜란드 인들은 이들의 구원자이며, 구원의 방식은 인도네시아 인들에게 노동을 시키는 것이라고 이 성직자는 말하는 중이다. 편견에 입각한 차별과 불평등이 필연적으로 경제적 착취로 이어지는 사고의 과정을 이 예보다 더 잘 보여주는 것도 없을 것이다.

차별의 세계엔 타자가 없다
차이란 수많은 물방울 같은 다양한 것이 함께하는 공존의 바다

역사 속에서 착취라는 무서운 결과로 이어진 이러한 차별의 본성은 무엇인가? 차별은 어떤 원리에 따라 작동하는가? 일단 차별은, 모든 이에게 적용하기 위한 하나의 척도 속에서 작동한다. 가령 유럽인들에겐 그 척도 가운데 하나가 백인의 흰 얼굴이었다는 점을 들뢰즈는 『천 개의 고원』에서 이렇게 말한다. "인종주의는 [……] '백인'의 얼굴에 의해 일탈의 격차들을 결정함으로써 진행되었다."[4] 즉 차별의 한 형태인 인종주의에서는, 백인 남자의 얼굴을 이상적 척도로 삼고, 이 이상에 얼마나 많은 부적절한 성질들이 끼어들었는가에 따라 황인종과 흑인과 아랍인을 위계적으로 구별한다.

결국 차별은 자기가 가진 척도를 타인에게 강요하고, 그 척도에 맞추어 타인이 지닌 가치를 열등성의 편차에 따라 위계화하는 것을 본질로 한다. 요컨대 '타자 없는 세계', 자신의 이상과 가치만이 절대화된 세계가 차별의 세계이다. 그리고 이런 차별은 역사 속의 저 식민지 시대 같은, 우리와 멀리 떨어진 곳에만 있는 것이 아니다. 우리 일상 속의 종교, 성별 간의 위상, 심미관, 특정 음식에 대한 혐오, 옷 입는 방식, 헤어스타일과 머리 염색에 대한 취향 등등이 한 가지 형태로 절대화될 때 그것은 우리 일상적 삶을 노예 상태로 떨어트리는 무서운 차별의 도구로 작동하게 된다.

이에 반해 '차이'란 열등성이나 우월성의 편차에 따라 짜인 위계적 질서가 없는 '다양성'을 뜻한다. '차별'의 상태 속에선 타자를 내가 가진 척도에 따라 규정하고 판단한다. 이와 달리 '차이'란 자신이 지닌 어떤 가치도 타자를 판단하는 기준으로 삼지 않고, 오로지 '너는 나와 다르다.'는 것을 확인하는 데서 성립한다. 여기서 '나와 다르다'가 지니는 함의는 무엇인가? 바로 '너는 나의 것과 다른 너의 고유한 가치들을 지니고 있으며, 그 가치들을 따라 살아가는 자'라는 사실을 받아들인다는 것을 뜻한다. 즉 '차이'는 가치들과 개별적인 특징들의 평등한 '다양성'을 가능하게 해주는 개념이다. 이런 다양한 것들이 공존하는 차이의 세계를 들뢰즈는 『차이와 반복』에서 다음과 같이 표현했다. "천 갈래로 길이 나 있는 모든 다양체들에 대해 단 하나의 똑같은 목소리가 있다. 모든 물방울들에 대해 단 하나의 똑같은 바다가 있다."[5] 차이의 세계란 수많은 물방울들 같은 다양한 것들이 함께하는 '공존의 바다'와 같은 곳이다.

차이의 무서운 역설
이민자는 고향으로 돌아가야 하는가

그런데 우리가 경계해야 할 '무서운 차이의 역설' 또는 '차이에 대한 의도적인 오해' 한 가지가 있다. 차이에 대한 의도적 오해란, 차이의 긍정성을 인정하는 척하면서 차이를 차별의 도구로 사용하는 방식으로, 가령 프랑스 우익 정치가들의 수법에서 목격할 수 있다. 극우 인종주의자이자 우익 정당 '국민전선'의 당수인 르펜은 이렇게 말한 바 있다. "사람들에 대해선 우월하다, 열등하다 등으로 평가할 수 없다. 그들은 서로 다르다. 그리고 우리는 이런 물리적·문화적 차이를 염두에 두어야 한다."[6] 일견 이 말은 우월성과 열등성을 거부한다는 점에서 차이의 긍정성을 드러내는 듯 보인다. 그러나 이 말에서 '문화적 차이를 염두에 둔다'는 구절을 주의 깊게 이해해야 한다. 이 말이 지닌 '차별적 의도'를 우리는 또 다른 극우적 논설을 열쇠 삼아 파헤칠 수 있다. "사람들은 자신의 차이를 보존해야 한다. [……] 이민은 비난받을 만하다. 왜냐하면 그것은 이민자의 정체성만큼이나, 이민을 받아들이는 문화의 정체성도 없애버리기 때문이다."[7] 그러니까 각자의 고유성을 보존하기 위해서라면, 보다 좋은 삶의 환경을 찾아 프랑스로 이민 오는 자들을 모두 거부하고 돌려보내야 한다는 것이다. 차이의 긍정성을 차별을 위해 악마적으로 사용하는 술책이다.

수용소의 개 한 마리 또는 나치 독일의 마지막 칸트주의자
차이의 존중은 환대이다

그러니 우리는 '나와 너는 다르다.'라는 차이의 이념 속에 들어 있는 가장 중요한 사안을 결코 잊어서는 안 된다. '나와 너는 다르다.'는 확인은 나와 구별되는 '타자의 차이성'에 대한 '존중'을 전제한다는 점 말이다. 차이가 먼저 존중되지 않는다면, 어떻게 우리는 차이를 긍정할 수 있겠는가?

그런데 타자의 차이성에 대한 존중은 어떤 모습을 지닐까? 도대체 차이에 대한 존중이란 무엇일까? 그것은 타자가 지닌 가치, 나와는 다른 그의 입장 자체를 존경한다는 뜻 외에 다른 것이 될 수 없으리라. 그렇다면 결국 차이에 대한 이 존중이란 타자에 대한 '무조건적 환대'와 같은 것이 아니겠는가?

차이에 대한 존중은 결코 차별로 변질될 수 없고, 환대의 형태로 나타난다는 사실을 보여주는 이야기가 있다. 2차대전에서 프랑스 군에 입대해 참전한 유대인 철학자 레비나스는 전쟁 중에 포로로 수용되게 되었다. 그가 나치 수용소에 수감되어 있을 때, 포로들은 독일 군인들과 주변 주민들로부터 우리가 쉽게 짐작할 수 있는 차별적인 대우를 받았다. 차별받는 한에서 포로들은 모두 '인간 이하로서 동등했다'. 유일하게 포로들을 독일인들과 차별하지 않고 동등하게 반기는 이가 있었으니, 바로 수용소에서 기르던 개였다. 레비나스는 이 개를 "나치 독일의 마지막 칸트주의자"라고 불렀다.[8] 왜 이 개는 한 사람의 도덕철학자의 이름으로 불리는가? 군인들이 포로들을 모두 동등하게 차별했다면, 이 개는 포로들이 지닌 '차이 자체'를 다른 사람들, 가령 독일인들의 차이를 대할 때와 '동일한' 존중의 대상으로, 무조건적 환대의 사안으로 삼고 있었던 것이다. 이렇게 도덕보다는 자연에 속하는 이 개는 환대를 가시적으로 만드는 하나의 '도식'을 우리에게 제공해준다. 그리고 이 환대의 도식은 모든 실천의 출발점이 될 것이다.

오늘날 우리 곁에는 수많은 타자들이 있다. 외국에서 새로운 세계에 대한 꿈을 가지고 찾아온 가난한 손님들이 노동을 하고 있으며, 홀로 남겨진 지친 노인들이 있고, 버려진 고아들과 장애인들이 있다. 이것은 차이의 세계이며, 이 개념을 동어반복적으로 바꾸어 표현할 수 있는 유일한 낱말은 환대밖에 없는 것이다.

---

1 물타툴리, 지명숙 옮김, 『막스 하벨라르』, 문학수첩, 1994, 181쪽.
2 같은 책, 183쪽.
3 같은 책, 185쪽.
4 질 들뢰즈, 김재인 옮김, 『천 개의 고원』, 새물결, 2001, 340쪽.
5 질 들뢰즈, 김상환 옮김, 『차이와 반복』, 민음사, 2004, 633쪽.
6 J-M Le Pen, "Le Pen et L'Eglise," *National Hebdo*, No. 44(April, 1985), 8쪽.
7 R. de Herte, "Avec les immigrés contre le nouvel esclavage," *Eléments pour la civilisation européenne*, No. 45(Spring, 1983), 2쪽.
8 E. Levinas, *Difficile liberté*(Albin Michel, 1963), 220쪽.

시뮬라크르

우리는 진짜 인생과 가짜 인생을 구분할 수 있는가

한 시대를 풍미했으며, 아직까지도 많은 사랑을 받고 있는 가정용 게임기 가운데 '플레이스테이션 2'가 있다. 이 게임기의 전성기 때 아주 완성도 높은 명작들이 출현했는데, 그 가운데 하나가 2002년작인 「오니무샤(鬼武者)」 2편이다. 일본 전국시대 사무라이의 이야기인데, 주인공 야규 쥬베이의 모델은 야규 무네요시로서, 야규 집안은 그의 손자 대에 와서는 도쿠가와 이에야스의 검술 지도를 맡을 정도로 검술 명가로 이름을 떨친다. 게임 속의 이 대단한 검사(劍士) 야규 쥬베이 역을 맡은 배우가 마쓰다 유사쿠다. 마쓰다 유사쿠는 1989년 39세의 나이로 요절했지만 오늘날까지도 많은 일본인의 사랑을 받고 있는 배우인데, 어쩌면 이 게임은 이 배우의 명성을 가장 널리 알린 작품일지도 모르겠다. 그런데 뭔가 날짜 착오가 있는 것이 아닌가? 어떻게 1989년에 타계한 사람이 2002년의 게임에서 사무라이 역을 연기한단 말인가? 디지털 기술이 그를 재탄생시켰기 때문이다. 그는 놀

놀랍게도 생전처럼 말하며, 생전의 얼굴 모습으로 비장함과 분노를 연기한다. 그야말로 한 배우가 죽음으로부터 귀환해서 전성기를 이루었다. 마쓰다 유사쿠의 '배우로서의 본질'이 귀환한 것이다. 그가 자신의 죽음과 상관없이 여전히 살아생전처럼 연기함으로서 배우라는 그의 본질을 구현하고 있다면, 그리고 매우 큰 성공을 거두고 있다면, 이제 물어야 할 것은 이런 것이다. 도대체 원본과 가짜라는 구분이 무슨 의미가 있는가?

아바타 또는 복제인생
우리의 얼굴 자체가 '아바타'이다

근 몇 년 사이 가장 흥행한 영화 가운데 하나인 「아바타」(2009)와 더불어 생각하게 되는 것도 이런 가짜냐 진짜냐의 물음과 관련이 있다. 멋지고 커다란 파란 인형인 아바타는 한낱 원형을 대리하는 대체물에 불과하다. 그런데 결국 무슨 일이 벌어지는가? 아바타는 주인공의 인생 자체가 되며, 원형적인 지구인은 사라져버린다. 그렇다면 아바타로서 다른 별에서 살아가는 인생은 가짜 인생이라고 할 수 있는가? 다른 관점에서 우리의 외모, 특히 얼굴에 대해서 살펴보자. 우리는 흔히 얼굴을 개성의 징표로 여긴다. 그러나 어떤 의미에서, 우리의 얼굴 자체가 개인의 고유함을 보여주기보다는 '아바타 자체'라고 할 수도 있을 것이다. 인터넷에서 사용하는 그런 아바타 말이다.

문예비평가 롤랑 바르트는 『기호의 제국』(1993)에서 이렇게 말한다. "우리 얼굴은 '인용'이 아니라면 또 무엇이란 말인가?" 우리의 헤어스타일, 화장하는 방식, 기분에 따라 즐겁거나 불쾌함을 나타내는 표정 등은 독창적인 것이라기보다는 모두 다른 얼굴로부터 '인용' 된 것이다. 글을 쓰는 이가 다른 책의 구절들을 인용하면서 한 편의 논문을 완성하듯 우리는 남의 표정과 스타일을 복사한다. 이렇게 다른 것을 베껴 쓰는 방식으로 얼굴을 꾸미고 살아가는 형태는 오늘날 성형의 확산과 더불어 더욱 생기를 얻고 있다. 성형을 하는 이는 아바타를 구매하듯 상점에 놓인 얼굴을 구매한다. 또는 멋진 그림 하나를 자기 얼굴 위에 베껴 그린다. 그렇다면 이것은 가짜 인생이라 해야 하는가? 하지만 우리는 순수하게 우리에게 속하는 원본적인 것과 다른 것으로부터 인용한 것을 결코 구별해내지 못할 것이다. '원형적인 것 또는 근본적인 것'과 '복제된 것 또는 첨가된 것'을 칼로 자르듯 나누기란 불가능하다. 원본과 가짜는 서로 이렇게 뒤엉켜 있는 것이다.

아바타 속에 들어가 웹서핑을 하고, 다른 이의 표정을 인용하고, 성형을 통해 멋진 그림들을 자기 얼굴 위에 그려 넣은 것은 역사상의 한 시기, 즉 우리 시대만의 풍속일까? 그렇지는 않은 것 같다. 옛사람들도 고유하고 순수하게 자기만의 얼굴을 가지고 살기보다는 다른 얼굴을 인용하면서 살았다는 것을 잘 알려주는 예가 있는데 중국의 '검보(臉譜)'가 그것이다. 검보란 중국에서 초상화를 그릴 때 고객이 얼굴을 손쉽게 선택할 수 있도록 직업화가의 화실에 비치되어 있던 일종의 '인물 유형 도감'이다. "초상화가 널리 확산되면서 직업 화가들은 여러 사람의 얼굴 스케치를 모아놓은 화첩을 이용하여 고객으로 하여금 손쉽게 원하는 유형의 얼굴을 선택하도록 함으로써 신속하게

초상화를 그릴 수 있었다."[2]

마치 성형외과를 찾아간 손님이 사진에서 샘플을 고르듯 중국인들은 검보에서 얼굴 샘플을 골라 초상화를 그렸다. 얼굴을 복사해 넣는 지면이 전자는 뼈와 살이고, 후자는 종이라는 점에서 달랐을 뿐, 사람들은 늘 그림으로 그려진 아바타에 탑승하고 살았던 것이다.

시뮬라크르
기원 없는 복제

이러한 원본과 복제물이 구분되지 않는 형태를 현대철학자들은 시뮬라크르라는 명칭과 더불어 사유했다. 현대 예술은 이미 이 시뮬라크르의 출현을 매우 민감하게 감지하고 있었다. 가령 앤디 워홀의 작품을 떠올려보자. 그저 생각나는 대로 한 장 고르면 된다. 마릴린 먼로의 얼굴들이 색조의 변주 속에서 나열되고 있다. 다른 그림에선 코카콜라 병들이 기나긴 행진을 하고 있다. 앤디 워홀의 팝아트 앞에서 우리는 '후' 입김을 불어 날린 손오공의 머리카락처럼 많은 분신(分身)을 앞에 두고 있는 것이다. 도대체 저 많은 여배우 가운데 누가 진짜인가? 저 많은 콜라 병들 가운데 어느 것이 원본인가? 원본이 있다기보다는 오직 모사품들의 행렬이 있는 것 아닌가? 아니, 원본과 모사물을 구별할 수 없는 것이 아닌가? 이런 식의 원본과 복제가 구별되지 않는 영역 속에서 바로 시뮬라크르가 서식한다.

프랑스어로 시늉, 흉내, 모의(模擬) 등의 뜻을 지니는 시뮬라크르는,

가상, 거짓 그림 등의 뜻을 가진 라틴어 시뮬라크룸(simulacrum)에서 유래한 말이다. 이 라틴어 단어는 영어 안으로 그대로 흡수되어서 모조품, 가짜 물건을 가리키는 말로도 쓰인다. 요컨대 시뮬라크르는 원본의 성격을 충실히 부여받지 못한 복제물을 뜻하는 개념이다. 그런데 이상하지 않은가? 복제물이 복제물일 수 있는 것은 원본을 전제할 때만 가능한 일이다. 원본의 상대적인 개념으로서만 복제라는 말은 허용될 수 있는 것이다.

여기에 바로 현대철학에서 시뮬라크르 개념이 가지는 독특성이 있다. 그것은 기원이 부재하는 복제물인 것이다. 예를 들어 지금은 사라진 뉴욕의 쌍둥이 타워에 대해 생각해보자. 현대 사회의 특성으로 시뮬라크르 개념을 제시했던 프랑스 사회학자 장 보드리야르는 이 건축물에 대해서 이렇게 말한다. "이 쌍둥이 타워는 두 개의 펀치 테이프처럼 보입니다. 오늘날 그것들은 서로 복제되고, 이미 복제 상태 속에 있는 것 같습니다."[3] 쌍둥이 타워가 '이미' 복제된 상태 속에 있다고 할 때, '이미'라는 말이 강조하는 바는 복제는 원본 뒤에 이차적으로 이루어지는 것이 아니라, '가장 앞서는' 사건이라는 점이다.

그 까닭은 쌍둥이 탑의 복제는 원본 없는 복제, '상호 복제'이기 때문이다. 바로 '기원 없는' 복제가 쌍둥이 타워가 존립하는 방식이다. 이렇게 하나가 다른 하나의 원본을 이루는 것이 아니라, 어느 것이 원본이고 복제물인지 구별할 수 없는 것이 시뮬라크르의 세계인 것이다. 그것은 또한 기원도 원본도 없이 정보의 무한 복제의 연쇄가 빠른 조류처럼 흘러가고 아바타가 우리의 삶을 싣고 가는 인터넷의 세계이기도 하다.

플라톤 식 금 고르기
원형에 대한 인류의 오래된 희구

이러한 가짜 인생 또는 진짜 원본과 가짜 복사본이 뒤섞여 구별할 수 없는 지대에 놓인 우리의 삶은, 기원에 대한 향수로 표현된 인간의 오래된 희구와 대립한다. 기원적인 것을 추구해온 인류의 성향을 보여주는 여러 가지 예 가운데서도 역사학의 아버지 헤로도토스의 『역사』가 전하는 이야기는 매우 흥미롭다. 이집트의 프삼메티코스 왕은 인간이 최초에 사용한 기원적 언어가 무엇인지 알고 싶어했다. 그래서 그는 갓 태어난 아이 둘을 오두막에 가두고 누구도 만나지 못하게 하고 어떤 말도 가르치지 않으면서 길렀다. 2년쯤 지난 어느 날, 아이들은 '베코스'라고 말했는데, 이는 프리기아 어로 '빵'이란 뜻이었다. 그래서 왕은 최초의 인류는 프리기아 인이며, 변질되지 않은 순수한 기원적 언어는 프리기아 어라는 것을 알게 되었다.

철학자로서는 바로 플라톤이 모든 존재자들의 순수한 기원이며 원형인 것을 탐구했는데 그것이 바로 유명한 '이데아'이다. 플라톤은 『소피스테스』라는 책에서, 이데아라는 원형을 '모범적으로 닮은' 것을 '모사물'이라 부르고 '그저 닮아 보일 뿐'인 것을 '유사영상(phantasma)'이라고 불렀다.[4] 그러니까 유사영상은 거짓된 허상이며 "거짓으로 존재하는 것"이라고 일컬을 수 있다. 플라톤의 철학은 바로 모범적인 모사물들을 이 유사영상으로부터 가려내는 '분리의 기술'이며, '순수화의 기술'이다. 이 분리의 기술을 플라톤은 이렇게 정의한다. "더 나은 것은 내버려두지만, 더 못한 것은 버리는 것",[5] 즉

자갈에서 '금을 골라내듯' 가짜들 사이에서 모범적인 것을 골라내는 것이 분리의 기술이다. 이렇게 인류는 기원·원형·모범·순수한 것에 대한 자신의 취향을 신화적인 이야기와 철학 모두를 통해서 만족시켜왔다.

반플라톤주의
기원, 역사, 합목적성의 부재

반면 시뮬라크르는 반(反)플라톤주의적인 현대적 사유 일반의 근본 성격을 반영하는 개념이다. 이 개념의 바탕에서 으르렁거리고 있는 현대철학의 세 가지 주제가 기원의 부재, 역사의 부재, 합목적성의 부재이다.

기원과 역사와 합목적성은 아마도 플라톤의 신화를 통해 가장 잘 설명될 것이다. 플라톤에 따르면 우리는 원본적인 모범적 진리인 이데아와 더불어 있었다. 그런데 이 세상으로 오는 동안 망각의 강 레테를 건너면서 이데아에 대한 인식을 상실했다. 그래서 이승에 있는 모든 불완전한 존재자들의 목적은 다시 저 모범적인 고향, 이데아계를 어떤 식으로든 되찾는 것이다.(앞서 이야기한 '분리의 기술' 또는 '순수의 기술'은 궁극적으로 바로 이 목적에 기여하는 것이다.) 모범적 기원의 상실은 역사라는 과정을 만들어내며, 역사라는 과정은 궁극 목적으로서 저 잃어버린 기원을 되찾을 때 완성될 것이다.

이러한 플라톤적 모델은 이후 그대로 서구 기독교 세계의 사고방식을 지배하게 되었다. 잃어버린 기원이 잃어버린 낙원의 신화로 바뀌면서 말이다. 시뮬라크르를 사유하는 대표적인 철학자 가운데 한 사람인 들뢰즈는 「플라톤과 시뮬라크르」(1966)라는 글에서 이 점을 설명하면서, 왜 시뮬라크르가 위험스러운 것으로 경시되게 되었는지를 잘 보여준다.

> 신은 그 자신의 형상에 따라 인간을 만들었으나, 인간은 죄로 인해 신과의 그 유사성을 잃어버리고 타락했으며, 우리는 시뮬라크르가 되었고 감성적 실존 속으로 들어감으로써 도덕적 실존을 상실했노라고. 이러한 설교는 시뮬라크르의 악마적인 속성을 강조하고 있다.[6]

기원과 역사와 합목적성이라는 세 악기가 연주하는 철학에서 모범적 기원으로의 회귀를 부정하는 시뮬라크르는 이렇게 악마적인 것으로 위험시되었다. 그렇다면 현대철학은 왜 이토록 위험해 보이는 시뮬라크르를 높이 떠받드는 것일까? "플라톤주의를 전복한다는 것, 그것은 이미지에 대한 원형의 우위를 부인한다는 것이며, 시뮬라크르의 지배를 찬양한다는 것이다."[7]

시뮬라크르에 대한 몰두의 이면에는 기원적인 것, 원본적인 것에 대한 추구가 오히려 더 큰 위험을 간직할 수 있다는 경계가 담겨 있을 것이다. 원형적인 것, 본질적인 것, 순수한 것을 탐구하는 구도자적인 제스처가 은폐하고 있는 것은 무엇인가? 우리 삶과 멀리 떨어진 형이상학적 주제로만 보이는 기원의 신화는 실은 우리 삶의 가장 가까운 곳에서 다음과 같은 문답을 주고받으며 우리 삶을 위협할 수 있다. 원형적인 순수한 인종은 누구인가? 그것은 백인이다. 원형적인 성, 보다 우월한 성은 무엇인가? 그것은 남성이다……. 그리고 이러한 기원이 누리는 영광의 배후엔 늘 기원보다 열등한 주변부가 영광의 그늘로 자리잡는다. 순수한 원천에 대한 향수와 자만심으로부터 등을 돌리면 거기엔, 순수하지 못한 것이 섞여든 유색인종들, 혼혈아들, 불법이민자들이 있다. 시뮬라크르에 대한 긍정은 바로 순수한 원형적 모범의 기준을 벗어나는 이 모든 것에 대한 환대를 담고 있는 것이다.

그러니 나의 가짜 인생이여, 복제와 인용으로 가득 찬 삶이여! 나는 너를 사랑할 수밖에 없구나. 그런데 '나의 가짜 인생'은 좀 어폐가 있는 표현 아닌지? 가짜와 진짜를 구별할 수 없는데, 다른 것들과 구별되는, 독자적인 '나'라고 불리는 순수한 것이 있겠는가? 삶은 이렇게 오리지널리티를 지니는 '자아'가 사라진 익명성의 터널로 들어간다. 어떤 사람들은 이 사태를 '주체의 죽음'이라 부르기도 했다. 주체가 죽은 시대에, 이 모범도 원본도 없는 복제물들의 파편을 가지고서 어떤 삶을 꾸며나갈 수 있을까? 인터넷과 스마트폰과 아바타와 RPG 게임이라는 시뮬라크르의 놀라운 생산자들 속에서 표류하는 우리가 오늘날 던져야 하는 윤리적·정치적 물음이란 이런 것이다.

1   롤랑 바르트, 김주환·한은경 옮김, 『기호의 제국』, 산책자, 2008, 121쪽.
2   『위대한 얼굴―한·중·일 초상화 대전(소도록)』, 아주문물학회, 2003, 19쪽.
3   장 보드리야르 외, 배영달 옮김, 『건축과 철학』, 동문선, 2003, 15쪽.
4   플라톤, 김태경 옮김, 『소피스테스』, 한길사, 2000, 132쪽.
5   같은 책, 107쪽.
6   질 들뢰즈, 이정우 옮김, 「플라톤과 시뮬라크르」, 『의미의 논리』, 한길사, 1999, 411쪽.
7   질 들뢰즈, 김상환 옮김, 『차이와 반복』, 민음사, 2004, 162쪽.

노마디즘

철학의 세계에도 유목민이 있는가

　철학자는 플라톤의 경우처럼 격투기 선수일 수도 있고 아우렐리우스나 에픽테토스처럼 황제나 노예일 수도 있으며, 스피노자처럼 첨단 과학의 기술자일 수도 있고, 라이프니츠처럼 외교관일 수도 있다. 그렇다면 목동은 될 수 없는가? 양을 치며 유목하는 민족을 통해 한 종교가 탄생한 이후 목자의 이미지는 종종 사상을 지배해왔다. 가령 하이데거는 '존재의 목자'라는 인상 깊은 표현을 사용하기도 했다. 그런데 목자의 이미지, 즉 지킴이의 이미지와는 다른 목동의 이미지는 없는가? 물론 있다. 그것이 노마드(유목민)이다. 땅에 뿌리내리고 토박이로 살며 정체성과 배타성을 지닌 민족을 이루기보다는, 어떤 정해진 형상이나 법칙에 구애받지 않고 바람이나 구름처럼 이동하며 삶을 정주민적인 고정관념과 위계질서로부터 해방시키는 유목민의 사유가 있다.

카인과 아벨의 운명
또는 정주민과 노마드의 싸움

「야만인을 기다리며」(1980)는 2003년 노벨문학상 수상작가 쿠체의 작품인데, 이 작품에 등장하는 야만인이란 바로 유목민을 가리킨다. 우리는 이런 인상 깊은 구절을 이 책에서 읽는다.

> 유목민들은 1년에 한 번씩 우리를 찾아와 교역을 한다오. [……] 내가 지난 20년 동안 치안판사로서 싸워야 했던 문제는 가장 저질적인 마부들이나 농사꾼들이 유목민인 야만인들을 모욕하고 경멸한다는 사실이었소. 특히, 그 경멸이라는 것이 식사예절이 다르고 눈까풀의 형태가 다르다는 것 말고는 구체적인 근거가 없는 것이라면, 당신은 그것의 뿌리를 어떻게 뽑을 수 있겠소?[1]

이 인용에서 표면적으로 드러나는 인종주의에 대한 고발만을 부각시키려고 이 구절을 읽은 것은 아니다. 정주민들은 위계적 정체성을 꾸미고 사는 자들이다. 정주를 가능케 하는 경계(또는 국경)가 이미 위계를 내포하고 있으며 배타적 정체성을 조장한다. 농사를 짓는 카인이 가축을 치는 아벨을 증오했듯 이런 정주민들은 유목민들을 증오해왔다. 아마도 근본적으로는 유목민의 도래가 정주민들이 꾸며온 모든 체계와 질서를 와해시킬지도 모르기 때문이리라. 유목민은 정주민들의 전통과 역사에 대해서 아는 바가 없는 자들이며 거기에 동화되고 싶어하지도 않는다. 쿠체는 말한다. "나는 역사의 바깥에서 살고 싶었다. 나는 제국이 백성들에게 강요하는, 아니 행방불명된 백성들에게조차 강요하는 역사의 바깥에 살고 싶었다. 나는 야만인들에게 제국의 역사를 강요하는 걸 원치 않았다."[2] 노마드에 대해 사유했던 대표적인 철학자 질 들뢰즈 역시 마찬가지다. 들뢰즈와의 대담에서 클레르 파르네는 들뢰즈의 입장을 이렇게 표현하고 있다. "노마드에게는 역사가 없습니다."[3]

국가와 같은 형식을 통해 거주하는 자들의 정체성을 지켜주는 역사를 가지지 않으므로, 노마드는 정체성 없는 익명의 힘으로 들이닥쳐 정주민을 파괴한다. 이러한 침입을, 그 파괴력을 강조하여 '전쟁기계'라 불러도 좋지 않을까?("전쟁기계의 기원은 황제의 주둔병이 되기를 거부하고 유목 생활을 하는 양치기한테 있을지도 모르죠."[4]) 이런 노마드의 출현으로 인한 파괴를 들뢰즈는 '탈영토화로서 탈주'라고 부르기도 했다.[5] 과거 유목민들의 삶이 보여주듯 말이다. 그리고 이런 노마드의 출현은 어쩌면 해묵은 정주민의 삶에 새로운 가치와 법을 도입하는 '창조'의 사건이 되기도 할 것이다. "사막에서 이루어지는 히브리인의 원정, 지중해를 횡단하는 반달 부족의 원정, 스텝을 가로질러 가는 유목민의 원정, 중국인의 원정 [……] 사람들이 무엇인가를 창조하는 곳은 언제나 탈주선 위에서이다."[6] 그런데 민족들이 투쟁하는 대륙에서뿐 아니라 철학의 평원에서도 동일하게, 노마드의 침입과 창조가 일어나고 있는 것이다.

경험론자들의 노마디즘
예술은 우리를 늘 새롭고 낯선 곳으로 안내한다

철학에서 주목할 만한 노마드의 발견은 칸트를 통해서 이루어졌다. 『순수이성비판』에서 칸트는 이렇게 이야기한다.

> 처음에 형이상학의 지배는 교조주의자들의 주재(主宰) 아래서 '전제적(專制的)'이었다. 그러나 그의 법칙 수립(입법)은 아직도 옛날의 야만성의 흔적을 그대로 가지고 있었기 때문에 내란으로 인해 점차로 완전한 '무정부 상태'로 퇴락했고, '회의주의자'은 정착해서 땅을 경작하는 것을 일절 싫어하는 유목민들과도 같아서 시시때때로 시민들의 통합을 분열시켰다.[7]

이 구절은 독단론적(교조주의적) 성격을 가지는 합리론과 회의론으로 치달은 경험론의 싸움을 전제국가와 유목민의 극적인 상쟁으로 묘사하고 있다. 대륙의 독단론이 국가를 세우면, 영국 경험론의 노마드는 그것의 전제적 성격을 간파하고서 시민들의 통합을 파괴한다.

그러니 영토를 닦아 합리론자들 이상의 체계를 세우려는 독일인들에게도 노마드는 하나의 위협일 수밖에 없다. 들뢰즈는 저 칸트의 구절을 염두에 두고서 다음과 같이 노마드의 성격을 부각시키고 있다.

> 독일은 끊임없이 토양을 갈고 다져야 한다. 다시 말해 건립해야만 한다. 건립하고 쟁취하려는 열정이 독일의 철학에 영감을 불러일으킨다. 즉 그

리스인들이 원주민들을 통해 소유했던 것을 독일은 정복과 창설에 의해 소유한다. [……] 이런 관점에서 볼 때, 영국은 독일에게 하나의 강박관념이다. 왜냐하면 영국인들은 철학의 내재적인 구도를 이동할 수 있고 움직일 수 있는 토양이나 경험의 근본적인 장으로 여긴다. 즉 그들은 그 구도를 바다 위의 섬에서 섬으로 옮겨 다니며 천막을 치기만 하면 되는 열도에 둘러싸인 어떤 세계로 취급하는 노마드이기 때문이다. [……] 그들은 텐트만 있으면 된다.[8]

그리스인들이 원주민처럼 그들의 일상적 삶과 일상적 언어를 통해 철학을 생래적으로 소유하고 있었다면, 독일인들은 그리스인들에겐 생래적이었던 사유를 학문적 개념의 형태로 애써 복원하여 다시 거주지를 형성해야 했다.(예컨대 우리가 상실한 그리스 말의 어원적 의미를 애써 일깨우며 사유를 진행한 하이데거에게서 보듯이 말이다.) 반면 경험론자들은 유목민들로서, 개념을 텐트에 넣어가지고 다니다가, 오로지 경험에 노출시켜 개념이 작동하는지 시험해본다. 이러는 사이 비경험적인 체계로 지어진 정주민의 거주지는 무너지는 것이다.

결국 노마드는 철학의 경험주의적 성격과 뗄 수 없는 관계를 가지는 개념이다. 자신의 철학을 경험주의라고 칭한 바 있는 레비나스는 예술철학의 문제와 관련하여, 정주적 성격을 지니는 하이데거에 반대해서 이렇게 쓴다. "유목주의는 정주 상태로의 다가감이 아니다. 그것은 거주지 없이 체류하는 것이며, 대지로 돌아갈 수 없음을 나타내는 일종의 관계이다."[9]

"인간은 시적으로 대지 위에 거주한다."라는 횔덜린의 시구를 내세우며, 하이데거는 예술을 거주할 자리를 마련하는 일로 이해했다. 횔덜린의 시 「라인 강」은 라인 강이 본래적으로 있어야 할 거주의 자리를 밝혀준다. 예술 작품으로서 그리스 신전은 그리스 민족이 본래적으로 거주하며 살아가는 자리를 열어준다. 이에 반해 레비나스는 『파울 첼란—존재에서 타자로』(1972)라는 작은 책에서, 시인 첼란의 작품을 통해 들여다볼 수 있는 유목적 삶을 상기시키며 이렇게 말한다. "모든 뿌리내림과 거주함의 바깥, 고향 상실이 본래성이다!"[10] 예술은 우리가 익숙하던 거주의 자리에서 벗어나 우리를 유목민처럼 낯선 지역으로 내몰고 새로운 경험을 하게 한다는 것이다.

들뢰즈의 노마디즘
존재자를 개념의 울타리 없이 방목하다

이러한 레비나스의 노마드적 사유는 매우 흥미롭지만, 또 다른 경험론자 들뢰즈의 철학이야말로 노마디즘의 중요한 국면을 보여준다. 정주민적인 사상가들이 동일성이나 유비 같은 개념의 울타리 속에 가축들을 가두어놓듯 존재자를 가두었다면, 어떤 개념의 울타리도 없이 존재자들을 방목하고자 했던 것이 들뢰즈의 노마드적 존재론이다. 들뢰즈는 주저 『차이와 반복』에 '방목하다'라는 말의 고대적 의미에 대해 다음과 같은 인상 깊은 구절을 남기고 있다.

방목하다라는 말의 목축적 의미는 나중에서야 토지의 배당을 함축하게 된다. 호메로스 시대의 사회는 방목장의 울타리나 소유지 개념에 대해서 알지 못했다. 당시 사회의 관건은 땅을 짐승들에게 분배하는 데 있는 것이 아니라, 반대로 짐승들 자체를 분배하고 짐승들을 숲이나 산등성이 등의 한정되지 않은 공간 여기저기에 배분하는 데 있다. 노모스는 우선 점유의 장소를 지칭하지만 그 장소는 가령 마을 주변의 평야처럼 명확한 경계가 없는 곳이다. 여기서부터 '노마드'라는 주제 역시 탄생한다.[11]

애초에 가축을 기르는 일은 울타리를 치는 목축의 개념을 가지고 있지 않았다. 그것은 명확한 경계가 없는 장소에 가축을 풀어놓는 일, 유목이었다. 방목의 이러한 의미를 존재론의 관점에서 우리는 이렇게 바꾸어 쓸 수 있을 것이다. 존재란 애초에 어떤 개념적 울타리를 통해 존재자에게 배분했던 것이 아니다. 경계 없는 존재 위에 존재자를 직접 풀어놓는 것이 관건이다. 어떻게 그것이 가능할까? 철학사를 통해 경험론적 사유가 이 과제에 도전해왔다.

가령 로마 시대의 철학자 루크레티우스의 『사물의 본성에 관하여』에 나오는 다음 구절을 읽어보자. "단일한 것으로 지각된 순간 속에는, 이성이 발견해내는 수많은 순간들이 숨겨져 있다. 이런 까닭에 모든 시간과 모든 장소에서 모든 종류의 시뮬라크르들(이미지들, 흔적들)이 있는 것이다."[12] 우리의 눈이 하나의 사물로 보는 것의 배후에는 수많은 지각의 순간들이 숨겨져 있다는 것이다. 플라톤이라면, 이 동일성의 원천으로 저 피안에 있는 이데아를 제시했을 것이다. 그러나 경험에 충실하자면, 동일한 사물이 아니라 수많은 다른 순간의 수많은 다른 지각들이 있을 뿐이다. 이는 동일성 개념(울타리)의 매개를 거치지 않고 존재자를 직접 존재의 대지 위에 풀어놓는 존재론적 유목이 아닌가?

이러한 유목적 사유는 '계사(繫辭)'에 대한 들뢰즈의 다음과 같은 분석에서도 잘 드러난다. 우리는 보통 계사를 통해, 주어 자리에 오는 동일성을 지닌 실체에 술어 자리에 오는 필연적이거나 우연적인 속성을 귀속시킨다고 생각한다. 그러나 경험 안에 있는 것은 동일성 개념이나 그에 부속하는 성질 개념에 매개되지 않는 감각들이 아닐까? 우리가 일상에서 사용하는 말 '하늘은(est/is) 푸르다.'는 동일성 개념에 매개된 존재자에 대한 주장이 아니라, 오히려 '하늘임'과(et/and) '푸름'이라는 두 속성이 이웃하고 있다는 뜻을 표현하고 있을 뿐이다.(즉 계사의 정체는 접속사인 것이다.) 그야말로 '하늘임'과 '푸름'의 가변적인 '배치'가 있을 뿐이다. 이것은 그야말로 랭보의 표현을 빌려 "모든 감각들의 무질서"라 일컬을 수 있는 세계이며, 개념의 울타리 없이 존재자를 존재 위에 풀어놓는 사고이다.[13]

모든 감각들의 무질서로부터 정주민의 도시를 위협하는 유목민의 저 전쟁기계가 생겨난다. 이것은 재앙인가? 오히려 존재자들을 동일성이나 유비 같은 개념의 울타리 안에 가두지 않고, 직접 존재 위에 개방하여, 새롭게 배치해보라는 행운이 우리 손에 떨어진 것은 아닐까? 억압적 효과들을 발휘하는 개념의 체계 바깥에서 존재자들을 방목해볼 최초의 행운, 유목적 삶의 행운 말이다.

1 존 맥스웰 쿠체, 왕은철 옮김, 『야만인을 기다리며』, 들녘, 2003, 88쪽.
2 같은 책, 265쪽.
3 질 들뢰즈, 허희정 옮김, 『디알로그』, 동문선, 2005, 62쪽.
4 같은 책, 243쪽.
5 같은 책, 71쪽 참조.
6 같은 책, 235쪽.
7 임마누엘 칸트, 백종현 옮김, 『순수이성비판』, 아카넷, 2006, 1권, 166쪽(AIX).
8 질 들뢰즈 · 펠릭스 가타리, 이정임 · 윤정임 옮김, 『철학이란 무엇인가』, 현대미학사, 1995, 153~155쪽.
9 에마뉘엘 레비나스, 박규현 옮김, 『모리스 블랑쇼에 대하여』, 동문선, 2003, 28쪽.
10 E. Levinas, *Paul Celan: de l'être à l'autre* (Fata morgana, 2004), 29쪽.
11 질 들뢰즈, 김상환 옮김, 『차이와 반복』, 민음사, 2004, 104쪽.
12 『사물의 본성에 관하여』 IV권, 794~798행.
13 질 들뢰즈, 『디알로그』, 109쪽 이하 참조.

돈의 존재론

돈을 통해 우리는
타자를 환대하는가, 지배하는가

돈을 생각하면 사람들은 한숨부터 쉰다. 돈 때문에 울고 미워하고 살해하고 자살한다. 돈 때문에 높이 추앙받으며 돈 때문에 비굴해진다. 자식은 아버지에게 말한다. "돈은 아버지가 나를 지배하는 힘이다." 노벨문학상 수상 작가 솔 벨로우의 대표작 『오늘을 잡아라』(1956)에 나오는 구절이다. 돈은 없지만 자기 능력을 보여주고 싶어 안달난 이 아들은 이어서 이렇게 말한다. "만약 아버지가 가난하다면, 나는 그를 돌보면서 내 방식을 보여줄 수 있을 것이다."[1] 자신을 지배하는 이 아버지를 사회 전체로 확장시키면, 아들이 하고 싶어하는 일이 무엇인지는 더 분명히 드러난다. 돈을 통해 지배하는 사회에게 한 젊은이는 자신의 독자적인 방식을 보여주고 싶어하는 것이다. 과연 그럴 수 있는 날이 올까?

존재론적 성찰의 대상으로서 돈
존재함은 거주함이며, 거주를 관리하는 것이 경제이다

그야말로 돈의 질서는 무서운 아버지 같다. 돈은 위대하고 우리는 그 앞에서 한껏 초라해진다. 소설가 이상은 돈의 위력이 미적(美的) 아우라까지 띠는 모습을 소설 「지주회시」(1936)에서 이렇게 묘사하고 있다. "오십 전짜리가 딸랑 하고 방바닥에 굴러 떨어질 때 듣는 그 음향은 이 세상 아무것에도 비길 수 없는 가장 숭엄한 감각에 틀림없었다."[2] 이상은 '숭고미(崇高美)'와 돈을 연결짓고 있는 것이다. 그러니 숭고한 대상이 될 정도로 위압적인 이 돈의 비밀을 어찌 다 알고 싶지 않겠는가?

그러나 이 글은 돈에 대해 인류가 수행해온 명상 모두를 담을 수는 없다. 투자의 노하우를 귀띔하지도 않고, 세계 경제를 예측하지도 않으며, 급히 돈 쓰실 분을 위해 좋은 조건으로 대출을 알선하는 일은 더더욱 하지 않는다. 돈 놓고 돈 먹기를 가르치지도 않고 사람 위에 돈 없다며 울분을 토로하지도 않는다.

그럼 뭘 하는가? 그저 모든 철학이 그래왔듯 '존재'의 문제에 관심을 가질 뿐이다. 존재는 유지되지 않으면 '무(無)'가 된다. 그러므로 존재하는 자는 존재함을 유지하기 위해 먹어야 한다. 그래서 노동을 하고 대가로, 먹을 것을 구입할 수 있는 보수를 받는다. 그러니까 '존재함'이란 불가결하게 보수에, 바로 돈에 의존한다. 그래서 존재론은 돈에 대한 성찰을 빠뜨릴 수 없으며, 같은 이유에서 어떤 철학자들은 존재론이란 말 대신 '존재의 일반 경제'라는 표현을 쓰기도 하는 것

이다. '경제'라는 말의 어원 역시 이러한 점에 대해 잘 알려준다. 존재함이란 노동과 봉급을 통해 영위될 수 있는 거주함이며, 거주(oikos)를 관리하는 일이 바로 경제(oikonomia)인 것이다. 이렇게 보자면, 존재론이란, 존재함을 꾸려나가는 일에 대한 학문, 즉 노동과 보수와 거주에 관한 학문이며, 바로 그런 의미에서 '경제'에 대한 성찰이기도 하다.

돈의 탄생과 화폐의 익명성
나만의 버찌씨에서 모든 사람의 추상적인 돈으로

"돈의 객관성은 양도할 수 없는 재산의 폐지이며, 타인의 출현을 전제한다."[3] 철학자 레비나스는 이렇게 말한다. 양도할 수 없는 재산이란 무엇인가? 그것은 누구도 알 수 없고 오로지 소유한 사람만이 아는 재산이다. 교과서에 실려 있는 폴 빌리어드의 「이해의 선물」(1970)을 기억하는 독자들이 많을 것이다. 이 소설에서 네 살짜리 주인공은 위그든 씨가 운영하는 사탕가게에서 버찌씨를 돈으로 지불하고 사탕을 산다. 물론 이 사탕은 위그든 씨의 이해에서 비롯된, 동심에 주어진 선물이며, 여기서 버찌씨는 오로지 이 네 살짜리 어린아이의 세계 속에서만 가치를 지니는 돈, 그 무엇과도 등가적이지 않은 양도할 수 없는 돈, 소통되지 않는 돈이다. 어른이 되어 타인과의 관계 속에 들어간다는 것은 이 양도할 수 없는 재산인 버찌씨를 폐지하고, 타인들 사이에 약속된 추상물인 돈을 받아들인다는 것을 뜻한다. 이것이 돈의 객관성은 타인의 출현을 전제한다는 말의 의미다.

루소는 이러한 돈의 성격에 대해 『에밀』(1762)에서 이렇게 쓰고 있다. "사물들 사이의 계약에 입각한 평등은 돈을 발명하게 했다. 왜냐하면 돈이란 여러 가지 사물들의 가치에 대한 비교의 표적이기 때문이다." 사물들은 돈을 기준으로 삼아 가치의 '양'을 가질 수 있게끔 되었다는 것, 즉 객관적 기준에 따라 양도될 수 있게 되었다는 것이다. 이것이 돈의 탄생이다. 개개인에게 아주 사사롭게 양도 불능의 가치를 지니던 사물들은 화폐의 익명성 속에서 거래되기 시작한다. 우리는 낙원에서 쫓겨나듯, 또는 어린 시절의 버찌씨를 잃어버리듯 나만의 구체적이고 생생한 가치로부터 쫓겨나 돈이라는 추상적인 약속 속으로 들어선 것이다. 그러므로 사회적 소통의 맥락을 놓친 자는 당연히 돈이라는 약속도 모르는데, 바로 이상의 소설 「날개」(1936)의 주인공이 그렇다. "나는 벌써 돈을 쓰는 기능을 완전히 상실한 것 같았다."[4]라고 그는 말한다. 돈의 가치를 모르는 것은 더불어 사는 것, 사회를 모르는 것이다.

그래서 돈은 객관적으로 소통할 줄 아는 사람이라면 모든 이가 믿고 따르는, 보편적인 종교처럼 되어버린다. 돈에 대한 만인의 신뢰 덕에 사람들은 일회적인 접촉을 넘어서 지속적인 관계를 형성한다. 요컨대 돈이야말로 우리 삶을 지탱하는 '믿음의 형식'인 것이다. 그렇다면 이런 돈의 세계 안에서 지내는 시간은 존재자가 존재하기 위한 최적의 요람인가? 철학자 레비나스는 이렇게 쓰고 있다. "이 시간은 슬픔을 달래고 죽음을 극복하기엔 충분하지가 않다."[5] 경제적 질서에 따라 약속받은 대로 노동을 하고 봉급을 타는 이 세계 안에서의 삶은 천편일률적인 것이다. 노동을 하고 돈을 받아 자기를 먹이는 일이

이루어진다. 이것은 매우 중요한 일이지만, 그다음엔? 역시 노동을 하고 돈을 받아 자기를 먹인다. 그다음엔? 소멸에 이르기까지 그다음도 계속 똑같다.

그래서 사람들은 이야기한다. 그 돈이 자기 존재가 아닌 다른 존재에 대해 쓰인다면? 그것은 전적으로 예측할 수 없는 미지의 사업에 투자하는 것과 같은 것이며, 어떤 사람들은 그것을 미래를 열어나가는 일이라고도 부른다. 사람은 죽을 때 모든 돈이 나의 존재와 더불어 사라지는 데 관심을 쏟기보다는, 자신이 더 이상 존재하지 않을 미래에 대해 열렬히 관심을 가진다. 가령 죽어가는 이는 돈을 더 이상 자신을 위해 쓸 수 없음에도 재산을 어떻게 처리할지 고민에 빠지는 노역을 감내한다.

타자에게 돈 쓰는 일도 어렵다
상거래와 같은 교환으로 변질될 위험

이런 식으로 우리는 내가 못 누리는 미래, 타자의 존재가 누릴 미래에 대한 관심 속에서 죽어간다. 그런데 타자를 위해 쓰는 이런 돈은 아무런 곤란도 겪지 않는가? 이제 우리는 돈의 가장 중요한 국면 가운데 하나와 마주치게 된 것 같다. 아주 크게 요약해서 돈은 두 가지 방향으로 쓰인다. 앞서 살펴본 자기 존재를 부양하는 일과 타자의 존재를 부양하는 일. 타자의 존재를 부양한다는 돈의 이 두번째 의미는 경제란 말의 동양적 어원인 '경세제민(經世濟民)'이란 표현의 뒷부분에 고스란히 간직되어 있다. '인민을 구제한다'는 뜻 말이다. 이것은 머나먼 옛적부터 돈의 참다운 의미 가운데 하나였던 것이다. 이웃을 위한 돈, 자녀를 위해 쓰는 돈, 교회에 내는 헌금, 각종 기부금뿐 아니라, 백 년 뒤 지구인의 삶을 위해 사용하는 돈도 타자의 존재를 부양하기 위한 돈이다. 당연하게도 백 년 뒤에 혜택을 입을 존재는 내가 아니라 타자이니까 말이다. 타자를 위해 쓰는 돈은 이렇게 우리 삶의 중요한 국면을 차지하고 있다. 그런데 타자에게 돈을 쓰는 일은 결코 쉬운 일이 아니다. 시인 윤동주는 「투르게네프의 언덕」(1939)에서, 가난한 이에게 돈을 주는 일에 대해 이렇게 이야기한다.

> 아―얼마나 무서운 가난이 이 어린 소년들을 삼키었느냐!
> 나는 측은한 마음이 움직이었다.
> 나는 호주머니를 뒤지었다. 두툼한 지갑, 시계, 손수건…… 있을 것은 죄다 있었다.
> 그러나 무턱대고 이것들을 내줄 용기는 없었다.

이 인색했던 적이 없는 시인은 왜 가난한 타인에게 무턱대고 돈을 내주기 어려웠을까? 아마도 돈을 내주는 일이 상거래와 같은 교환으로 급히 변질되는 일이 두려웠기 때문일 것이다. 헤겔은 이러한 점에 대해 잘 알고 있었던 듯하다. 헤겔의 『정신현상학』에는 일종의 '부자의 철학'이라고 할 만한 구절들이 등장한다. 그는 오늘날로 치면 재벌의 사회 환원 같은 부자의 자선에 대해서 이렇게 이야기한다.

> 부자의 정신은 부의 나눔을 통하여 본연의 자기를 깨우치게 되고 자기 희생이라는 사명을 다하게 되면서, 자기 혼자 향유를 누린다는 입장이 파기되어, 부는 널리 인정받는 공동의 부로 변하는 것이다.[6]

 부자의 정신이 지닌 핵심은 부를 사회 전체의 공동의 부로, 보편적인 부로 만들 때 완성된다는 것이다. 그러나 불행히도 현실은 이렇다.

> 부자가 교만한 생각을 안고 한 끼니의 식사를 베풀 때마다 이를 받아들이는 상대방의 자아 그 자체를 휘어잡고 그의 마음속까지도 임의로 다룰 수 있을 것으로 생각하는 나머지 부자는 상대방의 내면에 일고 있는 분노를 간과하고 만다.[7]

 그리하여 수혜를 베푸는 자와 받는 자 사이엔 축복과 감사보다 적대적 대립이 생긴다. 결국 "부자의 정신은 세상의 표면을 훑고 다니는 망상과 같은 것"이 되어버린다.

 왜 타자를 위해 쓰는 돈에서 오히려 타자의 증오를 만들어내는 비극이 생겨나는 것일까? 답은 매우 간단하다. 데리다가 『시간 주기(Donner le temps)』(1991)에서 말하는 바에 따르면, 타자를 위한 돈은 일종의 '선물'인데, 선물은 그것이 선물이라는 사실이 주는 자나 받는 자에게 알려지는 즉시 선물의 지위를 잃고 상거래상의 상품이 되기 때문이다. 즉 타자에게 선물로 돈을 준 행위가 나에게 '자기만족'이 되면, 그것은 돈을 주고 만족을 구입한 거래 행위 외에 다른 것이 아니다. 이러한 자기만족을 헤겔은 앞서 자기 시대의 용어로 '부자의 교만'이라고 불렀다. 요컨대 부자의 교만이란, '자기의식'이 '보편적 법칙(부, 경제)'으로부터 '소외'된 형태인 것이다. 이 소외를 우리는, 우리 사회에서 흔히 보는, 국가 전체를 지배하는 보편적 법칙인 경제와 부자 개인 사이의 불화(가령 재벌의 이기적 자금운용이나 비정상적 상속)에서 보다 쉽게 목격한다. 즉 부자의 교만 속에서 자선의 자기만족과 자본에 대한 이기적 접근은 결국 동일한 성질의 것이다.

결국 타자의 존재를 위해 돈을 쓰는 일은 어렵고 세심한 손길을 요구한다. 그것이 심리적이건 물리적이건 나에게 보상으로 되돌아온다면, 나는 결국 나를 위해 돈을 쓴 것이고, 나의 존재에 필요한 '계산'을 한 것이나 다름없으리라. 그러나 어쩌겠는가? 인간의 관심은 계산할 수 있는 확실한 오늘에만 머무르지 않고, 실패를 무릅쓴 채 수시로 우리 자신의 존재함을 넘어 모험을 감행하는 것을!

1　솔 벨로우, 양현미 옮김, 『오늘을 잡아라』, 민음사, 2008, 98쪽.
2　이상, 「지주회시」, 『이상전집』(권영민 엮음), 뿔, 2009, 2권, 68쪽.
3　E. Levinas, *Totalité et infini*(Martinus Nijhoff, 1961), 48쪽.
4　이상, 「날개」, 『이상전집』(권영민 엮음), 뿔, 2009, 2권, 86쪽.
5　에마뉘엘 레비나스, 서동욱 옮김, 『존재에서 존재자로』, 민음사, 2003, 153쪽.
6　G. W. F. 헤겔, 임석진 옮김, 『정신현상학』, 한길사, 2005, 2권, 94쪽.
7　같은 책, 95쪽.

사랑과 정치

사랑은 어떤 의미에서 개인적인 감정을 넘어서는가

사랑! 이보다 달콤한 말이 또 있을까? 사람들은 마치 중독성이 강한 약을 복용한 것처럼 사랑에 빠져 헤어날 줄을 모른다. 왕위계승권을 버리고 사랑하는 여자를 좇아가는 이가 있기도 하며, 신에 대한 사랑에 취해서 한평생을 보내는 이가 있기도 하다. 부모들의 사랑은 더 말할 필요도 없을 것이다. 이렇게 모든 사랑에는 마약을 삼킨 것 같은 도취적인 본질이 있는 것이다. 바로 이런 까닭에 '트리스탄과 이졸데'의 설화는 사랑 이야기 전체를 대표하는 자격을 지닌다. 사랑의 미약을 삼킨 이 이야기의 두 주인공은 사랑 외에 세상에 이룰 일은 아무 것도 없다는 듯 죽음에 이르도록 서로를 사랑한다.

빈곤과 풍요의 자식이자, 아름다움의 종
사랑은 아름답고 좋은 것을 갖고자 하는 힘이다

그런데 도대체 사랑이 정확하게 무엇일까? 철학자 플라톤이 그의 대화록 『향연』에서 전하는, 사랑의 본질에 접근하게 해주는 재미있는 신화가 있다. 아름다움의 여신 아프로디테가 태어났을 때 신들은 잔치를 열어주었는데, 그 잔치에는 풍요의 신 포로스도 와 있었다. 그런데 우연히 빈곤의 여신 페니아가 무엇이라도 얻으려고 잔칫집을 기웃거리다가 술에 취해 잠들어 있는 포로스를 발견했다. 너무도 가난했지만 잔치에서 아무것도 얻을 수 없었던 페니아는, 포로스에게서 자식이라도 얻자는 생각에 그의 곁에 누웠다. 이렇게 해서 태어난 아이가 바로 사랑(에로스)으로서, 이 에로스는 그날 잔치의 주인공인 아프로디테의 종이 되었다.[1]

이 신화만큼 사랑의 본질에 대해서 잘 알려주는 이야기도 없을 것이다. 사랑은 빈곤의 여신의 아들답게 늘 배고파하며 갈구하기를 그치지 않는다. 사랑은 무엇을 갈구하는가? 미의 여신 아프로디테의 종답게 그것은 '아름다움'을 갈구한다. 그리고 풍요의 신인 아버지를 닮아 늘 새로운 힘을 얻는다. 한마디로 사랑은 아름답고 좋은 것을 언제나 자기 것으로 가지기를 원하는 힘이다.

아름다움과 완벽함
사랑은 신체와 마음의 완벽함을 추구한다

그런데 도대체 무엇이 아름답고 좋은 것인가? 가령 아주 아름답게 잘생긴 배우가 있다고 해보자. 그의 잘생긴 외모를 우리는 흔히 '완벽한 얼굴'이라고 표현한다. 이러한 언어적 표현 방식 속에서 이미 '아름다움'은 '완벽함'과 긴밀한 관계를 맺고 있음이 드러난다. 아마도 미학자라면 아름다운 얼굴의 완벽함을 '비율의 완벽함'이라는 더 분명한 명칭으로 부를 것이다. 이 비율의 완벽함이란 그리스의 예술가들이 열렬히 추구했던 바로서, 인간 신체의 아름다움을 고스란히 담고 있는 그리스 조각들에서 흔히 발견할 수 있는 것이다.

이렇게 아름다움이 완벽성을 통해 성립하는 것이라면, 사랑이 갈구하는 바는 바로 완벽함이라고 할 수 있을 것이다. 사실 우리는 사랑에 빠진 이들이 얼마나 완벽함을 희구하는지 쉽게 목격할 수 있다. 가령 군인은 자기가 사랑하는 사람의 눈에 비겁자로 보이기를 원하지 않는다. 그는 완벽한 용기를 가지고 싶어한다. 여인은 자기가 사랑하는 남자의 눈에 흐트러진 얼굴을 보이고 싶어하지 않는다. 그녀는 완벽하게 조화로운 화장을 하고 싶어한다. 충성스러운 기사는 자신이 사랑하는 영주의 눈에 거짓말쟁이로 보이고 싶어하지 않는다. 그는 완벽하게 정직한 마음을 가지고 싶어한다.

이렇게 사랑에 빠진 자는 실은 완벽함을 갈구하고 있는 것이다. 그런데 우리는 여러 가지 종류의 완벽함에 대해서 이야기할 수 있다. 외모(신체)의 완벽함도 있을 것이요, 마음의 완벽함도 있을 것이다. 그런데 신체의 완벽함이 되었든 마음의 완벽함이 되었든, 이런 것들은 개개인에 국한된 것처럼 보인다. 하지만 중요한 것은 개개인은 결코 홀로 고립된 존재가 아니라는 것이다. 우리가 가진 생각이나 느낌 가운데 어느 한 가지라도 나 혼자 만들어낸 것이 있던가? 우리 자신을 구성하는 모든 것은 타인과의 관계 속에서 생겨난다. 그러므로 우리 신체의 완벽함이나 마음의 완벽함 역시 타인과의 관계에 빚지고 있다고 말할 수 있을 것이다. 이러한 타인과의 관계 전체를 가리켜 무엇이라 부르는가? 그것이 바로 '사회'다. 이렇게 보자면 결국 사회의 완벽함이 모든 완벽함의 근본에 있는 것이며, 사랑이 완벽함을 갈구한다면 결국 사랑은 사회의 완벽함을 갈구하는 것일 수밖에 없다.

사랑의 발전
사랑은 궁극적으로 정의에 대한 감수성이다

사회의 이 완벽함이란 구체적으로 무엇인가? 플라톤은 『향연』에서 그것을 '절제'와 '정의'라고 불렀다. "사리분별 가운데서도 단연 가장 중대하고 가장 아름다운 것이 국가들과 가정들의 경영에 관한 사리분별인데, 바로 그것에 붙어 있는 이름이 절제와 정의입니다."[2] 사랑이 추구하는 가장 아름다운 것이 절제와 정의라는 것이다.

그렇기에 진정한 사랑은 하나의 제한된 대상이나 한 사람에 대한 사랑일 수 없으며, 전체에 대한 사랑일 수밖에 없다. 전체의 완벽한 질서를 보장해주는 절제와 정의가 없다면, 그 전체 질서에 의존하고

있는 우리 개개인의 완벽함 역시 온전한 것일 수 없기 때문이다. 이렇다면 우리는 우리가 맺고 있는 인간관계 전체의 완벽함을 위해 애쓰는 이들, 그러니까 정의가 사라진 곳에 다시 정의가 깃들이도록 하기 위해 약자를 위하는 이들, 거짓말이 난무하는 곳에 올바름을 심기 위해 애쓰는 이들을 가리켜 진정으로 사랑을 행하는 이들이라고 말할 수 있을 것이다.

그러니 아끼는 하나의 물건에 대한 사랑에 몰두하거나, 한 사람에 대한 그리움에 제한되어 있는, 보통 우리가 흔히 체험하는 사랑은, 사랑의 긴 여정에서 얼마나 보잘것없는 것인가? 플라톤은 우리의 사랑이 발전하는 방식을 이렇게 이야기한 적이 있다.

> 마치 사다리를 이용하는 사람처럼 그는 하나에서부터 둘로, 둘에서부터 모든 아름다운 몸들로, 그리고 아름다운 몸들에서부터 아름다운 행실들로, 그리고 행실들에서부터 아름다운 배움들로, 그리고 그 배움들에서부터 마침내 저 배움으로, 즉 다름 아닌 저 아름다운 것 자체에 대한 배움으로 올라가게 됩니다. 그렇게 되면 마침내 그는 아름다움 바로 그것 자체를 알게 됩니다.[3]

우리는 개별적인 아름다운 대상 또는 사람에서부터 사랑의 걸음마를 시작하지만, 결국 진정한 사랑이란 완벽한 아름다움에 대한 갈구로 나아갈 수밖에 없는 것이다. 그리고 앞서 보았듯 이 완벽한 아름다움을 지탱하고 있는 것이 사회 전체의 절제와 정의다. 바로 이런 까닭에 사랑은 결국 사회의 정의에 마음을 쓰는 정치적 감수성일 수밖에 없다. 시인 김수영은 이 점을 다음과 같이 잘 알고 있었다. 「사랑의 변주곡」(1967)에서 그는 이렇게 쓴다.

> [······] 이 사랑을 만드는 기술을 안다
> 눈을 떴다 감는 기술―불란서 혁명의 기술
> 최근 우리들이 4·19에서 배운 기술

이 얼마나 신기한 광경인가? 우리가 몸담고 있는 사회 전체, 그리고 사회를 가동시키는 정치의 바닥에 우리 마음의 능력, 즉 우리의 욕망으로서 사랑이 자리잡고 있다니! 결국 사회도 국가도 어떤 특별한 목적 때문에 생겨난 것이 아니라, 우리 마음 깊은 곳의 타고난 기본적 욕망, 바로 사랑을 만족시키기 위해서 태어난 것이 아닌가? 그러니 사랑에 빠진 이란, 올바른 사회적 관계 속에서 살아나가는 사람 외에 다른 것이 될 수 없을 것이다.

---

1   플라톤, 강철웅 옮김, 『향연』, 이제이북스, 2010, 127쪽 이하 참조.
2   같은 책, 140쪽.
3   같은 책, 144~145쪽.

신체에 대한 실천

몸을 어떻게 자유롭게 할 것인가

　신체라는 것은 주어진 고정된 사실이기보다는 실천의 대상이다. 권력과의 긴장 속에서 이루어지는 실천 말이다. 들뢰즈는 한 대담에서 푸코와 자신의 차이점에 대해서 이렇게 말한다. "이것이 푸코와 우리의 차이점 가운데 하나입니다. 그가 보기엔 온갖 술책들이 사회를 가로지르고 있으나, 우리가 보기엔 사회가 이곳저곳으로 탈주하고 있습니다."[1] 푸코가 역사 '안에서' 출현하는 제도와 지식의 선험적 조건으로서 에피스테메를 밝혀내는 데 열중했다면, 들뢰즈는 어떻게 욕망이 제도와 지식을 전복시키고 역사 '바깥으로' 탈주하는가에 열중했다. 양자의 이러한 차이점은 들뢰즈가 푸코에 대해 쓴 글인 「욕망과 쾌락」(1994)에서도 매우 첨예하게 드러난다. 여기서 들뢰즈는 "나는 권력 장치에 대한 미셸의 폐쇄성을 받아들일 수 없다."[2]고 말하며, 푸코가 물 샐 틈 없이 작용하는 권력에 의해 어떻게 욕망이 정체성을 부여받는가를 기술한 반면, 자신은 '권력에 대한 욕망의 우선성', 즉 권력 장치를 전복시키는 욕망의 혁명적 힘에 주목한다는 점을 강조한다.

니체의 신체
형벌과 훈육을 통해 문화가 형성된다

그런데 말년의 들뢰즈가 이처럼 푸코와 거리 두기에 몰두한 측면이 없지 않지만, 양자의 차이점만큼 공통점도 오늘날 우리에게 남겨진 풍요로운 유산인 듯싶다. 그들이 공범자인 까닭은 단적으로, 들뢰즈 못지않게 푸코 또한 우리에게 주어진 지식의 선험적 조건을 중립적인 입장에서가 아니라 언제나 '비판적' 견지에서 기술했기 때문이다. 두 사람의 작업 덕분에 오늘날 철학은 부르주아적인 '지식'의 역사에 편입되기를 거부하고, 비판적 힘으로 혈관을 채운 젊은 무사로 여전히 우리 곁에 머무를 수가 있는 것이다.

특히 '몸'의 문제에서 그렇다. 몸과 관련해 두 사람을 하나로 묶어 주는 최초의, 그리고 가장 근본적인 끈은 아마도 양자의 공통적인 스승인 니체일 것이다. 니체는 『도덕의 계보』에서 제도, 가치 등 문화 전반이 세워지는 터전으로서, 체벌의 대상인 신체에 대해 이렇게 말한 바 있다.

> 인간의 선사 시대 전체에서 인간의 '기억술'만큼 더 무섭고 섬뜩한 것은 없을 것이다. [……] 인간이 스스로 기억을 만들어야 할 필요가 있다고 여

길 때, 피나 고문, 희생 없이 끝난 적은 없었다. [······] '사상가의 민족'을 기르기 위해, 지상에서 얼마만큼의 노고가 있었는지를 이해하기 위해서, 우리의 고대 형벌 제도를 살펴보는 것만으로도 충분하다.[3]

신체에 대해 들뢰즈와 푸코가 쓴 페이지들은 니체의 이 구절에 대한 기나긴 주석이라고 해도 과언이 아니다. 문화는 양피지 위에 기록됨으로써 세워지는 것이 아니라, 형벌, 수난, 번제, 훈육 등등의 형태로 신체 위에 기록되고 기억됨으로써 비로소 존립하게 되는 것이다. 따라서 니체의 제자로서 들뢰즈와 푸코는, 시체감식반이 신체가 말없이 보여주는 흔적들을 해독하여 범인의 정체를 밝혀내듯이, 신체라는 로제타석에 새겨진 권력의 상형문자들에게 말을 붙이고, 결국에는 그 침묵한 입을 열게 해 이 신체가 누구에 의해 무슨 목적으로 탄생했는지를 추적한다.

신체에 새겨진 지식과 권력
신체를 감시하는 성직자, 간수, 의사, 그리고 정신분석가

가령 들뢰즈의 『앙티오이디푸스』가 무엇을 표적으로 삼고 있는지 보자. 들뢰즈는 이 책이 자본주의와 정신분석 양자를 동시에 공격하는 책이라고 말한다. 어떻게 신체에 관한 하나의 학문(지식)인 정신분석에 대한 비판은 동시에 하나의 체제에 대한 비판과 동전의 양면을 이룰 수 있는가? 답을 우리는 푸코의 『감시와 처벌』에서 발견할 수 있다.

> 우리가 인정해야 할 것은 권력은 어떠한 지식을 산출한다는 점이며, 권력과 지식은 상호 직접 관여한다는 점이고, 또한 어떤 지식의 영역과의 상관관계가 조성되지 않으면 권력적 관계는 존재하지 않으며, 동시에 권력적 관계를 상정하거나 구성하지 않는 지식은 존재하지 않는다는 점이다.[4]

즉 권력은 우리 삶의 가장 깊숙한 곳까지 개입하기 위해서 바로 지식이라는 안내자의 인도를 받으며, 지식을 대리인 삼아 우리 신체를 순응적인 형태로 창조한다. 푸코는 주로 역사의 장면들 속에서, 들뢰즈는 주로 당대의 정치·사회적 현장 속에서 어떻게 권력이 지식을 통해 신체에 접촉하는지 포착해보려는 것이다.

푸코부터 보자면, 그는 고전주의 시대를 권력이 행사될 표적으로서 신체를 발견한 시대로 지목한다.(『감시와 처벌』 3부 1장) 고전주의 시대는 신체가 만들어지고, 교정되고, 복종하고, 능력이 부여될 수 있는 대상임을 간파한 시대, 즉 '신체의 현금가치'를 발견한 시대이다. 이 시대는 지식을 통해, "신체가 유용하면 유용할수록 더욱 신체를 복종적으로 만드는, 혹은 그 반대로 복종하면 복종할수록 더욱 신체가 유용하게 하는 그런 관계"[5]를 수립한 시대이다. 가령 신체로부터 농민의 몸가짐을 추방하고 군인의 몸가짐을 들여놓기 위해 '틀이 잡힌 체격'이라는 판정 기준으로서의 지식이 권력을 돕는다. '넓은 어깨, 긴 팔, 홀쭉한 배, 굵직한 허벅지' 등등 사람들이 예속의 도구임을 모른 채 자기 몸의 '훈육 기준'으로 받아들이길 열망해마지않는 신체 형태

는 이렇게 해서 탄생한다.[6]

『감시와 처벌』이 주로 훈육과 규율의 대상으로서 신체를 다루고 있다면, 『성의 역사』 1권에선 한 걸음 더 나아가 '신체 자체의 탄생'을 다루고 있다. 여기서 신체란 남성이나 여성 중 하나의 성을 배타적으로 부여받은 '인간화한' 신체를 말한다. 왜 그리스 시대에는 남성과 여성 모두와 성관계를 가지는 것이 가능했던, 즉 n개의 성을 가지고 있던 신체가 근대에는 남성 혹은 여성이라는 단 하나의 성으로 통일된 신체로 탄생했는가? 이런 물음에 대해 '권력 장치가 특정한 형태로 섹슈얼리티를 구성한다.'는 명제를 답으로 제시하는 『성의 역사』는 어떻게 신체가 성적 정체성을 부여받은 '인격', 그것도 기존의 질서들과 친화적인 인격의 점령지가 되어버렸는가를 추적한다. 이 과정에서 육체를 지식의 형태로 권력에 종속시키는 학문으로 고발되는 것이 바로 프로이트의 정신분석학이다.

성의 역사가 기록되는 장소로서의 신체에 대한 푸코의 탐구에는 사실 들뢰즈의 통찰들이 깊이 섞여 들어 있다. 푸코는 우리 신체를 감시하는 이들로 간수, 의사, 사제, 교육자들을 꼽으며 이들 사이에 프로이트를 끼워 넣기를 서슴지 않는다. 왜냐하면 프로이트는 혼인, 금지된 근친혼, 아버지-지도자 등의 법을 통해 성욕을 매개하는 방식으로 우리 신체가 종교적 권력이 구현했던 옛 질서 안에 머물도록 만들었기 때문이다. 사제 앞에서 죄를 고백하고 관리받아야 했던 육체는 이젠 현대의 사제라 할 만한 정신분석가 앞에서 죄를 고백하고 관리받아야 한다. 정신분석학에 대한 후기 푸코의 이러한 부정적 시선 뒤에는, "정신분석은 새로운 유형의 성직자들, 즉 양심의 가책에 활기를 불어넣는 사람들을 형성하게 된다."[7]라고 주장하는 『앙티오이디푸스』의 영향이 자리잡고 있는 것이다.

기관 없는 신체
유기체라는 전체주의에서 신체를 해방시키다

그런데 역사학자로서 푸코가, 순응적인 신체와 그것이 탄생하기 위한 조건들의 '역사'를 썼다면, 정치철학자로서 들뢰즈는 바로 신체가 순응적인 형태를 벗어버리고 권력이 만든 이 역사 바깥으로 어떻게 새어나오는가의 문제에 보다 힘을 기울인다.

들뢰즈 신체론의 전모는 '기관들 없는 신체'라는 개념 안에 고스란히 담겨 있다. 들뢰즈는 우리의 욕망은 '인격적 형태'를 갖추지 않는다는 것, 즉 남성 혹은 여성을 양자택일하는 방식으로 고착되지 않는다는 것을 밝혀내면서, 한 개체 안에 공존하는 성적 욕망의 '다수성'을 주장한다. 하나의 통일된 전체를 이루지 않는 '분리된 다수의 부분적 욕망들'을 구현하는 것이 바로 '기관들 없는 신체'이다. "기관들 없는 신체는 기관들에 대립하는 것이 아니라 유기체라고 불리는 기관들의 조직에 대립한다."라는 들뢰즈의 말이 알려주듯 기관들 없는 신체는 신체를 유기적 통일체로 보는 모든 전통적 이론과 대립한다.[8] 중세와 르네상스의 플라톤주의에서 흔히 볼 수 있는, 하나의 유기체적 '동물'을 형성하는 상사(相似)기관들과 관절들을 따라 구성된 세계의 관념은 가령 발자크의 『인간희극』(1842) 서문에까지 흔적을 남기고 있다. 여기서 발자크는 사회 전체를 유기체적으로 조직된 동물의 신체에 비유한다. 들뢰즈는 의도적으로 19세기 발자크의 동물 모델에 대립하여, 20세기의 프루스트가 이야기했던 식물 모델을 '기관들 없는 신체'의 유비로 내세운다. 즉 암수가 서로 칸막이로 분리된 채 한 몸 안에 공존하는 식물처럼, 우리 신체는 다수의 부분적 욕망들이 등록된 다수의 기관들이 서로 '분리된 채' 인접해 있는 장소일 뿐이라는 것이다.

이것이 뜻하는 바는 무엇인가? 기관들이 자신들이 마땅히 봉사해야 하는 소명으로부터, 즉 기관들이 귀속되는 '전체로서의 신체'와 그 신체에 새겨져 있는 해묵은 법들로부터 이제 해방을 이루게 되었다는 것이다. 홍해를 가르고 이집트의 몸뚱이로부터 유목민들을 탈주시키는 모세처럼, 들뢰즈는 전제군주적인 질서에 익숙한 유기체적 신체로부터 각 기관들을 자유롭게 한다. 이제 누구도 기관들의 사용방식에 대한 입법권을 주장하지 못한다. 각자는 권력에게 맡겼던 자기 몸을 회수해 간다. 이런 까닭에 들뢰즈의 신체론은, 사회의 음지에 숨어 신체 기관들을 도착적인 용도로 사용한다고 저주받던 모든 소수자들의 '출애굽기'인 것이다.

1 질 들뢰즈, 김종호 옮김, 『대담』, 솔, 1993, 167쪽.

2 질 들뢰즈, 이호영 옮김, 「욕망과 쾌락」, 『탈주의 공간을 위하여』, 푸른숲, 1997, 105쪽.

3 프리드리히 니체, 김정현 옮김, 『선악의 저편/도덕의 계보』, 책세상, 2002, 399~401쪽.

4 미셸 푸코, 오생근 옮김, 『감시와 처벌—감옥의 역사』, 나남출판, 1994, 57쪽.

5 같은 책, 206쪽.

6 같은 책, 204쪽 참조.

7 질 들뢰즈·펠릭스 가타리, 최명관 옮김, 『앙티오이디푸스』, 민음사, 1994, 487쪽.

8 질 들뢰즈, 하태환 옮김, 『감각의 논리』, 민음사, 2008, 57쪽.

관상과 행위

철학자는 관상도 보나

철학과 학생은 소개팅을 나가 곤욕을 치른다. 눈을 깜박이며 여학생이 묻는다. "어머, 철학과야? 그럼 관상 좀 봐봐. 손금은 어때? 내 머리통은 똘똘하게 생겼어?" 그러면 어떤 학생은 "철학과에선 그런 거 안 배우거든!" 소리치며 자기 학문의 영예를 지키겠답시고 예쁜 여자를 뒤로 한 채 표표히 걸어나가고, 반대로 어떤 학생은 아름다운 관상쟁이의 말로 상대방의 환심을 산다. "누님은 코가 아주 넓고 귀하게 생겼어요. 귀는 부처님처럼 축 늘어졌고요……. 흠, 좋아요, 좋아." 철학자는 철학관 도사처럼 될 수 있을까?

관상 보기
외면으로부터 내면의 본질을 읽어내는 기술

동서양을 막론하고 사람들은 관상학, 골상학, 그리고 이에 인접한 또 하나의 강력한 기호 해석인 점보기에 열광한다. 매해 설을 전후로 한 시기엔 특히 그렇다. 관상학과 관련된 참으로 혹독한 피해자이자 가장 극적인 드라마의 주인공을 꼽으라면, 단연『삼국지연의』에 나오는 위연일 것이다. "위연은 반골(反骨)의 상입니다. 중용하지 마십시오." 널리 알려진 대로 위연이 유비를 찾아왔을 때 제갈량은 이렇게 권유했다. 그리고『삼국지연의』는 제갈량의 예언을 따라 마지막까지 위연을 괴롭힌다. 진짜 반골의 골상대로 배신하고서 최후를 맞는 인물로 위연을 그리고 있는 것이다. 위연은 골상학적으로 반골이고, 그런 두개골의 생김새 때문에 배신자의 운명을 타고났으며 뼛속에 새겨진 저 운명에 맞추어 자신의 인생을 살아나간 것인가? 배신자라는 저주받은 묘비 하나를 얻을 운명은 정말 그의 두개골 속에 새겨져 있었던가? 어쨌든 관상학 또는 골상학은 이렇게 외면적 생김새로부터 사람의 내면이 지닌 본질을 읽어내는 기술이다. 칸트가『실용적 관점에서 본 인간학』(1798)이란 책에서 정의했듯 말이다. "관상학은 사람의 외면으로부터 그의 내면을, 그것이 성향이든 심술이든, 판정하는 기술이다."[1]

전문적인 관상학자가 아닌 사람들도 사실 이런 관상학의 취향을 가진 경우가 많다. 사람의 외면을 보고 그의 내적 본질을 판정하는 성향 말이다. 이런 예를 보자. 1980년대 중반에 엄청난 베스트셀러로 성

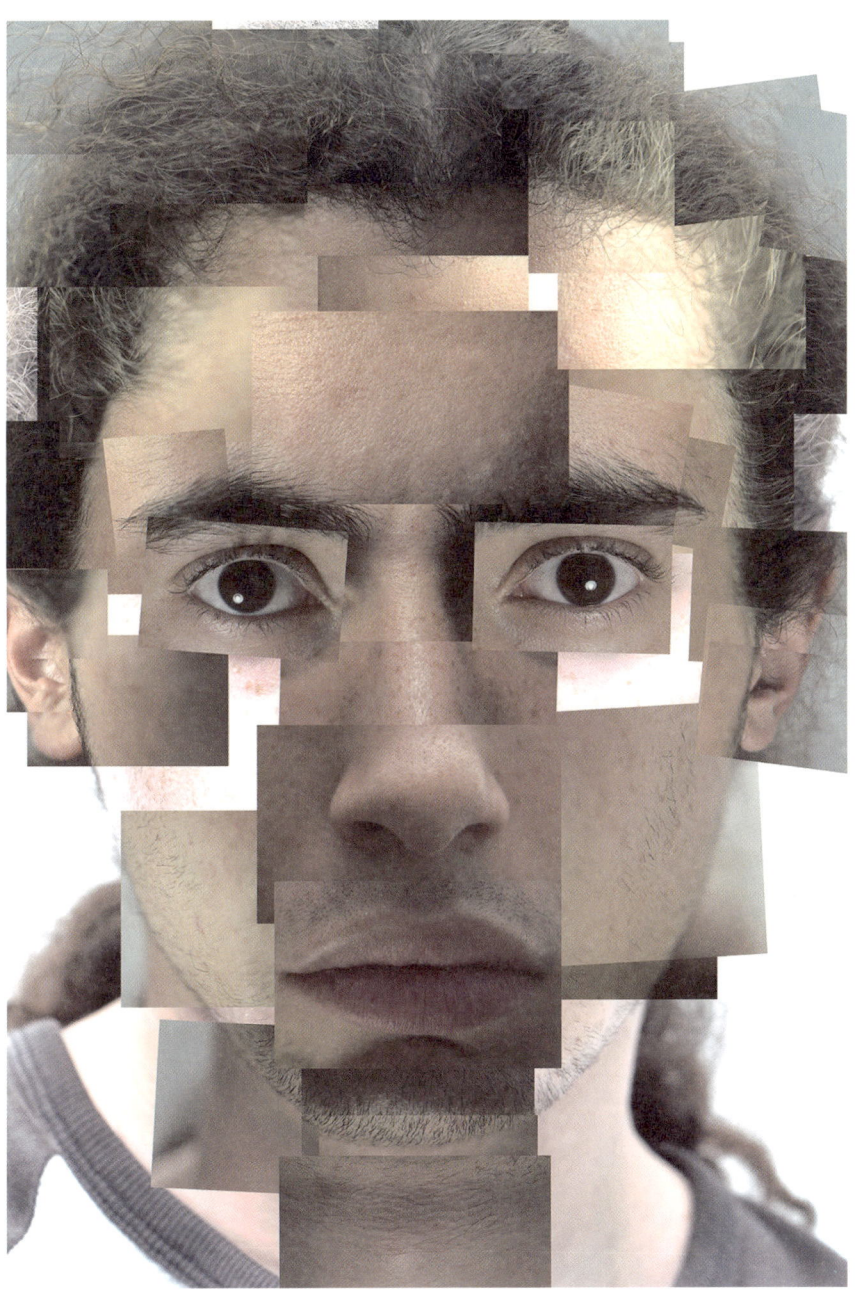

공을 거두었던 소설 가운데, 춘추시대를 다룬 정비석의 『손자병법』 (1984)이 있다. 와신상담(臥薪嘗膽)이란 고사의 주인공인 월나라 구천이 20년 가까이 쓰디쓴 쓸개 맛을 보며 오나라 부차에게 복수를 준비한 후 마침내 책략가 범려의 도움으로 승리한 이야기가 나온다. 그런데 승리를 얻은 구천이 그간 도움을 준 범려를 소홀히 하자 그는 이렇게 구천의 관상을 본다.

> 범려는 관상학적 견지에서 구천의 얼굴을 새삼스러이 유심히 살펴보았다. 그리고 내심 크게 놀랐다. 왜냐하면, 구천은 목이 길게 패어 있는 데다가 입은 새 주둥이처럼 삐죽 나와 있는 '장경조훼형(長頸鳥喙型)'이었기 때문이었다. 관상학으로는, 목이 길고 입이 새 주둥이같이 생긴 사람은 '환난(患難)은 같이할 수 있어도, 환락(歡樂)은 같이할 수 없는 사람'이라고 전해오지 않던가?[2]

그 길로 범려는 구천에게서 도망칠 마음을 먹는다. 소설이 기록하고 있는 이 관상 보기는 정사(正史)에 나오는 이야기는 아니지만, 타인과 자신과의 관계를 '이성을 통해 확정하기 어려울 때' 사람들이 종종 관상 보기를 통해 길흉화복을 점치는 습성을 가지고 있음을 잘 예화하고 있다. 그러니까 관상학은 일종의, 외적 징후를 통해 사람에 대한 지식을 획득하는 방법이다. 우리는 생활 속에서 이런 방법을 활용한 적이 없는가? 인상이 나쁘다고 누군가를 불길하게 여긴 적은?

헤겔의 『정신현상학』
관상학자의 따귀를 때리고 골상학자의 머리를 부수다

　동양인들뿐 아니라 서양인들도 오랫동안 이런 관상학과 골상학에 매료되어왔다. 19세기의 헤겔은 『정신현상학』에 이런 기록을 남기고 있다. "풋내기 골상학자는 교활한 사람은 주먹만 한 혹이 귀 뒤편에 붙어 있다고만 하는 것이 아니라 부정한 아내는 그녀 자신이 아니라 남편의 이마에 혹이 달려 있다고까지 할 정도이다."[3] 이렇듯 사람들은 외적으로 드러나 있는 징표들에 몰입해 인간의 비밀을 캐내는 일을 재미있어한다. 18세기 영국의 유명한 배우 제임스 퀸은 누군가의 관상을 두고 다음과 같이 말했는데, 관상학에 관한 사람들의 맹신을 대표하는 구절로 읽을 수 있다. "이 남자가 불한당이 아니라면, 창조주는 읽을 수 있는 필적으로 글자를 쓰고 있지 않다."[4] 험악한 표정의 남자가 불한당의 내면을 갖고 있지 않다면, 창조주는 자연을 혼란스러운 문자로 쓰고 있다는 것이다. 험악한 얼굴이라는 문자에 험악한 마음이라는 내용이 대응하지 않으니 말이다. 그런데 정말 누군가 당신의 외관을 보고 당신의 내면에 대해 이러쿵저러쿵 이야기를 늘어놓는다면 어찌할 것인가?

　누군가 당신 관상을 보며 이렇게 이야기했다고 치자. "자네는 정직한 사람인 양 처신은 하지만 사실은 억지로 그러는 척할 뿐, 본심은 악한(惡漢)이라는 것이 자네 얼굴에 드러나 있네." 헤겔은 이런 말을 들었을 때 다음과 같이 행동하라고 권유하고 있다.

그런 말을 듣는 순간 적어도 사나이답게 행동할 줄 아는 사람이라면 당장에 세상을 날려버리기라도 할 기세로 그의 따귀를 후려칠 것이 틀림없다. 그렇게 응수하는 것은 당연하다고 할 수밖에 없으니, 참으로 이렇게 대응하는 것만이 '인간의 현실성은 그의 얼굴에서 드러난다.'는 생각을 학문의 으뜸가는 전제로 내세우는 데 대한 반박이 될 것이기 때문이다.[5]

인간의 됨됨이를 얼굴에서 찾는 자의 따귀를 날린 헤겔은 이번엔 골상학자를 찾아간다. 골상학자는 대체로 뭐라고 말하는 사람인가? "만약 어떤 사람에게 '너의 두개골은 이렇게 생겼으므로 너의 내면은 이런 사람이다.'라고 한다면 이는 곧 두개골이 너라는 인간의 실상을 그대로 보여주는 것이라고 말하는 것과 다름없다." 이렇게 말하는 골상학자에게 헤겔은 다음과 같이 응수해주자고 제안한다.

골상학을 주장하는 상대방의 뇌를 박살낼 정도의 타격을 가함으로써 뼈라는 것이 인간에게 그 자체로는 아무런 의미도 없고, 하물며 그것이 인간의 실상을 진실로 나타내주는 것은 아니라는 사실을 바로 그 당사자의 지능에 어울릴 정도로나마 받아들이게 하는 길밖에 없다.[6]

당사자의 지능에 어울리게, 바로 그의 머리를 때리고 박살내서 골상학의 허무함을 깨닫게 해주자는 것이다. 이유는 매우 간단한데, 내면은 밖으로 드러나 있는 모습과 다르게 나타날 수 있기 때문이다.

인간의 본질은 행위
운명은 의지와 행위를 통해 개척된다

이렇게 헤겔의 『정신현상학』은 관상학자의 따귀를 때리고 골상학자의 머리를 부수는 책이다. 철학이 이렇게 과격해도 좋은가? 오히려 이렇게 말하고 싶다. 사실 『정신현상학』이라는 저 유명한 책은 많은 부분 추상적이기도 하지만, 저잣거리에서나 벌어질 법한 인간의 생생하고 구체적인 '행위'가 지니는 의미를 기록하고 있는 작품이기도 하다. 관상이나 골상을 보며 운명을 읽어내는 이의 따귀와 머리를 때려주자는 '구체적 행위'에 대한 저 제안은 과격한 대응이라기보다는 하나의 중요한 진리를 담고 있는데, 바로 인간의 본질은 '행위'라는 점이다. 다시 말해, 인간의 본질과 운명은 미리 마련되어 있고 얼굴을 관조하는 관상학을 통해 알려지는 것이 아니라, 행위를 통해 만들어진다는 말이다. "개인의 본질은 오히려 의지나 행위의 결과 속에 담겨 있게 된다."[7] 이것이 헤겔이 관상학을 비판하며 내놓는 결론이다.

쉽게 말해 인간의 운명은 의지와 행위를 통해 개척되는 것이지, 관상이나 골상이나 별자리나 사주에 의해 결정되지는 않는다는 말이다. 얼굴이나 손금이 살아가면서 변한다고 하는, 우리가 종종 듣는 견해는 바로 인간은 정해진 운명을 통해서가 아니라 그의 행위를 통해서 자신의 운명을 완성해나간다는 이런 진리를 얼마간 표현하고 있는 것이 아닐까?

공포
운명을 만들어야 할 시점에 우리의 발목을 잡는 것

사정이 이렇다면, 즉 우리의 운명은 오로지 우리가 지금 해나가는 행위에 달려 있다면, 우리는 왜 덧없이 관상을 보고 점을 치면서, 정해진 우리의 운명을 엿보려고 하는 것일까? 바로 '공포' 때문이다. 『신학정치론』에서 점쟁이를 비판하며 알렉산더를 예로 들었을 때 스피노자는 이 점을 잘 꿰뚫고 있었다. 메소포타미아의 도시 수사에서 결과를 알 수 없는 전투를 앞두고 공포에 빠진 알렉산더는 점쟁이를 내세워 자신의 운명을 알고자 하였다. 그러나 다리우스에게 승리하여 공포가 사라진 후엔 점쟁이를 찾지 않았다.[8] 행위가 운명을 만들어가야 할 시점에, 공포가 발목을 붙잡고서 미리 정해진 운명이 있지 않은지 찾아볼 것을 권하는 것이다.

그러니 적어도 이 정도는 이야기해야겠다. 결혼 못한 딸들이여, 엄마가 데려온 점쟁이가 네 남자의 관상이 나쁘다고 혼인을 반대하면 그를 헤겔이 제안한 행위 지침에 따라 대하라. 취직 못한 아들들이여, 면접에서 떨어진 이유가 혹시 관상이 나빠서였다면 그 회사를 향해 코웃음 쳐라. 한 인간의 운명은 머리 한 군데의 평평한 공터에 모여 있는 눈, 코, 입, 귀의 생김새, 그리고 머리통의 모양이 결정하지 않는다. 사람은 타고난 운명의 행운 때문에 황제가 되고 부자가 되고 출세를 하며 좋은 짝을 만나는 것이 아니다. 그의 운명은 오로지 세상을 만들어나가는 그의 행위 속에서만 확인될 수 있다.

1   임마누엘 칸트, 이남원 옮김, 『실용적 관점에서 본 인간학』, 울산대출판부, 1998, 247쪽.
2   정비석, 『소설 손자병법』, 고려원, 1984, 3권, 204쪽.
3   G. W. F. 헤겔, 임석진 옮김, 『정신현상학』, 한길사, 2005, 1권, 357쪽.
4   임마누엘 칸트, 앞의 책, 256쪽.
5   G. W. F. 헤겔, 앞의 책, 344쪽.
6   같은 책, 360쪽.
7   같은 책, 341쪽.
8   베네딕투스 데 스피노자, 황태연 옮김, 『신학정치론』, 신아출판사, 2010, 15쪽 참조.

터치스크린 시대의 읽기와 쓰기

책의 종언 뒤에는 어떤 읽기와 쓰기가 도래하는가

직선적 문자언어의 종말은 바로 책의 종언이다.

— 데리다 [1]

    그래픽인터페이스. 전통적인 분류를 하자면 유럽적인 표음문자보다는 중국적인 상형문자를 조상으로 삼고 있는 이 멋진 아이콘들이 지닌 강력한 힘은, 최근의 인류가 깨달은 것이 아니다. 고대인들은 이미 그래픽인터페이스의 강력함을 잘 이해하고 적절히 그것을 사용했다. 알렉산드리아의 클레멘스는 이런 이야기를 전하고 있다.
    페르시아 왕 다리우스는 이스터를 통과하여 스키타이 침략을 목전에 두고 있었다. 다리우스를 무찌를 준비가 되어 있던 스키타이 왕은 편지를 쓰는 대신 쥐 한 마리, 개구리 한 마리, 새 한 마리, 투창 하나와 쟁기 하나를 다리우스에게 보냈다. 다리우스 앞에 일종의 그래픽인터페이스가 펼쳐진 셈이다. 다리우스는 쥐와 개구리는 각각 대지와 물을 의미하며, 새는 말에 비교될 수 있다고 생각했다. 아울러 투창의 화살표를 보고 스키타이가 자신의 힘을 버릴 것이라 믿었다. 한마디로 이것은 다리우스에게 복종한다는 뜻이었다. 측근인 고브리아스가 다른 해석을 내놓았다. 만일 새들처럼 도망가지 않고 쥐나 개구리처럼 땅이나 물속에 숨으면, 이 화살이 그대의 생명을 빼앗을 것이다……. 이 무서운 교지를 이해하자 다리우스는 서둘러 집으로 돌아갔다. 수십 세기 후 이 이야기를 전해들은 루소는 말한다.

> 이 기호들 대신 글자 하나(즉 음성문자)로 그것들을 대체해보자. 그것이 위협적일수록 겁을 덜 줄 것이다. 그것은 다리우스 왕에게 웃음거리를 제공한 허풍에 불과할 것이다. 다른 일련의 성서 또는 그리스 신화들의 예에서도 '**귀보다 눈에 대고 더 훌륭하게 말을 한다.**'[2]

말로 늘어놓았으면 변변치 못할 것이 그래픽인터페이스를 사용하면서 강력한 힘을 지니게 되었다는 것을 고대인들의 이 이야기보다 훌륭하게 표현하진 못할 것이다. 그래픽인터페이스는 인류의 가장 오래된 삶의 양식이다. 최근 기술은 향수에 젖어 인류의 저 오래된 문자 양식으로, 즉 동굴벽화로 복귀하고 싶어 안달을 한다.

터치스크린
일직선으로 된 글이 아닌, 중첩된 다수의 이야기

그래픽인터페이스가 가장 진화한 형태는 단연 터치스크린이다. 스마트폰의 터치스크린은 글을 읽기 위한 것이기도 하지만, 그 자체가 하나의 새로운 글쓰기 아니겠는가? 바로 '터치'하는 글쓰기. '터치' 또는 화면을 애무하는 손가락은 손과 질료의 마찰이라는, 글쓰기가 탄생할 때 발생했던 사건에 대한 그리움을 위로해준다. 글쓰기는 촉각의 문제였다.

> 필생은 만화가이며―그것은 이미 호메로스에서 '그라페인(graphein)' 동사가 갖는 의미이다―필생은 재료들과 실체들의 저항에 맞서 힘을 겨룬다. 각인, 도려내기 등 판화 작업은 글을 쓰는 손으로부터 매우 특수한 감성(aisthèsis)을, 즉 모종의 역동적이며 극적인 촉각을 생성한다.[3]

글쓰기의 고대적 체험에 간직되어 있는 이 그림들(만화, 판화)과 그 사이에서 요동치는 '극적인 촉각'을 복원하고자 한 노력의 표현이 바로 터치스크린인 것이다. 피터 그리너웨이 감독의 영화 「필로우북」(1996)은 보다 직접적으로 글쓰기와 촉각이 공통 뿌리를 가지고 있음을 알려주는 작품이다. "아가씨 몸을 종이로 해서 그를 유혹해요.", "나는 모든 종류의 종이 냄새를 즐겼다. 종이 냄새는 피부의 느낌을 환기시켰다." 등의 대사는 바로 터치스크린이 마침내 구현하는, 글쓰기와 애무의 본래적 친족 관계에 접근하고 있다.

오늘날 글을 읽고 쓰는 방식은 점점 변화한다. 기기의 발전이 음반 산업을 변화시켰듯 출판도 변화시킬 것이다. 그런데 출판의 변화란 사실 글을 읽고 쓰는 방식의 변화에 대한 자본의 대응 외에 다른 것이 아니므로, 먼저 와야 하는 질문은 이런 것이리라. 도대체 글을 쓰고 읽는 일에서 근본적으로 무엇이 변하고 있는가?

이런 질문은 지금까지 글을 쓰고 읽는 것이 어떤 것이었으며, 그것을 탄생시킨 근원엔 무엇이 있는지 묻게 한다. 무엇보다 글쓰기는 '선형적(線型的) 운동'에 의존하는 기술이었다. 왜 글은 탑처럼 위로 쌓이지도 않고 콜라주처럼 지면 전체에 여기저기 툭툭 떨어지지도 않고 일직선으로 움직이는가? 오늘날 다수의 회화적 아이콘의 동시적 편재라는 터치스크린의 환경과 비교해볼 때 이런 고지식한 일직선의 움직임은 얼마나 국지적으로 보이는가?

글쓰기의 기원은 농경문화와 떼어서 생각할 수 없다. 중국 같은 농경 민족의 나라가 글을 창안했다. 농경문화에서 일어나는 위대한 사건은 자연을 문화로, 즉 익명의 대지를 밭으로 바꾼 것이다. 글 역시 익명으로부터 문화로의 이행의 첫번째 징표이다. 이 두 가지, 농업과 글쓰기에 대해서 데리다는 다음과 같이 말한다.

> 문제는 '홈 자국에 의한 문자언어'이다. 홈은 농부가 새긴 그대로의 선이다. 쟁기 날이 판 길이다. 그 길은, 우리가 기억하듯이, 자연을 문화로 개방시킨다. 아울러 문자언어는 농경과 더불어 태어난다는 사실을 알고 있거니와 농경은 정주화 없이는 이루어지지 않는다. 그런데 농부는 어떻게 일에 착수하는가? [……] 왼쪽에서 오른쪽으로 진행된 선의 끝에서 다시

오른쪽에서 왼쪽으로, 그리고 그 반대 방향으로 다시 출발한다.[4]

밭을 가는 농부와 소의 방향이 글쓰기의 방향을 결정한 것이다. 이 방향성을 글쓰기에서 체득해야 했던 것은 손이다. 농경문화의 저 근본적 방향성의 인도를 받아 손은 종이 위에서 직선으로 움직이기 시작한 것이다. 왼쪽에서 오른쪽으로, 또는 위에서 아래로. 이런 맥락에서 글을 쓰는 일을 지칭하기 위해 동아시아에서 사용하는 '필경'이란 말은 매우 의미심장하다. 문자 그대로 '붓[筆]으로 밭을 간다[耕]'는 뜻의 이 말은 글쓰기와 농업이 같은 근원을 가지고 있음을 암시해주고 있는 것이다.

농경적 문화에서 직선적 글의 등장과 더불어 "직선화에 저항했던 모든 것에 대한 억압이 있었다."[5]고 추정할 수 있다.(직선화되지 않은 문자란, 가령 인류학자 앙드레 르루아구랑이 말하는 '신화 문자[mytho-gramme]'로서, "상징을 다차원성에서 기록하고 판독하는 문자"[6]이다.) 유럽과 동양의 농경 민족이 만들어낸 철학 역시 저 농경의 직선을 정당화해야 했다. 문자의 직선적 나열과 철학사는 분리시킬 수 없는 것이다. 가령 시간의 계기성(succession)을 확보하고자 한 칸트의 철학이 그렇다. "칸트의 비판에서 그처럼 자주 나오는 '선(線)' 개념에 대해서는 할 말이 많을 수 있다."[7](칸트는 뉴턴이 만든 물리학적 법칙의 보편타당성을 확보하기 위해 '선'과 같은 계기적 시간의 보편적인 균일성이 어떻게 가능한지 몰두했다.) 반면 '시간은 뒤죽박죽이다.' 또는 '시간은 경첩이 빠져 달아났다.'(Time is out of joint.)는 햄릿의 경구는 이 선적인 구조에 의존하는 세계가 어느 날(가령 오늘!) 위태로움에 처할 수 있다는 경고처럼 들린다.

그래서 오늘날은 어떤 시대인가? 우리는 저런 선적인 글쓰기의 마지막 문을 걸어나오는 중이거나 또는 적어도 선적인 글쓰기의 마지막 문을 한번 체험하는 중인 것 같다. 전통적으로 책은 첫 문장에서 마지막 문장까지가 '하나의' 선의 '하나의' 방향에 의해 인도받는다.(하나의 선이 향하는 두 개의 방향은 콘솔 게임 「페르시아 왕자」[1989]가 구현한다.) 비디오 게임에 도입된 멀티 엔딩은 이 방향성을 복수화하고 입체화했다. 사실 이런 기획은 다윗 시대에도 있었던 형제 살인의 이야기를 미시시피 주변에서 헨리와 그의 이복형제 찰스의 비극으로 만든 윌리엄 포크너의 『압살롬, 압살롬!』(1936)이 선구적으로 구현하고 있었다(엄밀히 말해 선적인 이야기의 구조 속에 제한되긴 했지만). 현대적 아이스킬로스라 해도 과찬이 아닐 이 놀라운 비극 작품에서 우리는 '따로 놓이지 않고 중첩된 다수의 이야기'를 체험한다.(퀸틴 컴프슨은 하버드의 기숙사에서 그의 캐나다인 친구와 앉아 감동 속에서 조상들의 이야기를 자꾸 '재구성'한다.) 요컨대 쓰고 읽는 환경 내지 하드웨어의 변모와 관련된 글쓰기와 읽기의 운명은 단일한 선형적 구조의 종말이다. 데리다가 르루아구랑의 영감 속에서 말하듯 "'직선적 문자로 점철된 4,000년 동안의 시간'의 침전물을 제거해야 한다."[8]

게으른 손의 출현
탑이나 지하실처럼 겹쳐서 쌓아올리는 텍스트

오늘날 윈도우의 창문은 복수적으로 떠오르며, 각종 스마트폰의 터치스크린도 아이콘을 복수적으로, 동시적으로 제시한다. 이런 사실 속에서 쓰기와 읽기의 일관적인 직선적 모델은 와해되었고 변모했다. 과연 어떻게 변화하고 있는가? 이 문제에 관해 르루아구랑은 『몸짓과 말(Le geste et la parole)』(1964)에서 이렇게 쓰고 있다.

> 전기적 선별장치에 의한 거대한 '**전자책**'은 미리 선별되고 순간적으로 복원되는 정보를 가까운 미래에 제공할 것이다. [……] 십중팔구 문자(우리는 그것을 직선적 표기라는 의미에서 쓴다.)는 자동 인상으로 이루어진 청취 전화 기구로 대체되어 곧바로 사라질 운명에 처했다. 이 같은 상황을 손의 음성적 복종의 이전 단계로 복원된 것으로 보아야 할까? 나는 차라리 **손의 퇴보라는 일반적 현상의 한 양상이며 새로운 '해방'**이라고 보고 싶다.[9]

전자책의 출현을 예감하며 1964년에 씌어진 이 텍스트는 한 군데 빼고는 모두 맞다. 즉 직선적 표기에 종말을 알리고 그것을 청각적 기구로 대체하는 일보다 오늘날 더 큰 변모는 잃어버린 그림의 발견, 동굴벽화라는 그래픽인터페이스의 회복이다. 여기서 던지고 있는 중요한 문제는 직선적 표기의 종말과 더불어 찾아오는, '손이 가지는 위상의 변화'이다. 더 이상 직선적 글쓰기라는 노동을 하지 않는 손은 도대체 무엇을 하는가? 글쓴이의 말에 따르면 손은 퇴보한다. 나

는 이 퇴보를 '게으른 손의 등장'이라고 말하고 싶다. 그리고 손은 또 해방된다. 무엇에서? 직선적 서사의 구조를 지닌 사유에서 벗어난다. 그래서 르루아구랑은 이 손의 퇴보를 "다차원적 사고로 복귀"[10]라고 쓰기도 하는 것이다. 이제 사유는 종말론을 재현하듯 시초로부터 최종 지점까지 일직선으로 진행하는 것이 아니라 콜라주처럼, 혹은 벽에 던져 붙인 젖은 휴지처럼 다수가 동시적인 배치를 갖게 된다. 우리 시대의 기기들과 더불어 이야기하자면, 퇴보한 손(게으른 손)은 벽에 툭툭 떨어져 있는 멀티 아이콘들을 터치하는 일을 하는 것이다.

그렇다면 구체적으로 텍스트는 어떻게 구성될까? 과거와 같은 선적인 구조를 지닌 채로는 새로운 기기 안에 수용되지 못할 것이다. 이 점은 오프라인에서 각광받던 소설가들의 인터넷 연재가 생각만큼 호응을 얻지 못하는 사실에서도 드러난다. 이런 당황스러운 외면은 짧은 텍스트들의 '동시적인 복수성'을 위한 공간을 짧은 텍스트들의 '선적인 연재'로 채울 수 있다는 착각에서 생긴 것 같다. 그것은 신문소설이라는 예전 지면의 논리를 답습한 것에 불과한 것이 아닐까?

선적인 구조 대신 텍스트는 여러 개의 복수적 층위로 구성되지 않을까? 모든 사람은 지식을 원하지만, 소수의 사람만이 지식의 가장 전문적인 차원에 접근하길 바란다. 따라서 보다 전문성을 필요로 하는 독자가 클릭을 통해 계속 좀더 전문적으로 좁혀진 텍스트로 내려가는 중층 구조가 가능할 것이다. 요컨대 이것은 결코 일직선이 아니라, 탑이나 지하실처럼 겹쳐서 쌓아올리는 텍스트가 될 것이며, 쓰기도 읽기도 이런 형태에 적응할 것이다. 이는 논문의 첫 페이지만 읽는 것과 전혀 다르며, 여러 층위로 쓰인 논문의 한 층위를 읽는 독서 체험이 될 것이다.

부싯돌에서 톱으로
그러나 기기는 지식의 본질을 변화시키지 않는다

그러나 결국 정보는 쓰기와 읽기의 혁명과 동떨어져서 항상성을 유지할 수밖에 없다. 사실 이 항상성을 보호하고 보편화하기 위해 기기의 혁명이 있는 것이다. 통계나 호구조사 같은 '생각하지 않는 계산'이 아닌 진짜 사유의 내용을 담은 정보는 동굴벽화의 시절부터 지금까지 요술이 아닌 지적 노동의 담당 영역이며, 오로지 테오리아와 프락시스, 즉 성찰과 연마를 통해서만 얻을 수 있는 것이다. 바로 이렇기에 새로운 기기 또는 새로운 장난감을 구입한 이들은 짧은 설렘 뒤에 곧 허무에 빠지기 일쑤다. 인간의 지적 노동의 진보와 새 상품은 아무 상관이 없기에. 아마도 새로운 기기의 의미를 우리는 르루아구랑의 다음 문장에서 얻을 수 있을 것 같다.

> 새로운 형태들은, 톱이 부싯돌에 대해 갖는 위치처럼, 오래된 형태와 비교된다. 톱은 부싯돌에 비해 **절단력이 더 강한 것이 아니라 보다 다루기 쉬운 연장**이다. 수천 년간 우위를 갖게 될 전환으로서 문자언어는 두뇌 작용은 변질시키지 않고 하부 구조 속에서 통하게 될 것이다.[11]

부싯돌과 톱이 절단력의 차원에서 차이가 있는 것은 아니다. 오늘날 지식을 둘러싼 예전 기기와 새로운 기기들의 관계 역시 마찬가지다. 정보의 수준과 처리하는 두뇌 작용은 동일하며, 변화는 그 하부 수단에서 일어난다. 만일 이 사실을 망각한다면, 우리는 기기를 장식하기 위해 지식과 예술을 작고 예쁜 색종이 한 장처럼 접어버릴지도 모른다. 그러나 이 오리가미가 아무리 아름다워도 프루스트를 다시 만들어낼 수는 없다.

1 자크 데리다, 김성도 옮김, 『그라마톨로지』, 민음사, 2010, 245쪽.
2 같은 책, 539쪽.
3 헤르만 파레트, 김성도 옮김, 「목소리의 기호학, 'VOS QUAE SCRIBI POTEST'」, 『현대 기호학의 흐름』, 이론과 실천, 1995, 258쪽.
4 같은 책, 646~647쪽.
5 같은 책, 243쪽.
6 같은 책, 243쪽.
7 같은 책, 651쪽.
8 같은 책, 244쪽.
9 같은 곳에서 재인용.
10 같은 곳.
11 같은 곳.

인물 찾아보기

가타리, 펠릭스(Félix Guattari) 70, 188, 194
강영안 134
그리너웨이, 피터(Peter Greenaway) 313
김경주 187
김수영 290
김형효 120
네그리, 안토니오(Antonio Negri) 38
니체, 프리드리히 빌헬름(Friedrich Wilhelm
 Nietzsche) 9, 26~27, 42, 51, 53~62,
 232~233, 292~294
데리다, 자크(Jacques Derrida) 9, 22, 39,
 47, 98, 51, 64, 69, 90, 122, 137~138, 175,
 195~210
돈 후안(Don Juan) 44~45
들뢰즈, 질(Gilles Deleuze) 9, 19, 27, 35, 37,
 42, 49, 53, 56, 59, 61~62, 70, 90, 104, 137,
 179~194, 214, 219, 233~234, 242~243,
 258, 263, 265, 267, 270, 291~294,
 297~298
라캉, 자크(Jacques Lacan) 9, 12, 69,
 114~116, 136~137, 153~165
라이프니츠, 고트프리트 빌헬름(Gottfried
 Wilhelm Leibniz) 217, 222, 261
레비, 베르나르 앙리(Bernard-Henri Lévy)
 105

레비나스, 에마뉘엘(Emmanuel Levinas) 9,
 39, 46, 48, 51, 74~75, 87, 121~134, 209,
 214, 226~227, 236~237, 246, 266~267,
 276~277
레비스트로스, 클로드(Claude Lévi-Strauss) 9,
 136~137, 139~152, 197~200, 204
로베르, 마르트(Marthe Robert) 73
루소, 장 자크(Jean-Jacques Rousseau)
 195~197, 200~204, 277, 312
루터, 마르틴(Martin Luther) 40, 44
루디네스코, 엘리자베트(Élisabeth
 Roudinesco) 153, 165
루크레티우스(Titus Lucretius Carus) 269
르루아구랑, 앙드레(André Leroi-Gourhan)
 316~320
르펜, 장 마리(Jean-Marie Le Pen) 245
르포르, 클로드(Claude Lefort) 115
마르샹, 앙드레(André Marchand) 234
마르셀, 가브리엘(Gabriel Honoré Marcel) 39
마슈레, 피에르(Pierre Macherey) 38
마쓰다 유사쿠(松田優作) 249~250
먼로, 마릴린(Marilyn Monroe) 253
메를로퐁티, 모리스(Maurice Merleau-Ponty)
 75, 90, 106~120
물타툴리(Multatuli) 239

323

미야자키 하야오(宮崎駿) 86
밀레, 자크 알랭(Jacques-Alain Miller) 165
바르트, 칼(Karl Barth) 40
바르트, 롤랑(Roland Barthes) 236, 250
발, 장(Jean André Wahl) 39
발자크, 오노레 드(Honoré de Balzac) 298~299
발리바르, 에티엔(Étienne Balibar) 38
백승영 62
베케트, 새뮤얼(Samuel Beckett) 203
벤느, 폴(Paul Vayne) 147
보드리야르, 장(Jean Baudrillard) 254
보르헤스, 호르헤 루이스(Jorge Francisco Isidoro Luis Borges Acevedo) 166
사르트르, 장 폴(Jean-Paul Charles Aymard Sartre) 9, 70, 74~75, 92~105, 107, 109~111, 115, 122~123, 134, 136~137, 151~152, 214, 218, 223~225
소크라테스(Socrates) 8~9, 18, 22, 44~46, 153~156, 182
스피노자, 바루흐(Baruch Spinoza) 9, 24~38, 137~138, 179, 182~183, 186, 188, 193, 261
아감벤, 조르조(Giorgio Agamben) 177
아우구스티누스(Aurelius Augustinus Hipponensis) 44
안데르센, 한스 크리스티안(Hans Christian Andersen) 40~41
알렉산드리아의 클레멘스(Clement of Alexandria) 311

알튀세, 루이(Louis Althusser) 38
야스퍼스, 칼(Karl Theodor Jaspers) 39
에리봉, 디디에(Didier Eribon) 178
에반스, 딜런(Dylan Evans) 165
워홀, 앤디(Andy Warhol) 253
윤동주 280
이상 274
임철우 157
정비석 304
조광제 120
진태원 38
칸트, 임마누엘(Immanuel Kant) 34, 37, 55, 91, 168, 174, 193, 231, 234, 237, 246, 265, 302, 316
코엔솔랄, 안니(Annie Cohen-Solal) 105
쿠체, 존 맥스웰(John Maxwell Coetzee) 262
키르케고르, 쇠얀(Søren Aabye Kierkegaard) 9, 12, 27, 39~52, 98
첼란, 파울(Paul Celan, Paul Antschel) 267
츠바이크, 슈테판(Stefan Zweig) 63
파르네 클레르(Claire Parnet) 263
파르메니데스(Parmenides) 217~218, 227
포크너, 윌리엄(William Faulkner) 317
프로이트 지그문트(Sigmund Freud) 9, 12, 27, 51, 63~73, 140, 153, 161, 180, 187, 189, 196, 209, 297
프루스트, 마르셀(Marcel Proust) 187, 193, 233~234, 299, 322
플라톤(Platon) 21, 27, 53~54, 57, 75, 106, 125, 160, 182~183, 193, 203, 214,

218~219, 226, 229~231, 255~258, 261, 269, 287, 289, 298

플롱, 미셸(Michel Plon) 165

푸코, 미셸(Paul Michel Foucault) 9, 27, 53, 62, 136~137, 140, 147, 166~178, 209, 291~292, 294~295, 297~298

하이데거, 마르틴(Martin Heidegger) 39, 44, 53, 61~62, 74~75, 77~91, 93, 104, 107~108, 122~123, 133, 136, 169~170, 214, 217, 222~223, 261, 266~267

헤겔, 게오르크 빌헬름 프리드리히(Georg Wilhelm Friedrich Hegel) 26, 37~38, 42~43, 98~100, 104, 146, 152, 157, 159, 169~170, 179, 184~186, 196, 214, 220, 223, 280~281, 305~309

황동규 161

홉스, 토머스(Thomas Hobbs) 47, 130

횔덜린, 요한 크리스티안 프리드리히(Johann Christian Friedrich Hölderlin) 86, 90, 266~267

상세 차례

책을 펴내며 현대철학의 불을 찾아서__7

프롤로그 철학의 탄생: 고대 그리스인들도 웹서핑을 했네__17
그리스인의 손끝에서 빚어진 철학 | 고대의 인터넷, 그리스 | 복종이 아닌 이성을 통해 서로 자유롭게 만나는 일 | 이성은 가졌으나 지혜는 가지지 못한 자 | 철학의 피로와 현대철학의 깨달음

1부 오늘의 철학 이론

1. 현대적 사유를 위한 준비__26

바루흐 스피노자 어떻게 예속에 맞서 자유를 찾을 것인가__29
네덜란드의 별종: 자유와 예속의 체험을 통해 길러진 사유 | 미신에 의한 통치: 약한 지성과 강한 상상력의 합작품 | 신에 대한 사랑: '합리적 질서'를 파악하는 것 | 철학자들의 그리스도: 긍정과 자유의 철학

쇠얀 키르케고르 보편적 이성 상위에는 무엇이 있는가__39
루터처럼 교회에 논쟁을 거는 사람: 안데르센의 미운 오리 새끼와 키르케고르의 기러기 | 반복: 헤겔의 변증법에 맞서는 새로운 범주 | 불안, 그리고 실존적 인간의 3단계: 돈 후안, 소크라테스, 아브라함 | 이성보다 상위에 있는 것: 키르케고르가 현대철학에 남긴 질문

프리드리히 니체 허무주의 너머에 어떤 새로운 대지가 펼쳐지는가__53
망치로 철학하기: 허무주의 극복의 과제 | 힘의 의지: 진리는 관점의 문제이다 | 주인도덕과 노예도덕: 적극적 힘과 반응적 힘 | 영원회귀: 부정의 운동에 맞서는 반복

지그문트 프로이트 사후적으로 작용한다는 것은 무엇인가__63
트라우마: 정신분석의 가장 중요한 발견 | 엠마의 사례: 두 개의 인자가 모여 하나의 병이 생긴다 | 토템신앙에 대한 연구: 살해한 아버지에 대한 사후적 복종 | 기독교 발생에 대한 연구: 그리스도는 죽은 모세의 환생이다 | 비판자들: 무의식은 원시종교의 주문에 불과한가

2. 현상학과 그 너머 _74

마르틴 하이데거 어떻게 번잡한 근대적 일상에서 빠져나올 것인가 _77
'존재'는 '존재자'가 아니다: '현존재'가 존재에 대한 물음을 던진다 | 기분, 존재의 의미에 접근하는 길: 불안은 무에 대해서 느끼는 기분이다 | 죽음 앞에서의 불안: 불안은 우리의 본래적인 존재를 찾아준다 | 결단성: 공동체의 운명을 만들다 | 하이데거 철학의 그림자, 근대적 피곤함으로부터 벗어나기

장 폴 사르트르 개인의 선택은 보편적 가치를 만들 수 있는가 _92
의식의 지향성과 익명성, 선택과 투쟁: 소설, 희곡, 자서전, 철학서를 통해 연마된 사상의 핵심 | 거울 놀이에서 글쓰기로: 시선들 사이의 투쟁에 뛰어들다 | 의식의 자유와 선택: 자유에 맡겨진 선택은 가능성이자 무거운 짐이다 | 개인과 공동체 사이의 긴장: 개인의 선택은 보편적 가치를 창조하는가

모리스 메를로퐁티 몸은 어떻게 의식 활동에 개입하는가 _106
프랑스 현상학의 대표자: 후설, 하이데거, 사르트르와는 또 다른 현상학 | 현상학의 핵심, 의식의 지향성: 대상은 의식에 주어지는 방식대로 존재한다 | 사르트르의 현상학: 자유와 선택을 가능케 하는 텅 빈 의식 | 메를로퐁티의 현상학: 우리는 텅 비어 있지 않고 늘 충만하다 | 지각의 근거로서 몸: 몸을 통해서 비로소 외부 대상은 주어진다 | 그림이 알려주는 것: 화가의 시선은 신체와 얽혀 있다 | 라캉의 시각 이론에 불어넣은 영감: 의식적으로 '보기' 전에 무의식적으로 '보여진다'

에마뉘엘 레비나스 인간은 인간에게 늑대인가 신의 흔적인가 _121
방랑하는 유대인: 유대주의, 러시아 문학, 프랑스 문화, 독일 현상학 | 아우슈비츠 체험: 서구 존재론의 폭력성을 사유하다 | 자신에게 몰두하는 존재론: 슬픔을 달래고 죽음을 극복하기엔 충분치 않다 | 출산의 형이상학: 아이를 통해 도래하는 무한한 시간 | 타자의 얼굴: 신은 고통받는 이웃과의 관계 속에서 도래한다 | 국가의 조건을 다시 생각하기: 만인의 만인에 대한 투쟁에서 타자에 대한 책임으로

3. 구조주의와 그 너머 _135

클로드 레비스트로스 역사는 이성의 발전 과정인가, 우연의 전개 과정인가 _139
레비스트로스의 구조주의 | 의식 아래 숨겨진 보편적 구조를 탐색하다 | 신화 연구: 두드려서 뱀을 호출하다 | 겸손한 지성: 서구 문명은 우월한가

자크 라캉 우리의 삶을 이끄는 욕망의 비밀은 무엇인가 _153
소크라테스의 방황: 불가능한 실재의 목소리를 찾아서 | 리비도, 충동들, 욕망: 욕망의 탄생에 대한 역학적 설명 | 코기토에 대한 비판: 인간의 욕망은 타자의 욕망이다 | 소외와 분리: 환상의 보호 속에 사는 주체 | 주이상스: 어떻게 교화되지 않은 충동의 즐거움을 찾을까

미셸 푸코 지식은 시대와 권력에 따라 구성되는가__166
이성의 타자를 찾아서: 광기는 생각의 일부인가, 또는 생각 자체가 아닌가 | 철학과 역사학: 역사엔 발전이 있는가, 차이만 있는가 | 고고학과 계보학: 역사의 불연속성과 권력에 의해 탄생하는 지식 | 생애 마지막으로 몰두한 '실존미학': 자신의 실존을 예술 작품처럼 창조하다 | 인간학의 잠에서 깨어난 철학: 인간은 모래에 그려진 얼굴이 파도에 씻기듯 지워지리라

질 들뢰즈 어떻게 삶을 긍정할 것인가__179
서양 존재론에 대한 비판: 다의성, 탁월성, 부정성, 유비에 맞서다 | 초월적 원리에 대한 비판: 피안의 세계로부터 지배자는 찾아온다 | 존재의 일의성: 사물은 이데아 아닌 '차이'로부터 생겨난다 | 부정성에 맞서서: 차이는 부정성, 모순, 대립이 아니다 | 변증법에 맞선 반복: 삶은 반복을 통해 형성된다 | 정치철학적 과제: 우리는 위대한 인간에게 복종해야 하는가

자크 데리다 순결한 기원이라는 신화는 왜 기만적인가__195
문자의 경시: 음성 중심주의는 서구 중심주의의 다른 얼굴 | 레비스트로스가 숨기고 있는 순수성의 신화: 남비콰라 족은 문맹인가 | 대리보충 또는 차연의 논리: 루소의 애인들은 무엇을 대리하고 보충하나 | '해체'의 의미, 실낙원의 신화를 넘어서

2부 오늘의 철학 연습

존재와 무 왜 무가 아니고 어떤 것이 존재하는가__217
플라톤: 무는 존재에 대한 하나의 실존적 규정이다 | 헤겔: 순수한 존재와 순수한 무는 동일한 것이다 | 하이데거: 무는 존재자의 본질 자체에 속한다 | 사르트르: 모든 존재와 거리를 두는 의식은 '무'인가 | 레비나스: '존재와 무의 변증법'을 넘어서다 | 파르메니데스의 반대 길: 무는 존재에 대한 사유의 일부이다

진리에 대하여 우리는 스스로 진리를 찾는가, 강제로 진리와 만나는가__229
플라톤의 대화와 모세의 떨기나무: 진리 찾기의 능동성과 수동성 | 감성에 끼치는 고통에서 시작되는 사유: 로고스는 없고 상형문자만 있다 | 타자와의 만남: 주체의 겸손

차별, 차이, 환대 차이는 환대를 불러올 수 있는가__239
식민지에 파견된 유럽 성직자: 차별은 구원으로 향하는 길인가 | 차별의 세계엔 타자가 없다: 차이란 수많은 물방울 같은 다양한 것이 함께하는 공존의 바다 | 차이의 무서운 역설: 이민자는 고향으로 돌아가야 하는가 | 수용소의 개 한 마리 또는 나치 독일의 마지막 칸트주의자: 차이의 존중은 환대이다

시뮬라크르 우리는 진짜 인생과 가짜 인생을 구분할 수 있는가__249
아바타 또는 복제인생: 우리의 얼굴 자체가 '아바타'이다 | 시뮬라크르: 기원 없는 복제 | 플라톤 식 금고르기: 원형에 대한 인류의 오래된 희구 | 반플라톤주의: 기원, 역사, 합목적성의 부재

노마디즘 철학의 세계에도 유목민이 있는가 __261
카인과 아벨의 운명: 또는 정주민과 노마드의 싸움 | 경험론자들의 노마디즘: 예술은 우리를 늘 새롭고 낯선 곳으로 안내한다 | 들뢰즈의 노마디즘: 존재자를 개념의 울타리 없이 방목하다

돈의 존재론 돈은 타자를 환대하는가, 지배하는가 __273
존재론적 성찰의 대상으로서 돈: 존재함은 거주함이며, 거주를 관리하는 것이 경제이다 | 돈의 탄생과 화폐의 익명성: 나만의 버찌씨에서 모든 사람의 추상적인 돈으로 | 타자에게 돈 쓰는 일도 어렵다: 상거래와 같은 교환으로 변질될 위험

사랑과 정치 사랑은 어떤 의미에서 개인적인 감정을 넘어서는가 __283
빈곤과 풍요의 자식이자, 아름다움의 종: 사랑은 아름답고 좋은 것을 갖고자 하는 힘이다 | 아름다움과 완벽함: 사랑은 신체와 마음의 완벽함을 추구한다 | 사랑의 발전: 사랑은 궁극적으로 정의에 대한 감수성이다

신체에 대한 실천 몸을 어떻게 자유롭게 할 것인가 __291
니체의 신체: 형벌과 훈육을 통해 문화가 형성된다 | 신체에 새겨진 지식과 권력: 신체를 감시하는 성직자, 간수, 의사, 그리고 정신분석가 | 기관 없는 신체: 유기체라는 전체주의에서 신체를 해방시키다

관상과 행위 철학자는 관상도 보나 __301
관상 보기: 외면으로부터 내면의 본질을 읽어내는 기술 | 헤겔의 『정신현상학』: 관상학자의 따귀를 때리고 골상학자의 머리를 부수다 | 인간의 본질은 행위: 운명은 의지와 행위를 통해 개척된다 | 공포: 운명을 만들어야 할 시점에 우리의 발목을 잡는 것

터치스크린 시대의 읽기와 쓰기 책의 종언 뒤에는 어떤 읽기와 쓰기가 도래하는가 __311
터치스크린: 일직선으로 된 글이 아닌, 중첩된 다수의 이야기 | 게으른 손의 출현: 탑이나 지하실처럼 겹쳐서 쌓아올리는 텍스트 | 부싯돌에서 톱으로: 그러나 기기는 지식의 본질을 변화시키지 않는다

인물 찾아보기 __323

사진 제공

p.118, p.163 ⓒ(주)멀티비츠이미지

p.264 ⓒIrmuun Multimedia 2007

p.252 ⓒJon Marshall

p.296 ⓒistockphoto

p.211, p.221, p.224, p.230, p.235, p.241, p.244, p.256, p.268, p.278, p.285, p.288, p.293, p.303, p.308, p.314, p.319 ⓒCreative Commons

철학 연습
서동욱의 현대철학 에세이

1판 1쇄 펴냄 2011년 4월 25일
1판 9쇄 펴냄 2024년 3월 20일

지은이 서동욱
펴낸이 박상준
책임편집 김희진
편집 최예원, 박아름, 최고은
펴낸곳 반비

출판등록 1997. 3. 24.(제16-1444호)
(우)06027 서울특별시 강남구 도산대로1길 62
대표전화 515-2000, 팩시밀리 515-2007
편집부 517-4263, 팩시밀리 514-2329

© 서동욱, 2011. Printed in Seoul, Korea

ISBN 978-89-8371-292-9 (03100)

반비는 민음사출판그룹의 인문 · 교양 브랜드입니다.
블로그 http://blog.naver.com/banbibooks
인스타그램 http://www.instagram.com/banbibooks
트위터 http://twitter.com/banbibooks

네이버캐스트 독자들의 찬사

▶ "뭔가 좀 뚫린 듯한 기분!" ─ 시어러

▶ "멋집니다! 평등한 토론과 대화에 참여하는 그 시간에 빠져들 듯 읽었습니다." ─ duckjiny

▶ "새벽에 글을 읽다가 깊은 감명을 받았어요. 가려운 곳을 콕 짚어 긁어주시네요." ─ shot3102

▶ "소름끼치게 매력적입니다. 철학이란, 인류를 지금까지 생존하게 만든 디딤돌이 아닐까요?" ─ 민지민지

▶ "평소에 제가 생각하는 두루뭉술한 철학과는 다르게, 철학이 어떤 것인지 실마리나마 잡을 수 있었습니다." ─ 최게바라

▶ "철학에 대해 좀 제대로 알고 싶다고 늘 생각했는데, 이해도 쏙쏙되고 흥미진진한 글이군요." ─ 라임

▶ "철학에 대하여 알고는 싶지만 '철학=어려운 것'이라고만 생각하여 가까이하기를 꺼렸습니다. 하지만 교수님의 글은 고고학을 공부하는 저에게 철학에 대해 보다 쉽고 흥미로운 접근법을 제시해주네요." ─ barbapapa